# La langue
# de chez nous

Le Conseil des Arts | The Canada Council
du Canada | for the arts
depuis 1957 | since 1957

La maison d'édition remercie le Conseil des Arts
du Canada et le Conseil des Arts du Manitoba
du soutien accordé dans le cadre des subventions
globales aux éditeurs.

Photo de la couverture : Michel Grandmaison
Artiste graphiste : Howard Laxson

Données de catalogage avant publication (Canada)

Gaborieau, Antoine, 1926-
    La langue de chez nous
    ISBN 2-921353-61-X

1. Français (Langue) – Manitoba – Fautes – Glossaires,
vocabulaires, etc. 2. Français (Langue) – Manitoba –
Idiotismes – Glossaires, vocabulaires, etc.
I.Titre.

PC3645.M3G33    1999    447'.97117    C99-920086-0

Dépot legal : 3ᵉ trimestre 1999
Bibliothèque nationale du Canada et Bibliothèque provinciale du Manitoba

Directeurs : Annette Saint-Pierre et Georges Damphousse
© Éditions des Plaines, 1999

Antoine Gaborieau

# La langue
# de chez nous

Éditions des Plaines
C.P. 123
Saint-Boniface (Manitoba)
R2H 3B4

# Remerciements

## Pour leur généreuse collaboration

Réal Bérard
Le Bureau de l'éducation française
François Lentz
Roger Gaborieau
Maurice Dupasquier
Marcel Sorin
Augustine Abraham
Le poste de radio CKSB
Michel Blanchard

## Pour leur contribution très appréciée

Le bureau de la traduction du gouvernement fédéral
Gemma Johnson
Gabriel et Jeanine Dufault
Germaine Gosselin (École Lavallée)
Joël Marcon
Claudette Journée
Cécile Cenerini
Annette Charrière
Gabrielle Lanoie
Paul Cenerini
Maxime Désaulniers
Germain Perron

Toutes les personnes qui ont bien voulu téléphoner au poste de radio CKSB ou communiquer avec moi pour me donner une ou plusieurs expressions de chez nous.

*À ma soeur Marie-Blanche
qui, de toujours, m'a appuyé
dans mon travail.*

*En écoutant chanter les gens de mon pays,*
*On dirait que le vent s'est pris dans une harpe*
*Et qu'il a composé toute une symphonie.*

Yves Duteil

# TABLEAU DES SIGNES CONVENTIONNELS

## ALPHABET PHONÉTIQUE

(Étant donné que la phonétique s'applique ici surtout aux expressions anglaises, nous avons dû en tenir compte dans les symboles employés ci-dessous.)

| Voyelles et diphtongues | Consonnes |
|---|---|
| [ a ]  ami, patte | [ b ]  baton, baby (anglais) |
| [ ɑ ]  pâte, pâle | [ s ]  sot, sit (anglais) |
| [ ɑː ]  barn, calm (anglais) | [ d ]  mendiant, dab (anglais) |
| [ ə ]  petit, le, above, freezer (anglais) | [ f ]  fin, found (anglais) |
| [ e ]  nez, blé, pray (anglais) | [ g ]  gauche, got (anglais) |
| [ ɛ ]  fais, less (anglais) | [ h ]  hat, reheat (anglais) |
| [ i ]  ami, petit | [ ʒ ]  je, change |
| [ iː ]  bead, see (anglais) | [ ʃ ]  choux, dish (anglais) |
| [ ɪ ]  sit, bit (anglais) | [ ŋ ]  camping (anglais) |
| [ o ]  tôt, mot | [ ɲ ]  agneau, bagne |
| [ ɔ ]  fort, sol | [ k ]  corde, chord (anglais) |
| [ ɔː ]  born, cork (anglais) | [ l ]  place, little (anglais) |
| [ ø ]  peu, neufs | [ m ]  mener, ram (anglais) |
| [ ʌ ]  fun, come (anglais) | [ n ]  bonne, run (anglais) |
| [ y ]  rue, bu | [ p ]  page, plat |
| [ uː ]  fool, boot (anglais) | [ r ]  ramer, run composer (anglais) |
| [ u ]  boue, choux | [ t ]  tablier, street (anglais) |
| [ ŭ ]  hood, cook (anglais) | [ θ ]  thin, maths (anglais) |
| [ ã ]  sang, blanc | [ ð ]  this, other (anglais) |
| [ ɛ̃ ]  brin, fin | [ v ]  vin, vine (anglais) |
| [ œ ]  lundi, brun | [ j ]  paille, yet (anglais) |
| [ ɔ̃ ]  on, font | [ w ]  oui, won (anglais) |
| [ ː ]  Prolongement du son | [ hw ]  what, which (anglais) |
| | [ ɥ ]  lui, huile |
| | [ z ]  mesure, prize (anglais) |

# ABRÉVIATIONS

| | | | | |
|---|---|---|---|---|
| abrév. | : abréviation | m. | : masculin | |
| abus. | : abusif | modif. | : modification de sens ou de | |
| adj. | : adjectif | | forme du français standard | |
| adv. | : adverbe | n. | : nom | |
| angl. | : anglais | part. | : participe. | |
| anglic. | : anglicisme | péj. | : péjoratif | |
| aux. | : auxiliaire | pers. | : personnel | |
| can. | : canadien | pl. | : pluriel | |
| conj. | : conjonction. | pop. | : populaire | |
| dém. | : démonstratif | prép. | : préposition | |
| dial. | : dialecte | pron. | : pronom ou pronominal | |
| dir. | : direct | région. | : régional | |
| fam. | : familier | sing. | : singulier | |
| f. | : féminin | st. | : standard | |
| fig. | : figuré | tr. | : transitif | |
| fr. | : français | v. | : verbe | |
| impers. | : impersonnel | vulg. | : vulgaire | |
| ind. | : indirect, indicatif | vx | : vieux | |
| intr. | : intransitif | | | |

*     : français standard
=     : devant une expression qui, à notre avis, ne possède pas son équivalence en français standard
©     : expression ou locution à conserver
®     : expression ou locution appartenant au français standard mais à rejeter parce que considérée comme emprunt inutile à la langue anglaise ou encore comme non équivalente de l'expression canadienne-française

# AVANT-PROPOS

*La langue de chez nous* s'adresse à tous ceux qui aiment la langue française et souhaitent améliorer leur communication avec autrui. De nos jours, les systèmes de communication sont de plus en plus nombreux, mais le plus usité est encore la parole, qui s'exerce par le système des signes qui composent la langue.

Si la langue écrite comprend plusieurs claviers, la langue parlée comprend plusieurs registres : langue châtiée ou littéraire, langue courante ou normale, langue familière, langue vulgaire. Notre propos dans ce livre qui fait suite *À l'écoute des Franco-Manitobains* n'est pas de porter un jugement sur la langue des Franco-Manitobains mais de présenter un relevé de mots et d'expressions qui ne font pas partie d'un français commun à l'ensemble de la francophonie. Le lecteur voudra bien noter que c'est à cause du contexte dans lequel le mot apparaît qu'il ne fait pas partie du français standard. Ainsi, si *partir* appartient au français standard dans *partir à la guerre,* ce n'est pas le cas dans *partir à pleurer.*

De prime abord, il importe de souligner que cet ouvrage témoigne de la langue de chez nous, et de préciser que les expressions retenues ne sont pas familières dans tous les milieux francophones mais plutôt employées dans l'une ou l'autre région du Manitoba français. En somme, certaines régions sont plus anglicisées que d'autres où l'on retrace des racines québécoises ou françaises.

Le parler franco-manitobain est essentiellement français en dépit du point de vue de certains critiques ; en fait, il possède une quantité impressionnante d'expressions appartenant au français standard. Ceci dit, *La langue de chez nous* se compose également d'archaïsmes, de termes dialectaux, d'anglicismes, d'expressions propres au Manitoba français ou tout au moins au Canada français. De telles expressions ont retenu notre attention.

Les archaïsmes — ou le vieux français — sont des expressions, des tours anciens qui ne font plus partie du français standard. C'est ainsi qu'une *verlope* est devenue une *varlope*, que le *toé* a évolué en faveur du *toi* et que le *su* s'est transformé en *sur*. Notre langue comprend aussi quantité d'expressions dialectales qui nous été transmises par nos ancêtres venus des quatre coins de la France. Ainsi donc, nous nous reposons parfois sur un *orier* au lieu d'un *oreiller*, nous visitons le *ouésin* au lieu du *voisin*. Étant donné que ces expressions font partie de notre héritage français, elles doivent être respectées et non condamnées.

*La Langue de chez nous* qui doit être un reflet de notre réalité, si dérangeante, si dure soit-elle parfois, doit tenir compte des anglicismes qui pullulent dans notre langue. Par anglicismes, nous entendons tout emprunt à la langue anglaise. Ainsi, aurons-nous plus facilement un *flat* qu'une *crevaison,* ce qui nous empêcherait d'aller prendre une *ride* au lieu d'aller faire une *promenade*. Si le Français de France peut se permettre l'emploi d'anglicismes, le Franco-Manitobain doit se garder de l'imiter, le Canada étant un îlot au sein d'une mer anglophone dont la superficie est trente-six fois plus étendue. Une disproportion susceptible de terroriser ceux qui sont sujets au mal de mer! Pour éviter d'encombrer notre langue d'anglicismes, nous devons nous garder d'utiliser des termes anglais familiers car, à n'en pas douter, cette habitude déplorable nous conduirait à en accepter des centaines, voire des milliers d'autres. Autrement dit, pourquoi faire du *footing* au lieu de la *marche?* manger un *cake* au lieu d'un *gâteau aux fruits?* Les *charters* sont-ils plus confortables que les *vols nolisés?* Dans ce livre, les emprunts gratuits à la langue anglaise, bien qu'acceptés par le français standard, sont marqués du signe ® qui veut dire *à rejeter.* Peu importe la raison invoquée — l'habitude répandue ou l'ancrage du terme anglais dans notre pensée —, il est bon de se familiariser avec les équivalences françaises des anglicismes. Nous continuerons peut-être à trouver ça *le fun* de manger du *pop-corn* pendant le *show,* mais nous saurons que nous pouvons tout aussi bien nous *amuser* à dévorer du *maïs soufflé* pendant le *spectacle.*

Également, dans *La langue de chez nous,* le lecteur trouvera des expressions propres au Manitoba français et ailleurs. Dans tels cas, l'accent n'est pas misé sur l'équivalence en français standard mais plutôt sur la définition. Ainsi, nos *bleuets* ne sont pas une sorte de *myrtille* et notre *tire* ne doit pas être confondue avec du *sirop de sucre.* L'Halloween, mot accepté par la communauté francophone, désigne plus que la veille de la Toussaint. Ces expressions sont suivies du signe © qui veut dire *à conserver,* et leur définition est précédée du signe d'équation = , alors que le signe * indique l'équivalence en français standard.

L'auteur a cru bon d'ajouter des expressions de création canadienne qui, même si elles ont leur équivalence en français standard, méritent d'être conservées parce qu'elles véhiculent une réalité de chez nous en évoquant un vécu qui ne pourrait se traduire autrement. Ces expressions savoureuses suivies du signe © doivent être conservées. En fin de compte, les Manitobains garderont leurs *tourtières,* leurs *bancs de neige* et leurs *battages.*

Tout compte fait, tel que déjà mentionné, hormis les anglicismes à surveiller, l'auteur ne veut pas donner le commandement suivant : *Il ne faut pas dire mais dire.* Au contraire, son objectif est d'encourager à respecter le parler de chez nous et à lui garder de l'attachement. Ce parler qui est l'écho de notre passé est aussi une composante précieuse de notre patrimoine.

Toutefois, la connaissance du français s'impose d'elle-même puisque bien manier une langue, c'est savoir en adapter la diversité aux conditions de la communication, laquelle varie selon la personne à qui l'on parle. Il va sans dire que plus les divers usages seront nombreux, plus grande sera notre maîtrise de la langue française. Se perfectionner n'est donc pas l'abandon d'un usage dit incorrect, mais plutôt l'acquisition d'une gamme de mots plus étendue. Le *Glossaire du parler français au Canada* appuie cette conception des choses : « Un mot peut avoir de la naissance, être une bonne langue, et cependant n'être pas académique. Toute la langue française n'est pas dans les dictionnaires officiels. Ceux-ci ont l'usage pour règle. Mais un mot n'est pas mort parce que nous ne l'employons plus. Il est des termes que nous avons délaissés, mais qui n'en font pas moins partie des meilleures et des plus durables richesses de notre langue ».

Selon cette conception de la maîtrise de la langue, nous pourrons encore manger des *beignes*, des *ragoûts de pattes de cochon* et *du sucre à la crème* pour nous *remplir la fale*. Nous saurons qu'ailleurs on *échoue à un examen*, alors qu'ici souvent on le *faillit*. Si chez nous, on habite au *deuxième plancher*, au Québec ou en France, on préférera le *premier étage*. Nous n'oublierons pas que certaines situations exigent une langue populaire ou familière, alors que d'autres requièrent une langue plus soignée. À un voisin, on se plaindra d'avoir un *flat*, mais en public, à la radio, dans le journal, on parlera de *crevaison*. L'auteur adhère ici à la pensée d'Antonine Maillet qui, lors d'une conférence au Collège universitaire de Saint-Boniface, avouait que son français devant un auditoire imposant différait de celui dont elle se servait dans sa famille ou son milieu acadien.

Il n'y a pas d'opposition ou de conflit entre la langue familière et le français standard mais plutôt une complémentarité. Étant donné les exigences de la communication qui se globalise, le Franco-Manitobain verra la nécessité d'apprivoiser les expressions du français standard tout en conservant son parler. Cette pratique, comme le disait encore Antonine Maillet, *lui permettra d'exprimer son originalité, d'écouter dans sa langue battre son coeur au rythme de chez nous.*

Pour éviter d'éventuelles confusions, l'auteur a cru bon d'indiquer ici et là l'alphabet international. Il s'agit la plupart du temps d'anglicismes prononcés à l'anglaise, soit totalement soit en partie, ou encore qui se sont francisés avec le temps. Ainsi, le mot *ride* peut porter à confusion. S'agit-il de l'équivalent anglais, *promenade,* ou d'*une ride au front?* Le « i » est-il prononcé à la française ou à l'anglaise?

En souhaitant que d'autres personnes soucieuses du maintien de la langue française prennent la relève en décidant d'enrichir notre collection, l'auteur veut exprimer sa plus profonde gratitude à Réal Bérard, un homme extraordinaire dont l'authenticité ne se dément jamais. L'artiste manitobain a bien voulu mettre son talent au service de la langue pour *endimancher* les pages de *La langue de chez nous.*

Bon divertissement!

Antoine Gaborieau

# Les mots

# A

**à** (vx fr.) : 1. prép. : La terre à mon père. * La terre *de* mon père. 2. adj.dém. : J'y vais à matin. * J'y vais *ce* matin. 3. pron. pers. : J'aimais bien ma femme. A venait du Québec. * *Elle* venait du Québec. 4. prép. (fr.pop.) : Il y avait sept à huit hommes. * Il y avait sept *ou* huit hommes. À ne s'emploie qu'entre deux nombres non consécutifs.

**âbe** n.m. (dial.) : Une terre couverte d'âbes. * Une terre couverte d'*arbres*.

**abnormal(e)** adj. (anglic.) : Une situation abnormale. * Une situation *anormale*.

**abominable** adj. (dial.) : Il a un talent abominable pour la musique. * Il a un talent *extraordinaire* pour la musique.

**abord(d')** adv. ou conj. (dial.) : 1. Tu veux rester ici? D'abord je m'en vais. * Tu veux rester ici? *Alors* je m'en vais. 2. D'abord qu'il ne soit pas là. * *Pourvu* qu'il ne soit pas là.

**abortion** n.f. (anglic.) : Lorsqu'une femme n'est pas prête à garder son enfant, elle peut avoir une abortion. * elle peut avoir *un avortement*.

**abrier** v.tr. ou pron. (dial.) : Il va geler. Il faut abrier les tomates. * Il faut *couvrir* les tomates.

**absent-minded** adj. (anglic.) : J'étais complètement absent-minded. * J'étais complètement *distrait*.

**absulument** adv. (dial.fr.) : Être absulument sûr. * Être *absolument sûr*.

**abumer** v.tr. (modif.) : Abumer une table. * *Abîmer* une table.

**accaparer(s')** v.pron. (dial.) : Il s'est accaparé des outils du patron. * Il s'est *emparé* des outils, Il *a accaparé les* outils du patron.

**accler** voir atteler

**accoter** v.pron. ou tr. (vx fr.) : 1. S'accoter sur la table. * *S'accouder* sur la table. 2. Accoter l'échelle contre le mur. * *Appuyer* l'échelle contre le mur. 3. (modif.) : Être accotés depuis deux ans. * *Vivre en concubinage* depuis deux ans, Être *conjoints de fait* depuis deux ans.

**accoutumance** n.f. (vx fr.) : Par accoutumance on fête le jour de l'An. * Par *habitude*, Par *tradition*.

**accrochoir** n.m. (dial.) : Sur la porte de la cuisine, il y a un accrochoir pour les manteaux. * il y a un *crochet* pour les manteaux.

**accroère** v.tr. (dial.) voir accrère

**achalant(e)** adj. ou n. (dial.) : Un être achalant. * Un être *ennuyeux, agaçant*.

**achaler** v.tr. (vx fr.) : Achaler les autres. * *Agacer, Ennuyer* les autres.

**acheteux** n.m. (vx fr.) : Vouloir vendre une propriété mais ne pas avoir d'acheteux. * mais ne pas avoir d'*acheteurs*.

**ach'fer** v.tr. ou intr. (can.) : Ach'fer son travail. * *Achever* son travail.

**acompte** n.m. (anglic.) : Oublier le numéro de son acompte en banque. * Oublier le numéro de son *compte* en banque. Le fr. st. accepte : Verser un acompte sur la somme que l'on doit à la banque.

**acter** v.intr. (anglic.) : Acter sur la scène. * *Jouer* sur la scène.

**actuel** adj. (anglic.) : 1. Ses mots actuels ont été les suivants. * Ses mots *exacts* ont été les suivants. 2. Le monde actuel est dans un état de crise. * Le monde *contemporain* est dans un état de crise. Le fr. st. accepte : À l'heure actuelle, C'est une oeuvre toujours actuelle.

**actuellement** adv. (anglic.) : Actuellement, je ne le connais pas. * *À vrai dire*, je ne le connais pas. Le fr. st. accepte : Il est actuellement en Australie.

**adapteur** n.m. (anglic.) : Avoir besoin d'un adapteur pour son rasoir électrique. * Avoir besoin d'un *adaptateur, transformateur*.

**adenner(s')** v.pron. (vx fr.) voir adonner

**admettable** adj. (anglic.) : Ce n'est pas admettable. * Ce n'est pas *admissible, C'est inadmissible*.

**adon** n.m. (dial.) : Se rencontrer par adon. * Se rencontrer par *coïncidence,* par *hasard,* par *chance*.

**adonner(s')** v.pron. (dial.) : Ça s'est adonné qu'il est arrivé juste avant que je parte. * *Par hasard, Par chance, Par coïncidence*, il est arrivé juste avant que je parte.

**adresser** v.tr. (anglic.) : 1. Il faut maintenant adresser le problème. * Il faut maintenant *aborder* le problème. 2. Adresser l'auditoire. * v.pron. *S'adresser à* l'auditoire. Le fr. st. accepte : Adresser une lettre.

**adrète** adj. (vx fr.) : Un garçon adrète. * Un garçon *adroit*.

**advertizing** n.m. (anglic.) : Faire de l'advertizing. * Faire de *la publicité,* de *la réclame*.

**aérobic** n.f. (anglic.) : Faire de l'aérobic. * Faire de *la gymnastique* (effectuée en musique).

**affecter** v.tr. (anglic.) : 1. La publicité affecte les élections. * La publicité *influence* les élections. Le fr. st. accepte : Les sommes d'argent affectées à ce projet = destinées. 2. Un garçon qui affecte une grande gaieté * *affiche, feint.*

**affiler** v.tr. (vx fr.) : Affiler son crayon. * *Aiguiser, Tailler* son crayon.

**afforder** v.tr. (anglic.) : Ne pas pouvoir afforder d'acheter une voiture. * Ne pas pouvoir *se permettre* d'acheter une voiture (monétairement), Ne pas *avoir les moyens* d'acheter une voiture.

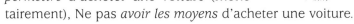

**affreux** adj. (modif.) : C'est affreux comme il a du talent. * C'est *incroyable, formidable, étonnant* comme il a du talent.

**agenda** [aʒɛ̃da] n.m. (anglic.) : L'agenda d'une réunion. * *L'ordre du jour* d'une réunion. Le fr. st. accepte : S'acheter un agenda pour inscrire ce que l'on doit faire au cours des mois.

**agent de station** n.m. (anglic.) : L'agent de station m'a vendu un billet de voyage. * *Le chef* de *gare.*

**agrafer** v.tr. (dial.) : Ne pas pouvoir agrafer quelqu'un qui court trop vite. * Ne pas pouvoir *rattraper, rejoindre* quelqu'un.

**agrès** n.m. (modif. du fr.) : Il a emporté avec lui tous ses agrès de construction. * *tout son matériel, son équipement, son équipage* de construction.

**aider** v.tr. ind. (par confusion) : Aider à son frère. * Aider (v.tr. dir.) son frère.

**AIDS** n.m. (anglic.) : acronyme pour Acquired Immune Deficiency Syndrome. * *SIDA* : acronyme pour Syndrome d'Immuno Déficience Acquise.

**airbag** n.m. (anglic.) : Acheter une voiture pourvue d'airbags. * Acheter une voiture pourvue *de sacs gonflables* (de sécurité).

**air conditioner** n.m. (anglic.) : L'air conditioner ne fonctionne pas. * *Le climatiseur* ne fonctionne pas.

**air conditioning** n.m. (anglic.) : L'air conditioning est apprécié lorsqu'il fait chaud. * L'air *conditionné* (fr. st. de angl.) ® = L'air *climatisé* ©.

**aircraft carrier** n.m. (anglic.) : Posséder des aircraft carriers pour les combats aériens. * Posséder des *porte-avions* pour les combats aériens.

**airer** v.tr. (vx fr.) : Il faut airer la chambre. * Il faut *aérer* la chambre.

**airport** [ɛrpɔrt] n.m. (anglic.) : L'airport se trouve tout près. * L'*aéroport* se trouve tout près.

**ajeter** v.tr. (vx fr.) : S'ajeter une chemise. * S'*acheter* une chemise.

**ajustable** adj. (anglic.) : 1. Une clé ajustable. * Une clé *réglable*. 2. Un horaire ajustable. * Un horaire *flexible*. 3. Des bas ajustables. * Des bas *modelables, adaptables*.

**ajuster(s')** v.pron. ou v.tr. (anglic.) : 1. Savoir s'ajuster à une situation. * Savoir s'*adapter* à une situation. 2. Une robe qui a besoin d'être ajustée. * Une robe qui a besoin d'être *réajustée*.

**ajusteur** n.m. (anglic.) : Après l'inondation, un ajusteur est venu estimer les dommages. * Après l'inondation, un *évaluateur* est venu estimer les dommages (can.) ©.

**alcohol** [alkɔɔl] n.m. (anglic.) : Prendre son petit coup d'alcohol tous les jours. * Prendre son petit coup d'alcool [alkɔl].

**alentours** n.m. (can.) : Il est dans les alentours de midi. * Il est *environ, à peu près* midi.

**alieur** adv. (vx fr.) : Déménager alieur. * Déménager *ailleurs*.

**alignement** n.m. (anglic.) : Faire vérifier l'alignement des roues de la voiture. * Faire vérifier *le parallélisme* des roues.

**alise** © n.f. (can. du vx fr.?) = Petit fruit sauvage de couleur noirâtre au noyau plat.

**alle** v.intr. mode subj. prés. (vx fr.) : Il faut que j'alle au magasin. * Il faut que j'*aille*, que tu *ailles*, qu'il *aille*, que nous *allions*, que vous *alliez*, qu'ils *aillent*.

**allowance** n.f. ou m. (anglic.) : Recevoir une allowance de 10,00 $ par semaine. * Recevoir une *allocation*.

**all right** (anglic.) : 1. adj. : Une personne qui est all right. * Une personne qui est *bien*. 2. C'est all right. * *Ça va*. 3. Aimez-vous ce café? Il est all right. * Il *n'est pas mal*. 4. Ne vous inquiétez pas, c'est all right. * *ce n'est pas grave*.

**allure** n.f. (vx fr.) : 1. Une histoire qui n'a pas d'allure. * Une histoire qui n'a pas *de bon sens*. 2. Une jeune fille qui a une belle allure. * Une jeune fille qui *paraît bien*. 3. Avoir une drôle d'allure. * Avoir une drôle *de mine, de comportement*.

**alternatives** n.f. pl. (anglic.) : Avoir deux alternatives : partir ou rester. * Avoir *un choix* : partir ou rester. Le fr. st. accepte : L'alternative, c'est de partir. Alternative ne s'emploie qu'au singulier. À l'inverse de l'anglais, une alternative en français n'est qu'un choix entre deux options.

**amancher** v.tr. (vx fr.) : 1. Amancher un coup de poing à quelqu'un. * *Donner* un coup de poing à quelqu'un. 2. Se faire amancher. * Se faire *rouler*. 3. Être bien mal amanché. * Être bien mal *pris*. 4. Amancher ma voiture. * *Réparer* ma voiture.

**amanchure** n.f. (dial.) : L'organisation d'une fête est toute une amanchure. * L'organisation d'une fête est toute une *tâche*, une *besogne, un problème*.

**ambiber** v.tr. (dial.fr.) : Ambiber un pansement avec de l'alcool. * *Imbiber* un pansement.

**ambitionner** v.intr. ou pron. (dial.) : 1. Ambitionner sur les autres. * *Abuser des* autres. 2. S'ambitionner dans son travail. * *Travailler trop fort*.

**amener(s')** v.pron. (vx fr.) : 1. Amène-toi! On t'attend. * *Viens!* On t'attend. 2. Voir apporter

**amicablement** adv. (anglic.) : Converser amicablement.
* Converser *amicalement*.

**ammunition** n.f. (anglic.) : S'acheter de l'ammunition pour la
chasse. * S'acheter *des munitions*.

**amplifier** [ɛmplĭfajər] n.m. (anglic.) : L'amplifier du système de
son ne fonctionne pas. * *L'amplificateur* du système de son
ne fonctionne pas.

**andouille** © n.f. ou m. (fr. fam.) : C'est une espèce d'andouille.
* C'est *un imbécile*.

**anesthésique** adj. et n.m. (par confusion) : L'aspirine est un
anesthésique pour calmer la douleur. * L'aspirine est un
*analgésique* pour calmer la douleur. Le fr. st. accepte : Pour
obtenir une anesthésie générale, nous employons de l'éther
comme anesthésique.

**aneurisme** n.m. (anglic.) : Se faire opérer pour un aneurisme à
la cuisse. * un *anévrisme* à la cuisse.

**année académique** n.f. (anglic.) : L'année académique se
termine le 24 juin. * L'année *scolaire*, L'année *universitaire*.

**annuity** n.f. (anglic.) : Recevoir une annuity. * Recevoir une *rente
viagère*.

**annulement** n.m. (anglic.) : Un annulement de mariage. * *Une
annulation* de mariage.

**answering machine** n.f. (anglic.) : Je déteste les answering
machines (téléphone). * Je déteste les *répondeurs*.

**antichrist** n.m. (par confusion) : * *Antechrist* ou *Antéchrist*.
Ennemi du Christ qui supposément viendra avant la fin du
monde prêcher une doctrine contraire à celle du Christ.

**antifrise** n.m. (anglic.) : Avoir besoin d'antifrise pour le radiateur.
* Avoir besoin d'*antigel*.

**antiquité** n.f. (modif.) : J'ai acheté un objet ancien sans valeur qui est une antiquité. * J'ai acheté *un antiquaille* (parce que sans valeur), une *vieillerie*.

**anvaler** v.tr. ou intr. (dial.) : Avoir de la difficulté à anvaler. * Avoir de la difficulté à *avaler*.

**anxieux(euse)** adj. (anglic.) : Être anxieux d'arriver chez soi. * *Avoir hâte*, Être *désireux* d'arriver chez soi. Le fr. st. accepte : La maladie de sa femme le rendait anxieux. = Angoissé.

**aouâr** v.tr. (vx fr.) : Il faut aouâr de l'argent pour acheter une terre. * Il faut *avoir* de l'argent.

**aouène** n.f. (dial.) : C'est un champ d'aouène. * C'est un champ d'*avoine*.

**août** [au] n.m. (vx fr.) : Le mois d'août. * Le mois d'août [u(t)].

**apercevouère** v.tr. ou pron. (vx fr.) : S'apercevouère qu'on a tort. * S'*apercevoir* qu'on a tort.

**appareiller** v.tr. ou pron. (vx fr.) : S'appareiller pour partir. * *Se préparer*, S'*habiller* pour partir.

**appartement fourni** n.m. (anglic.) : Louer un appartement fourni. * Louer un appartement *meublé*.

**appartenir** v.tr. (par confusion) : Il appartient la maison. * *La maison lui* appartient (v. ind.).

**appeler** v.tr. (anglic.) : Appeler une réunion. * *Convoquer* une réunion.

**application** n.f. (anglic.) : Faire une application pour un emploi. * Faire une *demande d'emploi*.

**appliquer** v.intr. (anglic.) : Appliquer pour un emploi. * *Faire une demande d'emploi, Poser sa candidature, Postuler* un emploi.

**appointement** n.m. (anglic.) : Avoir un appointement chez le médecin. * Avoir un *rendez-vous*. Le fr. st. accepte : Il touche des appointements exorbitants. = Il touche un salaire exorbitant.

**appointer** v.tr. (anglic.) : Devoir appointer un président. * Devoir *nommer, élire* un président. Le fr. st. accepte : Appointer un employé. = Rétribuer, Payer.

**apporter** v.tr. En anglais, on ne distingue pas nécessairement la différence entre les mots suivants : apporter, emporter, amener et emmener. 1. Viens me voir et apporte ton grand frère avec toi. * Viens me voir et *amène* ton grand frère. C'est qu'il est peu probable que nous portions notre grand frère. Amener veut dire : mener un être animé auprès de quelqu'un. 2. J'ai apporté ma voiture au garage. * J'ai *conduit* ma voiture. 3. Lorsque tu viendras, emporte-moi ton livre. * Lorsque tu viendras, *apporte*-moi ton livre. Apporter veut dire : porter quelque chose au lieu où est quelqu'un. 4. Lorsque je partirai, j'amènerai ma mère avec moi. * Lorsque je partirai, *j'emmènerai ma mère*. Emmener veut dire : mener avec soi quelqu'un ou quelque chose ou un animal hors d'un lieu.

**après** prép. (vx fr.) : Il est après faire son travail. * Il est *en train de* faire son travail.

**apricot** n.m. (anglic.) : Une tarte aux apricots. * Une tarte aux *abricots*.

**arabe** n.m. (can. métis) : On a coupé les arabes près de la maison. * On a coupé les *érables* près de la maison.

**arbe** n. (vx fr.) : 1. m. Un bel arbe de soixante ans. * Un bel *arbre* de soixante ans. 2. n.f. Devoir couper l'arbe tous les jours. * Devoir couper l'*herbe*.

**arche** n.f. ou m. (par confusion) : L'Arche de triomphe à Paris. * L'*Arc* de triomphe à Paris. Ce qui a forme d'un arc.

**ardouèse** n.f. (dial.) : Se construire un chemin d'ardouèse. * Se construire un chemin d'*ardoise*.

**arêche** n.f. (vx fr.) : Une arêche de poisson. * Une *arête* de poisson.

**aréna** voir arène

**arène** n.f. (anglic.) : La joute de hockey a lieu à l'arène. * La joute de hockey a lieu *au centre sportif*.

**aréogare** n.f. (par confusion) : Une aréogare est l'ensemble des bâtiments de l'aéroport réservés aux voyageurs et aux marchandises. * Une *aérogare*.

**aréoport** n.m. (par confusion) : L'aréoport est l'ensemble de toutes les installations nécessaires au trafic aérien. * L'*aéroport*.

**argent** n.f. ou m. : 1. (anglic.) : Les argents reçues du gouvernement. * Les *subventions*, les *sommes d'argent*. Argent (n.m.) ne se met pas au pluriel.

**argument** n.m. (modif. ou anglic.) : Avoir un argument avec quelqu'un. * Avoir *une discussion, une dispute* avec quelqu'un.

**aria** n.m. (dial.) : 1. Le musicien a emporté tout son aria. * Le musicien a emporté tout son *équipement*. 2. Se préparer pour Noël, c'est tout un aria. * c'est tout un *dérangement*, tout un *branle-bas*.

**arpentis** n.m. (vx fr.) : La voiture est dans l'arpentis. * La voiture est dans l'*appentis, la remise*.

**arranger** v.tr. (dial.) : Arranger un taureau. * *Châtrer* un taureau. Rendre impropre à la reproduction.

**arrêt** © n.m. (can.) : Il y a un arrêt à deux rues d'ici. * Il y a un *stop* ®. Le fr. st. emploie *stop* sous prétexte que arrêt n'est qu'un arrêt roulant et non pas un arrêt complet.

**arrêter** v.tr. ou pron. (anglic.?) : 1. Arrêter l'école. * *Quitter, Cesser d'aller à, Abandonner* l'école. 2. J'm'ai arrêté au magasin. * *Je me suis* arrêté au magasin.

**arriérages** n.m. (vx fr.) : Perdre sa propriété à cause des arriérages dans ses paiements. * à cause des *arrérages* dans ses paiements.

**artique** n.m. (dial.) : Un artique de journal. * Un *article* de journal.

**assessement** [asɛsmɑ̃] n.m. (anglic.) : L'assessement d'une maison. * *L'estimation, L'évaluation* d'une maison.

**assesser** [asɛse] v.tr. (anglic.) : Faire assesser sa maison. * Faire *évaluer,* Faire *estimer* sa maison.

**asseyer** v.intr. (vx fr.) : Asseyer de dompter un animal. * *Essayer* de dompter un animal.

**assez** adv. (vx fr.) : 1. Elle est assez fatiguée de ses enfants! * Elle est *très* fatiguée de ses enfants. 2. Elle est assez fatiguée qu'elle ne peut plus se lever. * Elle est *si* fatiguée qu'elle ne peut plus se lever.

**assir(s')** v.pr. ou tr. (vx fr.) : S'assir près de son ami. * S'*asseoir* près de son ami.

**astiner(s')** v.pron. (can.) : 1. S'astiner avec un ami. * *Se disputer* avec un ami. 2. S'astiner à vouloir rester. * S'*obstiner* [ɔpstine], S'*entêter* à vouloir rester.

**ataca** n.f. (can.) : Servir une dinde avec des atacas. * Servir une dinde avec des *canneberges.*

**atouisteaux** n.m. (can. métis) : J'ai ramassé mes atouisteaux puis je suis parti. * J'ai ramassé *mon équipement,* mes *affaires.*

**attacher(s')** v.pron. (dial.) : Attache-toi bien parce qu'il fait froid. * *Ferme* bien *tes habits, Attache* bien *tes vêtements, Boutonne-toi.*

**atteler** © v.tr. (can.) : Atteler les chevaux. * *Harnacher* les chevaux.

**atticher(s')** v.pron. (can. métis) : Il s'attiche mal. * Il s'*habille* mal.

**attisée** n.f. (dial.) : Faire une bonne attisée dans le foyer avant d'aller se coucher. * Faire *un bon feu.*

**audience** n.f. (anglic.) : L'audience a applaudi les artistes.
* *L'auditoire* (n.m.), *L'assistance* (n.f.) a applaudi les artistes.
Le fr. st. accepte : Avoir une audience avec le président.

**autobus** n.m. (fr. fam. ou anglic.) : Nous sommes allés à Thunder
Bay en autobus. * en *autocar*. Le fr. st. accepte : Je demeure
en ville. Je prends le bus tous les matins pour aller au travail.
= Véhicule de transport en commun spécifiquement urbain.

**autre(d')** adv. (dial.) : Si vous voulez du poulet il y en a d'autre.
* il y en a *encore*. Le fr. st. accepte : D'autres enfants.

**avacher(s')** v.pron. (modif.) : S'avacher dans un fauteuil.
* *S'avachir*.

**average** n.m. (anglic.) : Récolter un average de vingt minots à
l'acre. * Récolter *une moyenne* de vingt minots à l'acre.

**averager** [avredʒe] v.tr. (anglic.) : Nous avons averagé vingt
minots à l'acre. * Nous avons *eu une moyenne* de vingt minots
à l'acre.

**averse** n.f. (par confusion) : Nous avons eu une averse de neige.
* Nous avons eu une *chute* de neige. Le fr. st. accepte : Averse
= pluie abondante et soudaine. Selon *Le Robert historique,*
ce n'est que par métaphore que nous pouvons employer
*averse* dans le sens de grande abondance de quelque chose.
Averse d'injures, Averse de neige.

**aveugue** n. ou adj. (dial.) : Une femme aveugue. * Une femme
*aveugle*.

**aviseur** n.m. (anglic.) : Consulter son aviseur. * Consulter son
*conseiller*.

**avisse** n.f. (can.) : Avoir besoin d'une avisse pour réparer une
chaise. * Avoir besoin d'une *visse* pour réparer une chaise.

**avoir** aux. : Au Manitoba français, nous avons tendance à employer l'auxiliaire avoir au lieu de l'auxiliaire être. Étant
donné la haute fréquence de l'emploi de ces deux auxiliaires

dans notre langage, nous donnons ici les règles à suivre et plusieurs exemples d'expressions qui ne sont pas du fr. st. Règles : 1. On emploie l'aux. être où apparaît le verbe pronominal : il est alors accompagné d'un des pronoms personnels suivants : me, te, se, nous, vous, représentant le même être ou la même chose que le sujet. Exemples : Je m'ai caché. * Je me *suis* caché. Tu t'ai promené. * Tu t'*es* promené. Je m'ai souvenu de l'histoire. * Je me *suis* souvenu de l'histoire. Nous nous avons trompés. * Nous nous *sommes* trompés. Il s'a blessé. * Il s'*est* blessé. 2. Il arrive souvent encore que nous n'employons pas la forme pronominale là où elle devrait l'être alors que l'action porte indirectement sur le sujet (anglic.). Exemples : J'ai lavé mes pieds. * Je *me suis lavé les pieds*. Tu as nettoyé tes ongles? * Tu t'*es nettoyé* les ongles? Il a soigné son genou. * Il s'*est soigné le genou*. Il a mal à son dos. * Il a mal *au dos*. Comment pourrions-nous avoir mal au dos de quelqu'un d'autre? 3. D'autres verbes enfin prennent l'aux. être, même s'ils n'emploient pas la forme pronominale, parce que le verbe par lui-même indique que l'action se porte sur le sujet : J'ai arrivé en retard. * Je *suis* arrivé en retard.

**avouène** n.f. (dial.) : Un beau champ d'avouène. * Un beau champ d'*avoine*.

**avouère** v.tr. (dial.) : Avouère de l'argent. * *Avoir* de l'argent.

**award** n.m. (anglic.) : Recevoir un award. * Recevoir un *prix*, *une récompense, une décoration,* un *trophée*.

**awning** n.f. ou m. (anglic.) : Installer des awnings pour protéger du soleil l'intérieur de la maison. * Installer des *auvents*.

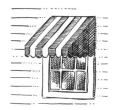

# B

**babaloise** n.f. (can. métis) : Sa babaloise est toute sale. * Sa *bavette de salopette* est toute sale.

**babiche** n.f. (vx fr.) : Se servir d'une babiche pour ficeler les paquets. * Se servir d'une *lanière de cuir.*

**babillard** n.m. (par confusion) : * Les renseignements sont au babillard. * Les renseignements sont au *tableau d'affichage.*

**babine** n.f. (du dial. babouine) : Avoir des grosses babines. * Avoir des grosses *lèvres.*

**baby carriage** n.m. (anglic.) : Promener un enfant en baby carriage. * Promener un enfant en *poussette.*

**bachelier(ère) en éducation** = **B.E.D.** © n.m. ou f. = Diplôme sanctionnant des études de premier cycle universitaire.

**bachelier(ère) es arts** = **B.A.** © n.m. ou f. = Diplôme sanctionnant des études de premier cycle universitaire.

**bachelor** n.m. (anglic.) : Vouloir épouser un bachelor riche. * Vouloir épouser un riche *célibataire.*

**bachelor apartment** n.m. (anglic.) : Demeurer dans un bachelor apartment. * Demeurer dans un *studio.*

**backer** [baːke] v.tr. (anglic.) : 1. Backer quelqu'un qui a besoin de nous. * *Appuyer, Aider, Seconder* quelqu'un. 2. Quand vient le temps d'agir, il ne faut pas backer. * il ne faut pas *reculer*.

**background** n.m. (anglic.) : 1. Aimer la musique dans le background (la background music). * Aimer la musique *de fond*. 2. Dans le background de la photo il y a des arbres. * *À l'arrière-plan* de la photo. 3. Peindre des fleurs sur un background bleu. * Peindre des fleurs sur *fond* bleu. 4. Demeurer dans le background. * *S'effacer* ou *Demeurer* dans *l'ombre*. 5. Avant de condamner un enfant, il faudrait connaître son background. * il faudrait connaître *ses antécédents*, son *passé*, son *milieu socio-culturel*.

**backlane** n.f. (anglic.) : Déposer les poubelles dans la backlane. * Déposer les poubelles dans la *ruelle*.

**backlash** n.m. (anglic.) : Si le gouvernement adopte cette politique, il pourrait y avoir un backlash. * il pourrait y avoir *une réaction négative*, un *contrecoup*, un *ressac*.

**bâcler** © v.tr. (fr. fam.) : Bâcler un travail. * *Expédier* un travail.

**bad luck** n.f. (anglic.) : Avoir de la bad luck. * Avoir de la *malchance*.

**badge** n.m. (anglic.) : L'agent de police porte un badge. * L'agent de police porte un *insigne*.

**bâdrer** v.tr. ou pron. (anglic. : bother) : 1. Ne viens pas me bâdrer. * me *déranger*, m'*agacer*, m'*ennuyer*. 2. Bâdre-toi pas avec ça. * *Ne t'inquiète* pas *de* ça.

**bail** [bel] n.f. ou m. (anglic.) : 1. On fait des bails de foin pour nourrir les animaux au cours de l'hiver. * On fait des *balles* de foin. 2. n.m. (anglic.) L'accusé est sorti de prison on bail. * L'accusé est sorti de prison *sous caution*.

**bailer** [belər] n.m. (anglic.) : Bailer pour faire des balles de foin. * *Presse* pour faire des balles de foin.

**baking powder** n.m. ou f. (anglic.) : Se servir de baking powder dans un gâteau. * Se servir de *la poudre à pâte*.

**baking soda** n.m. (anglic.) : * Se servir de baking soda pour les biscuits. * Se servir de *bicarbonate de soude.*

**balan** © n.m. (can.) : Perdre son balan et tomber du toit. * Perdre son *équilibre.*

**balance** n.f. (anglic.) : Promettre de donner la balance de telle somme due le mois prochain. * Promettre de donner *le reste, le solde.*

**balancer** n.m. (anglic.) : Balancer son budget. * *Équilibrer* son budget.

**balancigne** n.f. (modif. du terme marin : balancine?) : Il fait bon relaxer sur une balancigne. * Il fait bon relaxer sur une *balançoire.*

**balier** v.tr. (vx fr.) : Balier le plancher. * *Balayer* le plancher.

**baliures** n.f. (vx fr.) : Après avoir balayé le plancher, jeter les baliures dehors. * jeter les *balayures* dehors.

**ball-point pen** n.f. (anglic.) : Écrire avec une ball-point pen. * Écrire avec *un stylo à bille.*

**ballots** n.m. (anglic.) : Les ballots de vote sont comptés. * Les *bulletins,* Les *scrutins* de vote sont comptés.

**baloné** n.m. (anglic.) : Quand on est trop pauvre pour s'acheter du steak, on mange du baloné. * on mange *de la mortadelle.*

**baloune** n.f. (anglic.) : Gonfler une baloune. * Gonfler *un ballon.*

**baluet** n.m. (can. metis) : voir bluet

**banc de neige** © n.m. (can.) : Les enfants aiment jouer dans les bancs de neige. * Les enfants aiment jouer dans les *congères* ®.

**band** [bɛ̃d] n.f. (anglic.) : La band fait

partie du défilé. * La *fanfare*, *Le corps de musique* fait partie du défilé.

**bandager** v.tr. (anglic.) : Bandager le front d'un blessé. * *Bander* le front, *Appliquer un bandage* au front d'un blessé.

**bang** [bɛɲ] (anglic.) : 1. Interj. : Bang! Le vase a éclaté en mille morceaux. * *Pan! Vlan! Boum!* 2. n.m. : Le bang du fusil l'a réveillé. * *La détonation* du fusil.

**banique** © n.f. (can. métis) : Les Canadiens métis nous ont appris à faire de la banique. = Les Canadiens métis nous ont appris à faire *des galettes de farine, des galettes métisses.*

**bannock** n.f. (anglic.) voir banique

**banque** n.f. (par confusion) : Donner une banque à un petit enfant à l'occasion de son anniversaire. * Donner une *tirelire.*

**banqueroute** n.f. (vx fr.) : Perdre son emploi et faire banqueroute. * Perdre son emploi et faire *faillite.* (Lorsque la faillite est accompagnée d'actes délictueux : banqueroute.)

**baragouiner** © v.tr. ou intr. : 1. (fr. fam.) : Il baragouine le français. * Il *parle* le français *en l'estropiant.* 2. (can. métis, dérivé de l'angl. : bargain) : Il est habitué à baragouiner. * Il est habitué à *faire des échanges* (pas toujours honnêtes).

**barauder** v.intr. (dial.) : Aimer barauder au lieu de travailler. * Aimer *à errer, à se promener sans but* (d'un endroit à l'autre).

**baraudeux(euse)** © n. (dial, fr.) : Être un baraudeux. * Être un *flâneur* (qui passe son temps à errer).

**barbier** © n.m. (région. can.) : Aller chez un barbier pour se faire tondre les cheveux. * Aller chez un *coiffeur.*

**barbot** n.m. (du fr. : barboter) : Faire un barbot dans son cahier. * Faire *une tache*, un *pâté.*

**barda** n.m. (du dial. : berda) : 1. Arrêtez de faire du barda. * Arrêtez de faire du *bruit*, du *tapage*. 2. Déménager, c'est tout un barda. * c'est tout un *dérangement*. 3. Ils ont déménagé tout le barda. * Ils ont déménagé *tous les meubles, tous les objets ménagers*.

**bardasser** v.intr. (dial.) : Il bardasse dans la cuisine. * Il *travaille, s'amuse à des riens, fait plus de bruit que de besogne*. 2. Se faire bardasser dans une voiture. * Se faire *secouer*.

**barder** v.intr. (dial.) : Les fêtes s'en viennent. Ça va barder. * Ça va *aller vite*, Ça va *être excitant*.

**bargain** [bargən] n.m. ou f. (anglic.) : 1. Faire un bargain avec quelqu'un. * Faire un *marché*. 2. C'est une journée de vrais bargains au magasin. * une journée de *vraies aubaines*.

**bargainer** [bargəne] v.intr. (anglic.) : Quand nous achetons une voiture, nous devons bargainer. * nous devons *marchander*.

**barlou** n.m. (can. métis) voir berline

**barouette** n.f. (vx fr.) : Charroyer le fumier en barouette. * Charroyer le fumier en *brouette*.

**barouettée** n.f. (vx fr.) : Une barouettée de ciment. * Une *brouettée* de ciment.

**barre** n.f. (anglic.) : Une barre de chocolat. * Une *tablette* de chocolat.

**barré** adj. (can.?) : Être barré. * Être *borné, Ne pas vouloir changer d'idée*.

**barrer** (vx fr.) : Barrer la porte. * *Fermer* la porte *à clef, Verrouiller*. Le fr. st. accepte : Barrer un mot = Rayer, Barrer la route = Fermer.

**barrure** n.f. (can.?) : La barrure de la porte est brisée. * La *barre, Le verrou, La serrure* de la porte est brisée.

**bartender** n.m. (anglic.) : * Le fr. st. accepte : Barman ® = Garçon du comptoir ©, Serveur du bar ©.

36

**bascule** n.f. (du vx fr.) : À son anniversaire on lui a donné la bascule ©. * on *l'a basculé*. Selon le Bescherelle : Jeu qui consiste à frapper le derrière de quelqu'un contre le plancher, la table, etc.

**baseman** [besman] n.m. (anglic.) : Il est first (second, third) baseman. * Il *joue au premier* (deuxième, troisième) *but*.

**basil** n.m. (anglic.) : Comme épice, ajouter du basil. * Comme épice, ajouter du *basilic*.

**basket** ® n.m. Le fr. st. accepte : S'acheter des baskets pour les sports. = S'acheter des *chaussures de sport*, des *souliers de sport*.

**basket ball** ® n.m. (fr. st. de l'angl.) : Le basket ball est un jeu très populaire. = Le *ballon panier* est un jeu très populaire ©.

**bastringue** n.f. (dial.) : C'est le temps de vendre toute la bastringue. * C'est le temps de vendre *le tout, tout l'attirail* (objets de peu de valeur).

**bat** [bat] n.m. (anglic.) : Le joueur est au bat. * Le joueur est au *bâton*.

**bataclan** (dial.) voir bastringue

**batch** n.f. (anglic.) : 1. Faire une batch de pains. * Faire une *fournée* de pains. 2. Une batch d'enfants. * Une *bande*, Une *ribambelle* d'enfants.

**bathroom** n.f. (anglic.) : Se servir de la bathroom. * Se servir de la *salle de bains*.

**bâtisse** n.f. (dial.) : 1. Le Palais législatif est une belle bâtisse. * *un bel édifice*. 2. Il s'est construit une belle bâtisse. * Il s'est construit une belle *maison*. Le fr. st. accepte : Le château du président de tel pays n'est qu'une bâtisse (avec l'idée de laideur).

**battages** © n.m. (du fr.) : Commencer les battages. * Commencer *à moissonner*, Commencer *à battre le grain*, Commencer *la moisson*.

**battée** n.f. (modif.) : Faire une battée de pains. * Faire une *fournée* de pains.

**batter** [ba:te] v.tr. (anglic.) Batter la balle au bout du champ. * *Frapper* la balle au bout du champ.

**batterie** n.f. (anglic.) : Mettre des batteries dans sa lampe de poche. * Mettre des *piles*. Le fr. st. accepte : Recharger la batterie d'une automobile.

**batteux** n.m. (dial.) : Les batteux arrivent pour moissonner le grain. = Les *batteurs* (can.) © arrivent. * Les *moissonneurs* arrivent.

**bavassage** n.m. (vx fr.) : Des femmes qui font du bavassage. * Des femmes qui font du *bavardage*.

**bavasser** v.tr. (vx fr.) : Bavasser du matin au soir. * *Bavarder*, *Jacasser* du matin au soir.

**baveux(euse)** n.m. (vx fr. et dial.) : Faire le dur mais n'être qu'un baveux. * n'être qu'un *lâche*, un *poltron*.

**bay window** n.m. (anglic.) : Nous avons un bay window dans la salle à manger. * Nous avons un *oriel* dans la salle à manger.

**bazou** n.m. (can.) : S'acheter un bazou. * S'acheter *une voiture* (parfois vieille).

**beach** n.m. (anglic.) : Aller au beach pour prendre du soleil. * Aller *à la plage*.

**beam** n.m. ou f. (anglic.) : Les beams du plafond sont vieux. * Les *poutres* du plafond sont *vieilles*.

**beatable** [bitabl] adj. (anglic.) : Il n'est pas beatable aux cartes. * *Il est invincible* aux cartes, *Personne ne peut le battre* aux cartes.

**beater** [biːte] v.tr. ou intr. (anglic.) : Beater quelqu'un aux cartes. * *Battre, Vaincre* quelqu'un aux cartes.

**beau dommage!** interj. (dial.) : Vas-tu à la fête? Beau dommage! * *Certainement! Sans doute!*

**beaucoup** adv. (par confusion) : Ma soeur a beaucoup d'enfants. * Ma soeur a *plusieurs* (adj.) enfants. Le nombre peut-être indéterminé mais nombrable. Le fr. st. accepte : Beaucoup de pissenlits = innombrable quantité.

**bébelle** n.f. (vx fr.) : Je lui ai acheté une bébelle pour Noël. * Je lui ai acheté *un jouet*.

**bébite** n.f. (du lang. enfantin : bébête) : Une bébite qui monte au mur. * Une *petite bête, Un insecte* qui monte au mur.

**bec** © n.m. (can.) : Donner un bec. * *Faire la bise*, Donner un *baiser, Embrasser*.

**bécosse** n.f. (anglic. : backhouse) : Autrefois nous avions une bécosse près de la maison. * nous avions *des toilettes extérieures, des latrines*.

**bedaine** © n.f. (fr. fam.) : Avoir une grosse bedaine. * Avoir *un ventre très rebondi*.

**bedon** adv. (can.) : Sois sage ou bedon tu seras puni. * Sois sage ou *bien* tu seras puni.

**bee** n.m. (anglic.) : Faire un bee pour construire une maison. * Faire *une corvée*.

**beep** [biːp] n.m. (anglic.) : Parler (au téléphone) après la série de beeps. * Parler après la série de *bips* [bips], *le signal sonore*.

**bégayeux(euse)** n. (dial.) : Il était bégayeux dans son enfance. * Il était *bègue* dans son enfance.

**bégnet** n.m. (can.?) : C'est une espèce de bégnet. * C'est une espèce d'*imbécile*.

**beigne** © n.f. (vx fr.) : À Noël, nous faisons des beignes. = Mets fait de pâte frite.

**beigne croche** ou **beigne de Mitchifs** n.f. (can. métis) = Beigne faite de pâte coupée en lanière. Voir doucine.

**belle angélique** © n.f. (can. métis) : Ma mère a soigné la voisine avec de la belle angélique. = Racine d'une plante utilisée contre le rhume et la fièvre.

**beloné** n.m. voir baloné

**belt** n.f. (anglic.) : 1. En voiture, il faut porter une belt de sécurité. * il faut porter une *ceinture* de sécurité. 2. La belt du radiateur est usée. * La *courroie* du radiateur.

**ben** interj. marquant une hésitation (vx fr.) : Ben! Je ne sais pas quoi dire. * *Bien!* Je ne sais quoi dire.

**benefit** (unemployment) n.m. (anglic.) : Combien de pauvres gens reçoivent l'unemployment benefit? * Combien de pauvres gens reçoivent l'*allocation de chômage, les prestations de chômage?*

**bennette** n.f. Terme employé en dérision du Premier ministre Bennet, bouc émissaire de la crise économique de 1929 : L'été nous allions à la messe en bennette. * nous allions à la messe en *boghei* (voiture à deux sièges).

**berline** © n.f. (modif.) = Voiture d'hiver à deux patins.

**berlot** © n.m. (can.) = Voiture d'hiver posée sur des patins.

**berouette** n.f. (dial.) voir barouette

**bessons** n.m. (vx fr. ou région.) : Mettre au monde des bessons. * Mettre au monde des *jumeaux*, des *jumelles*.

**best** n.m. (anglic.) : Faire de son best. * Faire de son *mieux*.

**best-seller** ® n.m. (fr. st. de l'anglais) : *C'est un best-seller. = C'est un *livre à gros tirage*, C'est *le livre le plus vendu* ©.

**bet** [bɛt] n.m. (anglic.) : Faire un bet. * Faire un *pari*.

**bêtat(sse)** n. (dial.) : Une grande bêtasse. * Une grande *sotte*, Une grande *nigaude*.

**bête à patates** © n.f. (can.) : Les bêtes à patates ont dévoré tous nos plants. * Les *dory-phores* ont dévoré tous nos plants.

**bête puante** © n.f. (can.) : Se faire arroser par une bête puante. * Se faire arroser par une *mouffette*.

**better** (bɛte] v.tr. ou intr. (anglic.) : Better dix dollars sur un cheval. * *Parier*, *Miser* dix dollars sur un cheval.

**beu** n.m. (dial.) : Il y a un beu dans le jardin. * Il y a un *boeuf* [bəf].

**beurrée** © n.f. (vx fr. ou région.) : Pour notre dîner à l'école, nous avions des beurrées de confitures. * nous avions des *tartines*.

**bibi** pron. pers. (fam.) : C'est bibi qui décide. * C'est *moi-même* qui décide.

**bibliothèque** n.f. (par confusion) : Acheter des livres à la bibliothèque. * Acheter des livres à la *librairie*.

**bicycle** n.m. (vx fr.) : Une course de bicycles. * Une course de *bicyclettes*, *Vélo* (courant).

**bid** [bĭd] n.m. (anglic.) : 1. Faire un bid pour la maison. * Faire *une offre d'achat*. 2. Faire un bid de 3 sans-atout. * Faire *une enchère*.

**bidder** [biːde] v.tr. (anglic.) : 1. Je bide 3 piques. * Je *demande* 3 piques. 2. Je bide qu'il va gagner. * Je *parie* qu'il va gagner.

**bidoux** n.m. pl. (vx fr.) : Avoir des bidoux. * *Être riche*, Avoir *beaucoup d'argent*.

**bienvenue** n.f. (anglic.) : Merci pour le bon repas. Bienvenue.

* *Je vous en prie, Il n'y a pas de quoi, De rien, C'est moi qui vous remercie.* En guise d'accueil, le fr. st. accepte : Bienvenue chez nous.

**bifocal** n.f. ou m. (anglic.) : Avoir besoin de bifocals pour lire. * Avoir besoin de *lunettes à double foyer*.

**bill** n.m. (anglic.) : 1. Un bill de deux dollars. * Un *billet* de deux dollars. 2. Recevoir le bill après avoir fait réparer sa voiture. * Recevoir *la facture*. 3. Nous avons bien mangé et le bill n'est pas trop élevé. * *l'addition* n'est pas trop élevée. 4. Le bill pour la chambre d'hôtel. * *La note* pour la chambre d'hôtel. 5. Les Libéraux ont présenté ce bill. * ce *projet de loi*.

**billboard** n.m. (anglic.) : Devant le Collège Louis-Riel, on a installé un billboard. * on a installé un *panneau d'affichage*.

**billet complimentaire** n.m. (anglic.) : Il me fait plaisir de vous faire parvenir un billet complimentaire pour notre spectacle. * un billet *de faveur*.

**billion** n.m. (anglic.) : Le Canada est écrasé par une dette de six cents billions. * une dette de six cents *milliards*.

**binder** [bajndər] n.m. (anglic.) : Se servir d'un binder pour attacher le grain en moyettes. * Se servir d'*une lieuse*.

**bine** n.f. ou m. (anglic.) : 1. Un bine à charbon. * Un *compartiment, Une boîte* à charbon. 2. Des bines au lard. * Des *fèves* (de haricots).

**binette** © n.f. (fr. fam.) : Avoir la binette basse. * Avoir l'*air déçu, triste,* Avoir la *mine* basse.

**bitcher** [bitʃe] v.intr. (anglic.) : Il est toujours à bitcher contre le directeur. * Il est toujours à *rouspéter* contre le directeur, à *critiquer* le directeur.

**bite** [bajt] n.f. (anglic.) : Ne prendre qu'une bite. * Ne prendre qu'une *bouchée*.

**bittersweet** adj. (anglic.) : Une sauce bittersweet. * Une sauce *aigre-douce*.

**black box** n.m. ou f. (anglic.) : La black box de l'avion a été retrouvée. * *L'enregistreuse* de l'avion, La *boîte noire* de l'avion.

**blackcurrant** n.m. (anglic.) : Une gelée aux blackcurrants. * Une gelée aux *cassis* [kasis].

**black eye** n.m. (anglic.) : Recevoir un black eye. * Recevoir un *oeil au beurre noir*, un *oeil poché*.

**blackout** n.m. (anglic.) : Durant la tempête, nous avons eu un blackout d'électricité. * nous avons eu *une panne d'électricité*.

**black market** n.m. (anglic.) : Acheter des cigarettes au black market. * Acheter des cigarettes au *marché noir*.

**blanc-mange** n.m. (modif.) : 1. Le blanc-mange est un excellent dessert. * Le *blanc-manger* est un excellent dessert. 2. Nous avons nappé la viande blanche d'un blanc-mange. * Nous avons nappé la viande d'un *blanc-manger*.

**bleach** n.m. (anglic.) : * *Eau de Javel*. (Javex : marque déposée)

**blé d'Inde** © n.m. (can.) : Une épluchette de blé d'Inde. Fête au cours de laquelle on épluche du blé d'Inde. * Une épluchette de *maïs*.

**blend** [blɛnd] n.m. ou v.tr. (anglic.) : Un blend de fruits et de légumes. * Un *mélange* de fruits et de légumes.

**blender** [blɛndər] n.m. (anglic.) : On se sert d'un blender pour mélanger, liquéfier, fouetter, remuer, hacher, broyer ou pour obtenir une purée. * On se sert d'un *malaxeur*. Le fr. st. accepte : mixer ®.

**bleuet** © n.m. (dial.) : = Petit fruit qui ressemble à la myrtille ou une espèce d'airelle.

**bleu marin** adj. (modif.) : Une robe bleu marin. * Une robe *bleu marine*.

**blind** [blajnd] n.m. (anglic.) : Baisser les blinds lorsque le soleil est trop fort. * Baisser les *stores*.

43

**blink** v.intr. (anglic.) : Lorsque l'appareil fonctionne, la lumière blink. * la lumière *clignote.*

**blizzard** ® [blizar] n.m. (fr. st. emprunt inutile de l'angl.) : On annonce un blizzard pour demain. = (can.) : On annonce *une tempête de neige* ©.

**bloc** n.m. (anglic.) : 1. Demeurer à quelques blocs du magasin. * Demeurer à quelques *rues.* 2. J'ai fait le tour de ce bloc. * J'ai fait le tour de ce *pâté de maisons.*

**bloc appartement** n.m. (anglic.) : Demeurer dans un bloc appartement. * Demeurer dans un *immeuble résidentiel, une maison de rapport, une tour d'habitation,* un *immeuble d'appartements.*

**blonde** © n.f. (dial.) : J'étais auprès de ma blonde. * J'étais auprès de ma *petite amie.*

**blood** [blɔd] adj. (anglic.) : Un garçon bien blood. * Un garçon bien *généreux.*

**bloqué** adj. (par anal. : passage bloqué, bouché) : Ne pas aller à la selle parce qu'on est bloqué. * parce qu'on est *constipé.*

**bloquer** v.tr. (anglic.) : 1. Une voiture qui bloque la rue. * Une voiture qui *obstrue* la rue. 2. Les arbres bloquent la vue. * Les arbres *empêchent de voir.*

**blueprint** n.m. (anglic.) : Dessiner le blueprint d'une maison. * Dessiner le *plan* d'une maison.

**blush** v.intr. (anglic.) : Un garçon qui blush quand on lui parle des filles. * Un garçon qui *rougit, devient rouge.*

**boaster** [boste] v.intr. (anglic.) : Une personne qui aime boaster. * Une personne qui aime *se vanter.*

**boat people** n.m. (anglic.) = Réfugiés de la mer fuyant leur pays sur des bateaux.

**bobcat** n.m. (anglic.) : Rencontrer un bobcat dans la forêt. * Rencontrer un *lynx.*

**bob-sleigh** n.m. (anglic.) : Un des plaisirs de l'hiver c'est d'aller en bob-sleigh. * Un des plaisirs de l'hiver c'est d'aller en *traîneau.*

**bodybuilding** n.m. (anglic.) : Faire du bodybuilding pour remodeler son corps. * Pratiquer *le culturisme.*

**boileur** [bɔjlər] n.m. (anglic.) : Se servir d'un boileur pour faire les conserves. = (vx fr.) : Se servir d'une chaudière. * Se servir d'*un chaudron,* d'une *casserole.*

**bois-brûlé** © n.m. (de l'angl. : Half-burnt woodman) = Canadien métis de sang français et autochtone.

**bois franc** © n.m. (can.) : Une table de bois franc. * Une table de bois *dur.*

**boîte à malle** n.f. (anglic.) : Déposer un paquet dans une boîte à malle. * dans une boîte *aux lettres* ou *à lettres.*

**boîte d'alarme** n.f. (anglic.) : Installer une boîte d'alarme. * Installer *un avertisseur d'incendie.*

**bol de toilette** n.m. (anglic.) : Nettoyer le bol de toilette. * Nettoyer *la cuvette.*

**bolt** n.f. (anglic.) : 1. Installer une bolt à la porte. * Installer *un verrou.* 2. Les bolts servent à assembler des pièces. * Les *boulons* servent à assembler des pièces. (Un ensemble qui comprend une vis et un écrou de même filetage.)

**bolter** [bolte] v.tr. ou intr. (anglic.) : 1. Bolter deux planches ensemble. * *Boulonner* deux planches ensemble. 2. Quand il a vu le directeur, il a bolté. * il *est parti en vitesse,* il a *décampé.*

**bombarde** n.f. (dial.) : Jouer de la bombarde. * Jouer de la *guimbarde.*

**bombe** n.f. (can.) : Se servir d'une bombe pour faire chauffer de l'eau. * Se servir d'une *bouilloire.*

**bon** adj. (anglic.) : Attendre un bon trois heures pour quelqu'un. * Attendre *plus que* trois heures, trois *bonnes* heures.

**bon homme** n.m. (modif.) : Celui qui travaille pour moi est un bon homme. * un homme *capable*, un homme *fort*, un homme *compétent*.

**book binder** n.m. (anglic.) : S'acheter un book binder pour prendre des notes. * S'acheter un *classeur à anneaux*, un *cahier à anneaux*.

**booker** [buke] v.tr. (anglic.) Booker une chambre d'hôtel. * *Réserver* une chambre d'hôtel.

**bookmark** n.m. (anglic.) : J'ai placé un bookmark dans mon livre pour savoir où je suis rendu. * J'ai placé un *signet* dans mon livre.

**boost** n.m. (anglic.) : 1. La boisson peut donner un boost. * La boisson peut *revigorer*. 2. Une batterie qui a besoin d'un boost. * Une batterie qui a besoin d'*une recharge*.

**booster** [buːste] v.tr. (anglic.) : Booster une batterie. * *Recharger* une batterie.

**bootléguer** [buːtlege] v.tr. ou intr. (anglic.) : Faire sa vie en bootléguant. * Faire sa vie en *faisant de la contrebande d'alcool*.

**boots** © [buːts] n.m. ou f. (fr. st.) : Porter des boots en hiver. * Porter des *bottes* en hiver ©.

**bordée de neige** © n.f. (du fr. = bordée d'injures) : Nous avons eu une bordée de neige à Noël. * Nous avons eu une *forte tombée* de neige, une *chute*.

**boss** n.m. (anglic.) : Le boss m'a congédié. * Le *patron* m'a congédié.

**bosser** [bɔse] v.tr. (dial. et anglic.) : 1. Bosser sa voiture. * *Bosseler*. 2. Aimer bosser les autres. * Aimer *diriger*, *mener*.

**botcher** [bɔtʃe] v.tr. (anglic.) : Botcher son travail. * *Gâcher*, *Exécuter salement* son travail.

**bottine** © n.f. (can.) : Une bottine de blé. * Une *botte*, Une *gerbe* de blé.

**bottle-opener** n.m. (anglic.) : Je ne peux pas ouvrir cette bouteille sans bottle opener. * sans *décapsuleur*, sans *ouvre-bouteille*.

**boucane** n.f. (dial.) : La boucane sort de la cheminée. * La *fumée* sort de la cheminée.

**boucoup** adv. (modif.) : Manger boucoup de bonbons. * Manger *beaucoup* de bonbons.

**bouère** v.tr. ou intr. (dial.) : Aimer bouère un coup. * Aimer *boire* un coup.

**bouéter** v.intr. (vx fr.) : Bouéter à la suite d'un accident. * *Boiter* à la suite d'un accident.

**bouette** n.m. (vx fr.) : Marcher dans la bouette. * Marcher dans la *boue*, la *vase*.

**bougonner** © v.tr. (can. métis) : Il a bougonné son petit frère. * Il a *secoué durement* son petit frère. Le fr. st. accepte : Bougonner = grommeler, grogner.

**bougonneux(euse)** n. (dial.) : C'est un vieux bougonneux. * un vieux *bougon* = un homme qui grogne, maugrée.

**bouille** v.intr. 3e pers. sing. (dial.) : L'eau bouille. * L'eau *bout*.

**boules** (jeu) n.f. (par confusion) : Jouer aux boules. * Jouer *au billard*.

**boules à mites** © n.f. (vx fr.) : Employer des boules à mites pour mieux protéger nos vêtements contre les mites * Employer *de la naphtaline*.

**bouque** n.f. (dial.) : Une bouque d'oreille. * Une *boucle* d'oreille.

**bourrasse** n.f. (vx fr.) : Une bourrasse de neige. * Une *bourrasque* de neige.

**bourre** n.f. (dial.) : Il aime lancer des bourres. * Il aime lancer des *pointes* (de malice, de jalousie).

**bourrée** © n.f. (can.?) : Donner une bourrée pour entrer le foin avant la pluie. * *Travailler ferme, Travailler fort, Se hâter.*

**bourrer** © v.tr. (vx fr.) : Essayer de bourrer quelqu'un avec des histoires. * Essayer de *tromper*, de *leurrer*, de *dire des mensonges*.

**bourse** n.f. (modif.) : Une bourse qui va bien avec telle robe. * *Un sac à main* qui va bien. Le fr. st. accepte : Une bourse (petit sac) pour des pièces de monnaie.

**box car** n.m. (anglic.) : Transporter le grain, le bétail, etc. par box car. * par *fourgon*.

**box-office** ® n.m. (fr. st.) : * Le film qui arrive en tête du box-office. = Le film qui *a la plus haute cote de succès* © .

**boy friend** n.m. (anglic.) : Avoir un boy friend. * Avoir un *petit ami*, un *ami*.

**brace** [bres] n.f. ou m. (anglic.) : 1. Avoir besoin de braces pour soutenir le mur. * Avoir besoin de *contre-fiches*. 2. Se faire poser un brace. * Se faire poser un *rectificateur dentaire, des bagues*. 3. Se faire poser une brace à la hanche. * *un appareil orthopédique*.

**bracer** [brese] v.tr. (anglic.) : Bracer un mur. * *Soutenir, Consolider* un mur.

**brailler** v.intr. (dial.) : Il passe ses nuits à brailler. * Il passe ses nuits à *pleurer*.

**brailleur(euse)** © n.m. ou f. (du fr.) : C'est un brailleur. * C'est un *plaignard*, C'est *quelqu'un qui pleure facilement*.

**brain drain** n.m. (anglic.) : Étant donné que les salaires de nos médecins sont trop bas, nous subissons un brain drain. * nous subissons un *exode, une fuite de cerveaux*.

**brainstorming** n.m. (anglic.) : Pour recevoir de nouvelles idées nous avons eu un brainstorming. * nous avons eu un *remue-méninges*.

**braker** [breke] v.intr. (anglic.) : Il n'a pas su braker à temps et a eu un accident. * Il n'a pas su *freiner* à temps.

**brakes** [breks] n.m. (anglic.) : 1. Les brakes de la voiture sont usés. * Les *freins* de la voiture sont usés. 2. Sa voiture a des power brakes. * Sa voiture a des *cerveaux-freins*.

**bran** [bran] n.m. (anglic.) : Le bran est bon pour la santé. * Le *son* est bon pour la santé.

**brancher** v.intr. (anglic.) : Une route qui branche à tel endroit. * Une route qui *bifurque*, qui *se divise en deux*.

**brand** [brɛnd] n.f. ou m. (anglic.) : Une brand de souliers. * Une *marque* de souliers.

**branleux(euse)** © adj. ou n.(can.) : Être un branleux. * un *polichinelle, une girouette, un indécis*.

**braquer** v.tr. ou pron. (dial fr.) : 1. Se braquer devant la porte. * Se *placer*, Se *poster* devant la porte. 2. Braquer là sa femme. * *Abandonner* sa femme.

**braquette** n.f. (anglic.) : Avoir besoin d'une braquette pour accrocher quelque chose au mur. * Avoir besoin d'une *broquette*.

**brass** [bras] n.m. (anglic.) : 1. Du fil de brass. * Du fil de *laiton*. 2. Une lampe en brass. * Une lampe en *cuivre*, en *laiton*.

**brasse** n.f. (can.) : Remporter la troisième brasse au jeu de cartes. * la troisième *main*.

**brasser** v.t. (dial.) : 1. Brasser son café. * *Remuer* son café. 2. Brasser les cartes. * *Battre, Mêler* les cartes. 3. Se faire brasser. * Se faire *secouer*. 4. Aimer brasser des choses. * Aimer *être dans les affaires, s'occuper* des choses. Le fr. st. accepte : Brasser la salade, Brasser beaucoup d'argent.

**brassière** n.f. (vx fr.) : * *Soutien-gorge* = Sous-vêtement féminin destiné à soutenir la poitrine.

**brayet** n.m. (can.?) : Un grand brayet. * Un grand *niais*, Un grand *fou*.

**breaded** adj. (anglic.) : Du poisson breaded. * Du poisson *pané*.

**bread machine** n.f. (anglic.) : Avec la bread machine, nous avons du pain frais tous les matins. * Avec *le robot-cuiseur*.

**break** n.m. (anglic.) : Prendre un break. * *Faire une pause* ou *une pause café*. 2. Mettre les breaks. * *Appliquer* les *freins, Freiner.*

**breaker** [brekər] n.m. (anglic.) : Devoir vérifier le breaker lorsque le courant électrique est coupé. * Devoir vérifier le *disjoncteur*.

**break-in** n.m. (anglic.) : Il y a eu un break-in chez le voisin. * Il y a eu *une entrée par effraction* chez le voisin.

**breathalyzer test** n.m. (anglic.) : L'automobiliste doit subir un breathalyzer test. * L'automobiliste doit subir un *alcootest*.

**bretter** v.intr. (vx fr.) : Bretter toute la journée. * *Bricoler* = Perdre son temps à des bagatelles.

**bretteux** adj. (modif.) = Qui perd son temps à des riens, qui ne sait pas travailler sérieusement ou avec compétence. * *Bricoleur* (péjoratif).

**bricelet** © n.m. (suisse) : Chez nos amis suisses, nous avons mangé des bricelets comme dessert. = nous avons mangé des *gaufres minces et croustillantes*.

**bridge** n.m. (fr. st. de l'angl.) : * Se faire poser un bridge. ® = Se faire poser *une prothèse dentaire* ©.

**briefing** n.m. (anglic.) : Le directeur nous a convoqués pour un briefing. * pour *une réunion d'information*, pour *nous donner* un *rapport*.

**brights** n.m. (anglic.) : Mettre les brights sur la voiture. * Mettre les *feux de route*.

**brimbale** © n.f. (can. du dial.) : On abreuvait les vaches à la brimbale. = Une perche en bascule pour tirer l'eau d'un puits.

**brin de scie** n.m. (dial.) : On se servait du brin de scie pour isoler les murs. * On se servait du *bran* de scie, de *la sciure de bois.*

**brisbouille** © n.f. (can.?) : De la brisbouille dans la paroisse. * De la *dispute* dans la paroisse.

**brise-fer** © n.m. (fr. fam.) : Des enfants brise-fer. * Des enfants *qui cassent tout, qui brisent tout.*

**broche** n.f. (vx fr.) : Attacher avec de la broche. * Attacher avec *du fil de fer.*

**brocher** v.tr. (vx fr.) : Brocher les feuilles ensemble. * *Agrafer* les feuilles ensemble.

**brocheuse** n.f. (vx fr. modif.) : Se servir d'une brocheuse pour attacher les feuilles. * Se servir d'une *agrafeuse.*

**broker** [brokər] n.m. (anglic.) : Il s'est servi d'un broker pour le placement de ses revenus. * Il s'est servi d'un *courtier*, d'un *agent de change.*

**bronches** n.f. (can.) : Il a de la difficulté à respirer à cause de ses bronches. * à cause de *sa bronchite.*

**bronco** n.m. (anglic.) = Cheval sauvage.

**broth** n.m. (anglic.) : Pour faire de la soupe, je me sers d'un broth de poulet. * je me sers d'un *bouillon* de poulet.

**broue** n.f. (dial.) : 1. Du savon qui fait de la broue. * qui fait de la *mousse.* 2. De la broue sur les pommes de terre. * De l'*écume* sur les pommes de terre. 3. Faire de la broue. * *Se vanter.*

**brûlement d'estomac** n.m. (dial.) : Il souffre de brûlements d'estomac. * Il souffre de *brûlures* d'estomac.

**brumasser** © v. impers. (modif.) : Il brumasse. * Il *bruine.* Pluie fine et froide.

**brunante** © n.f. (can. du dial.) : Sortir à la brunante. * à la *tombée de la nuit, au crépuscule,* à la *brune.*

**brunch** ® n.m. (anglic. : breakfast-lunch) = Repas qui sert à la fois de petit déjeuner et de déjeuner. * *Déjeuner.*

**brushcut** n.m. (anglic.) : La mode des brushcuts. * La mode des *cheveux en brosse.*

**bûcher** © v.tr. (vx fr.) : Bûcher du bois. * *Abattre des arbres.*

**buck** n.m. (anglic.) : 1. J'ai tué un buck. * J'ai tué un *mâle* (chevreuil ou orignal). 2. Un gros buck. * Un gros *bonnet,* Un *homme éminent.*

**bucker** [bʌke] v.intr. (anglic.) : Un cheval qui bucke. * Un cheval qui *regimbe.*

**buckstove** n.m. (anglic.) : Un buckstove (marque commerciale déposée) installé dans le salon. * *Appareil de chauffage, poêle à bois, poêle à combustion lente.*

**budgie** n.m. (anglic.) : Un budgie tient compagnie à cette vieille dame. * *Une perruche* tient compagnie.

**buffalo** n.m. (anglic.) : Il y a cent ans, les buffalos parcouraient la prairie. * les *bisons,* les *buffles* parcouraient la prairie.

**bug** n.m. (anglic.) : 1. Des bugs dans le logiciel qui entraînent des défauts de fonctionnement. * Des *bogues* dans le logiciel. 2. Installer des bugs dans un bureau. * Installer des *appareils d'écoute,* des *micros invisibles.*

**buggy** n.m. (de l'angl.) : Nos parents voyageaient en buggy. * Nos parents voyageaient en *boghei.*

**building** n.m. (anglic.) : 1. Le Palais législatif est un building imposant. * un *édifice* imposant. 2. Il a son bureau dans un building de l'avenue Broadway. * dans un *immeuble* de l'avenue Broadway.

**bulb** n.f. (anglic.) : 1. La bulb de la lampe est grillée. * *L'ampoule* de la lampe est grillée. 2. La bulb d'une plante. * La *bulbe* d'une plante.

**bulk** n.m. (anglic.) : Épargner en achetant des noix en bulk. * Épargner en achetant des noix en *vrac*.

**bullshiteur** [bŭlʃĭtər] n.m. (anglic.) : C'est un bon garçon mais il est bullshiteur. * mais il est *vantard, raconteur de conneries, emmerdeur* (fam.).

**bum** n.m. ou f. (anglic.) : Mon patron est un bum. * un *bon à rien*, un *voyou*.

**bummer** [bʌme] v.tr. ou intr. (anglic.) : C'est un garçon qui bumme tout le temps. * un garçon qui *quête*, qui *flâne* tout le temps.

**bump** n.m. (anglic.) : Il y a des bumps sur la chaussée. * *La chaussée est très raboteuse, est déformée.*

**bumper** [bʌmpe] v.tr. ou intr. (anglic.) : Bumper contre quelqu'un. * *Butter* contre quelqu'un.

**bumper** [bʌmpər] n.m. (anglic.) : Le bumper avant de la voiture. * Le *pare-chocs* avant de la voiture.

**bun** [bɔn] n.m. ou f. (anglic.) : Les buns de Pâques sont délicieuses. * Les *brioches* de Pâques sont délicieuses.

**bunch** n.f. (anglic.) : 1. Une bunch d'enfants. * *Un groupe*, Une *bande* d'enfants. 2. Une bunch de cheveux. * Une *touffe* de cheveux. 3. Une bunch de radis. * Une *botte* de radis. 4. Une bunch de banane * *Un régime* de bananes. 5. Une bunch de raisins. * Une *grappe* de raisins.

**bureau** n.m. (par confusion) : Acheter un bureau de chambre pour remiser le linge. * Acheter *une commode*, un *chiffonnier* pour remiser le linge.

**burner** [bərnər] n.m. (anglic.) : Les burners d'une cuisinière. * Les *brûleurs*, Les *éléments* (de surface).

**bus** n.m. (anglic.) Je prends le bus [bʌs] tous les jours. * Je prends le bus [bys] tous les jours.

**bus shelter** n.m. (anglic.) : Dans un climat comme le nôtre, nous avons besoin de bus shelters. * nous avons besoin d'abribus.

**business** n.f. (anglic.) : Être dans la business. * Être dans *les affaires*, dans *le commerce*.

**bus stop** n.m. (anglic.) : Il y a un bus stop à deux pas d'ici. * Il y a un *arrêt d'autobus* à deux pas d'ici.

**buster** [bʌste] v.tr. ou intr. (anglic.) : 1. Buster un ballon. * *Crever* un ballon. 2. La banque a busté. * La banque a *fait faillite*.

**busy signal** (téléphone) n.m. (anglic.) : Lorsque je prends le combiné il y a un busy signal. * Lorsque je prends le combiné, *c'est occupé*.

**busy-body** n.m. (anglic.) : Être un busy-body. * *Faire l'affairé, l'empressé, Faire semblant d'être très occupé*.

**butin** n.m. (dial.) : 1. Porter du beau butin. * Porter *des beaux vêtements*. 2. Une femme qui est du bon butin. * Une *excellente* femme.

**butt** [bʌt] n.m. (anglic.) : Un butt de cigarette. * Un *mégot* de cigarette.

**buvable** adj. (modif.) : Cette eau-là n'est pas buvable. * Cette eau-là n'est pas *potable*.

**bypass** n.m. (anglic.) : 1. Emprunter le bypass pour éviter la ville. * Emprunter *la route* ou *la bretelle de contournement, la voie de déviation*. 2. Après une crise cardiaque, il a dû subir un bypass. * il a dû subir un *pontage*.

# C

**ça** pron. (dial.) : 1. Ça neige. * *Il* neige. 2. Ça chantait fort à la messe. * *On* chantait fort à la messe.

**ça la** pron. dém. (can.) : Ça la fait longtemps que l'on discute de ce problème. * *Ça* (cela) fait longtemps.

**cabale** © n.f. (modif.) : La cabale pour les élections est commencée. * La *campagne électorale* est commencée.

**cabaler** © v.intr. (modif.) : Cabaler pour le parti libéral. * *Faire campagne* pour le parti libéral.

**cabaneau** © n.m. (vx fr.) = *Petit placard, Armoire* (dans un mur ou sous un escalier).

**cabaret** n.m. (modif.) : Servir les verres sur un cabaret. * Servir les verres sur un *plateau*.

**cabbage rolls** n.m. ou f. (anglic.) : On nous a servi des cabbage rolls comme entrée. * des *choux farcis* comme entrée.

**cable TV** [kebl tiːvi] n.m. (anglic.) : Chaque chambre est pourvue d'un cable TV. * Chaque chambre est pourvue d'un *téléviseur câblé*.

**caboche** © n.f. (fam.) : Mets-toi ça dans la caboche. * Mets-toi ça dans la *tête*.

**cabocher** © v.tr. (dial.) : Une voiture qui s'est fait cabocher. * Une voiture qui s'est fait *bosseler, cabosser.*

**cabouse** [kabus] n.f. (anglic.) : 1. Les membres de l'équipage dorment dans la cabouse à l'arrière du train. * dans *le fourgon* (d'équipe). 2. En hiver, on peut voyager en cabouse. * on peut voyager en *voiture d'hiver* (cabane sur patins).

**cabresser** © v.intr. (can. métis) : Cabresser les animaux au lasso. * *Rassembler* les animaux au lasso.

**cacasser** © v.intr. (dial.) : Des hommes qui aiment bien cacasser. * Des hommes qui aiment bien *jacasser, bavarder, jaser.*

**cachette** © n.f. (dial.) : Jouer à la cachette. * Jouer à *cache-cache.*

**cadre** n.m. (dial.) : Acheter un cadre qui représente une cathédrale. * Acheter un *tableau,* un *dessin, une peinture.*

**café instantané** n.m. (anglic.) : Le café instantané se fait dans une minute. * Le café *soluble* se fait dans une minute.

**cafière** n.f. (dial.) : On avait une belle cafière pour faire le café. * On avait une belle *cafetière.*

**caîller** v.intr. (dial.) : Aller se coucher parce que l'on caîlle. * parce que l'on *s'endort.*

**caisse** n.f. (anglic.) : Il a bu toute une caisse de bière. * *tout un carton* de bière.

**cake** ® [kek] n.m. (fr. st. à être considéré comme anglic.) : Faire un cake pour Noël. = Faire un *gâteau aux fruits* ©.

**cake mix** n.m. (anglic.) : Je me sers d'un cake mix pour faire mon gâteau aux anges. * Je me sers d'*une préparation instantanée.*

**calculator** n.m. (anglic.) : Faire ses calculs avec un calculator. * Faire ses calculs avec *une calculatrice.*

**calculer** v.tr. ou intr. (anglic. et vx fr.) : Calculer qu'on a bien mérité un voyage. * *Estimer, Penser, Croire* qu'on a bien mérité un voyage.

**caler** v.tr. ou pron. (dial.) : 1. La voiture s'est calée dans la neige. * La voiture s'est *enfoncée* dans la neige. 2. Quelqu'un qui cale un repas. * Quelqu'un qui *mange rapidement* ou *en grande quantité*. 3. Caler la pâte à pain. * *Pétrir de nouveau* la pâte à pain.

**call** n.m. (anglic.) : 1. C'est bien important d'avoir un médecin on call. * un médecin *de garde*. 2. J'ai reçu un call. * J'ai reçu un *appel téléphonique*.

**call display** n.m. (anglic.) : Avez-vous un téléphone avec un call display (téléphone)? * Avez-vous un *afficheur* (nom, numéro)?

**câler** [kɑːle] v.tr. (anglic.) : 1. Câller une danse. = Annoncer à haute voix les figures que les danseurs doivent exécuter. 2. Nous allons câller les numéros. * Nous allons *appeler* les numéros.

**call return** n.m. (anglic.) : J'ai un service de call return (téléphone). * J'ai un service de *mémorisation*.

**call trace** n.m. (anglic.) : J'ai un service de call trace (téléphone) pour savoir qui m'appelle. * J'ai un service de *dépistage*.

**call waiting** n.m. (anglic.) : Le service de call waiting (téléphone) est très commode. * Le service de *mise en attente*.

**calvette** © n.f. (anglic.) : Une calvette est bouchée. = Tranchée pratiquée sous une route et traversée par un ponceau. * *Un caniveau* est *bouché*.

**camp** © [kɑ̃p] n.m. (anglic.) : 1. Je travaillais comme cuisinier dans un camp d'exploitation forestière. = Habitation pour les bûcherons dans la forêt, dans un chantier © 2. Avoir un camp près du lac. * Avoir *une maison de campagne*, un *chalet* ©, un *cottage* ®.

**camper** [kɛmpər] n.m. (anglic.) : S'acheter un camper pour voyager. * S'acheter *une caravane pliante*.

**canal** ® n.m. (anglic.) : 1. Choisir le canal 3 de la télévision. * Choisir *la chaîne* 3 de la télévision. 2. Il allait trop vite, il a pris le canal. * Il allait trop vite, il *est tombé dans le fossé.*

**canard** n.m. (vx fr.) : Mettre de l'eau dans le canard pour le café. * Mettre de l'eau dans *la bouilloire.*

**cancanage** © n.m. (dial.) : Au restaurant, il se fait beaucoup de cancanages. * il se fait beaucoup de *cancans,* de *commérages.*

**cancellation** n.f. (anglic.) : Des cancellations pour un voyage. * Des *annulations* pour un voyage.

**canceller** v.tr. (anglic.) : 1. Canceller un chèque. * *Annuler* un chèque. 2. Canceller une réunion. * *Décommander* une réunion. 3. Canceller un mot. * *Rayer, Biffer, Raturer* un mot. 4. Canceller une phrase. * *Barrer* une phrase.

**candy** n.m. (anglic.) : Veux-tu un candy pour te sucrer le bec? * Veux-tu un *bonbon?*

**caneçon** n.m. (dial.) : Porter des caneçons pour se protéger contre le froid. * Porter des *caleçons.*

**cangrène** n.f. (vx fr.) : La cangrène se répand dans sa jambe. * La *gangrène.*

**canisse** © n.f. (vx fr.) : Déposer la canisse de crème au fond du puits. * Déposer *le bidon* de crème.

**canister** [kanĭstər] n.m. (anglic.) : Avoir des canisters pour la farine et le sucre. * Avoir des *boîtes,* des *contenants.*

**cannages** © n.m. (anglic.) : Le mois d'août est là. C'est le temps des cannages. * C'est le temps *de la mise en conserve.*

**canne** n.f. (anglic.) : 1. Acheter des tomates en cannes. * Acheter des tomates en *conserve,* des *boîtes de conserve.* 2. Une canne de bière. * Une *canette* de bière. 3. Craindre la canne. * Craindre la *prison.*

**cannelle** n.f. (vx fr.) : Avoir besoin d'une cannelle de fil blanc. * Avoir besoin d'une *bobine* de fil blanc.

**canner** [kane] v.tr. ou part. passé (anglic.) : 1. Canner des tomates. * *Mettre* des tomates *en conserve.* 2. Le voleur s'est fait canner pour trois mois. * Le voleur s'est fait *emprisonner,* s'est fait *incarcérer.* 3. Un joueur de hockey qui se fait canner. * qui se fait *punir,* qui *reçoit une pénalité.* 4. Être canné. * Être *ivre.*

**can opener** n.m. (anglic.) : Se servir d'un can opener pour ouvrir les boîtes de conserve. * Se servir d'un *ouvre-boîte.*

**cant** [kɑ̃] n.m. (vx fr.) : Mettre une pierre sur le cant. * Mettre une pierre sur le *côté.*

**canter** v.tr. ou pron. (dial.) : 1. C'est l'heure d'aller se canter. * C'est l'heure d'aller se *coucher.* 2. Aider à canter la table. * Aider à *incliner, pencher* la table.

**canvassing** n.m. (anglic.) : Faire du canvassing pour la recherche sur le cancer. * Faire du *porte-à-porte, du démarcharge.*

**capitale** adj. (anglic.) : Une phrase commence par une lettre capitale. * Une phrase commence par une lettre *majuscule.*

**capot** n.m. (vx fr.) : Mettre un capot parce qu'il fait froid. * Mettre un *manteau* (vêtement par-dessus les autres vêtements). * un *paletot* (vêtement de dessus généralement assez court). * un *pardessus* (vêtement masculin de laine que l'on porte par-dessus les autres vêtements).

**capot de crains rien** n.m. (can. métis) : Mon mari avait un bon capot de crains rien. * *une veste ou manteau de cuir avec capuchon.*

**caracoler** © v.intr. (modif.) : Il a trop bu. Il caracole. * Il *chancelle,* Il *titube.*

**caravaning** n.m. (anglic.) : Le caravaning est de plus en plus populaire. * Le *caravanage* est de plus en plus populaire, *Faire de la caravane.*

**carcan** © n.m. (modif. anc. fr.) : = Collier de bois qu'on met à certains animaux pour les empêcher de passer à travers les clôtures. * *Tribart.*

**caretaker** n.m. (anglic.) : Le caretaker de notre école fait un bon travail. * Le *concierge* de notre école fait un bon travail.

**cargo** n.m. (anglic.) : Un cargo de marchandises. * *Une cargaison* de marchandises.

**car pool** n.m. (anglic.) : Aller au travail en car pool. = Aller au travail *par co-voiturage* (can.) ©.

**carport** [karpɔrt] n.m. (anglic.) : Nous n'avons pas de garage mais un carport qui protège de la neige. * un *auvent* qui protège de la neige.

**carrer(se)** v.pron. (modif. du vx fr.) : Il s'est carré devant son père pour prendre la défense de sa mère. * Il s'est *dressé* devant son père.

**cart** [kɑrt] n.m. (anglic.) : 1. Se servir d'un shopping cart pour faire ses emplettes. * Se servir d'un *chariot* pour faire ses emplettes. 2. C'est reposant de se servir d'un golf cart. * un *chariot de golf*.

**carton** n.m. (anglic.) : Chaque fois que je vais en Ontario, j'achète des cartons de cigarettes. * j'achète des *cartouches* de cigarettes.

**cash** (anglic.) : 1. v.tr. Casher un chèque. * *Encaisser, Toucher* un chèque. 2. n.m. Avoir du cash. * Avoir *de l'argent, de l'argent liquide*. 3. adv. : Payer cash. * Payer *comptant*.

**cashew** n.m. (anglic.) : En jouant au bridge, nous mangeons des cashews. * Nous mangeons des *noix de cajou*, des *noix d'acajou*.

**cashier** [kaʃiːr] n.m. ou f. (anglic.) : Le cashier m'a remis trop d'argent. * Le *caissier, La caissière* m'a remis trop d'argent.

**casque** © n.m. (modif.) : * *Casquette*.

**casse** voir casque

**cassé** part.passé (anglic.) : Mon ami est cassé. * Mon ami est *sans le sou, n'a pas d'argent.*

**casser** v.tr. ou intr. (anglic.) : 1. Casser avec son amie. * *Rompre* avec son amie. 2. Devoir casser la terre avant de l'ensemencer. * Devoir *briser, préparer* la terre avant de l'ensemencer. 3. Casser cinq dollars. * *Faire la monnaie* de cinq dollars. 4. Casser l'anglais. * *Écorcher, Baragouiner* l'anglais.

**casseau** n.m. (modif.) : Acheter un casseau de fraises. * un *cageot* de fraises.

**cassette player** n.m. (anglic.) : * *Lecteur de cassettes.*

**cassette recorder** ou **tape recorder** n.m. (anglic.) : * *Lecteur de cassettes, Magnétophone.*

**caster** [kastər] n.m. (anglic.) : Un fauteuil avec des casters. * Un fauteuil *à roulettes.*

**catalogne** © n.f. (vx fr.) : = Tapis ou Couverture (confectionné avec des retailles d'étoffe).

**cataplasse** n.m. (modif.) : Appliquer des cataplasses de moutarde pour guérir un rhume. * Appliquer des *cataplasmes.*

**catcher** [katʃe] v.tr. (anglic.) : 1. Catcher la balle. * *Attraper* la balle. 2. Catcher un rhume. * *Prendre, Contracter* un rhume.

**catcher** [katʃer] n.m. (anglic.) : Le catcher a manqué la balle. * Le *receveur.*

**catéreux(euse)** © n. (can. métis) : Une personne catéreuse. * Une personne *souvent malade, de santé fragile.*

**catiche** ou **katiche** © n.m. ou adj. (can. métis) : C'est un catiche. * C'est un *homme qui aime bien toucher les femmes.*

**catin** n.f. (dial. fr.) : Acheter une belle catin. * Acheter une belle *poupée.* Catin : terme vieilli, signifie prostituée ou putain.

**caucus** n.m. (anglic.) : Le parti libéral est en caucus. * Le parti libéral est en *réunion* (membres choisis).

**cave** n.f. (modif.) : Habiter à la cave. * Habiter *au sous-sol*. Nous avions autrefois des locaux ou des trous inhabitables sous une habitation appelées « caves ». Le fr. st. accepte : cave à bois, cave à charbon, cave à vin ou cellier.

**cavreau** ou **caveau** n.m. (vx fr.) : Mes parents avaient un cavreau pour conserver les légumes au cours de l'hiver. * *une cave* pour conserver les légumes.

**cayouche** © n.m. (can. métis) : Dans le temps de cayouche, nous nous amusions bien. * *Autrefois*, nous nous amusions bien.

**cd player** [sːdiː plejər] n.m. (anglic.) : * *Lecteur de disques compacts*, CD [sede].

**cédule** n.f. (anglic.) : Respecter sa cédule de travail. * Respecter *son horaire* de travail.

**céduler** v.tr. (anglic.) : La réunion est cédulée à deux heures. * La réunion est *convoquée, prévue*.

**cellular phone** n.m. (anglic.) : Le cellular phone nous permet d'appeler de n'importe quel endroit. * Le *téléphone cellulaire*.

**cenne** n.f. (anglic.) : Un bijou qui ne vaut pas une cenne. * Un bijou *de quatre sous, sans valeur*.

**cenne** n.f. voir cent

**cent** [sɛnt] n.f. : Ne pas avoir une cent. * Ne pas avoir *un* cent.

**centennial hall** n.m. (anglic.) : Nous venons de construire la salle centenaire. * la salle *du* centenaire. Salle centenaire voudrait dire que la salle a cent ans.

**centre communautaire** n.m. (anglic.) : * *Centre relaxe communautaire, Centre de loisirs*.

**centre d'achats** n.m. (anglic.) : On ne fait pas que des achats au centre d'achats. * On ne fait pas que des achats au *centre commercial*.

**centrifuge** © n.m. (modif.) : Se servir d'un centrifuge pour écrémer le lait. * Se servir d'*une écrémeuse*.

**cerise noire** © n.f. (can.) = Petit fruit sauvage en grappes au goût un peu âpre qui laisse la bouche pâteuse.

**certain** adv. (vx fr.) : J'irai pour certain. * J'irai *certainement* .

**ceuses** pr. pers. (dial.) : Les ceuses qui ont dit ça se trompent. * *Ceux* qui ont dit ça se trompent.

**chaillère** (can. métis) : 1. Faire la chaillère. * *Préparer le repas* ou Faire *le thé*.

**challenge** n.m. (anglic.) : Une partie qui est un véritable challenge. * Une partie qui est un véritable *défi*.

**chambarder** © v.tr. (fr. fam.) : Chambarder la maison. * *Mettre en désordre, Bouleverser de fond en comble*.

**chambranler** © (dial.) : 1. Chambranler parce que l'on a trop bu. * *Chanceler* parce que l'on a trop bu. 2. La table chambranle. * La table *n'est pas d'aplomb*.

**chambre** n.f. (anglic.) : Il travaille à la chambre 208. * Il travaille à la *pièce* 208.

**chambre de bains** n.f. (anglic.) : * *Salle* de bains.

**chameau** n.m. (fr. fam.) : Cette femme est un véritable chameau. * Cette femme est *désagréable, méchante*.

**champlure** n.f. (vx fr.) : Se servir de l'eau de la champlure pour se laver les mains. * Se servir de l'eau *du robinet*.

**chance** n.f. 1. (anglic.) : Prendre la chance de tout perdre. * *Courir le risque* de tout perdre. 2. Une chance qu'il était là! * *Heureusement* qu'il était là!

**change** n.m. (anglic.) : 1. Avoir du change pour un dollar. * Avoir *de la monnaie* pour un dollar. 2. Garder le change. * Garder *la monnaie.* 3. Être gentil pour un change. * Être gentil pour *une fois.*

**changer** v.tr. (anglic.) : 1. Changer cinq dollars. * *Faire la monnaie de* cinq dollars. 2. Changer un chèque. * *Toucher, Encaisser* un chèque.

**channel** [tʃanəl]n.m. (anglic.) : Ils ont traversé l'English Channel. * Ils ont traveré *la Manche.*

**chanquier** n.m. (dial.) : voir chantier

**chaque** pron. indéf. (dial.) : Nous avons gagné une piastre chaque. * Nous avons gagné *un dollar chacun.*

**char** n.m. (modif. d'après char de foin) : 1. Aller en char jusqu'à Montréal. * Aller en *train* jusqu'à Montréal. 2. S'acheter un char. * S'acheter *une voiture.*

**chardon de Russie** © n.m. (modif.) : * *Chardon.*

**charge** n.f. (anglic.) : 1. Être en charge d'un édifice. * Être *responsable.* 2. Il n'y a pas de charge pour ce service. * *C'est un* service *gratuit, sans frais.*

**charger** v.tr. (anglic.) : Charger vingt dollars. * *Demander, Réclamer, Exiger* vingt dollars.

**charter** [tʃartər] n.m. (anglic.) : Faire un voyage par charter. * Faire un voyage par *vol nolisé.*

**chasse** (can. métis) : Faire la grande chasse dans le grand bois. * Faire la *chasse à l'orignal* dans *la grande forêt.*

**châssis** n.m. (modif.) : 1. Se tenir au châssis. * Se tenir *à la fenêtre.* 2. Lorsque l'hiver arrive, il faut mettre les châssis-doubles. * il faut mettre les *contrechâssis.*

**chatline** [tʃatlajn] n.m. (anglic.) : 1. J'ai conversé avec un ami suisse et un cousin anglais sur le chatline (télécom.) de l'internet. * J'ai conversé avec un ami suisse et un cousin anglais au *bavardage de session* ou *canal de bavardage* de l'internet. Bavardoir © (can.). 2. C'est par le chatline que j'ai obtenu un rendez-vous avec cette jeune fille. * C'est par le *téléphone rose* (réseau téléphonique à finalité érotique ou pour obtenir un rendez-vous).

**chatte** © n.f. ou adj. (can.) : Se méfier d'une fille qui est chatte. * une fille qui est *frôleuse, aguicheuse.*

**chaud** © adj. (dial.) : Il était chaud hier soir. * Il était *ivre* hier soir.

**chaudasse** © adj. (dial.) : Revenir chaudasse d'une soirée. * Revenir *légèrement ivre.*

**chaudière** n.f. (dial.) : Chaudière de lait, de framboises. * *Seau* de lait, de framboises.

**chaudiérée** n.f. (dial.) : Chaudiérée d'eau. * *Seau* d'eau.

**chausson** © n.m. (dial.) : Porter des chaussons de laine. * Porter des *chaussettes* de laine.

**chauyère** voir chaudière

**chavais** pron. et v. (dial.) : * Chavais qu'il viendrait. * *Je savais* qu'il viendrait.

**cheap** adj. (anglic.) : 1. On peut obtenir des billets cheap. * On peut obtenir des billets *à prix réduit, à bon marché, à rabais.* 2. Un matériel qui est cheap. * Un *tissu de mauvaise qualité.*

**check** [tʃɛk] n.m. (anglic.) : J'ai reçu un check de cent dollars. * J'ai reçu un *chèque* [sɛk] de cent dollars.

**checker** [tʃɛke] v.tr. ou intr. (anglic.) : 1. Checker si la réponse est bonne. * *Vérifier* si la réponse est bonne. 2. Devoir checker son manteau au vestiaire. * Devoir *déposer* son manteau. 3. Checker son bagage. * *Enregistrer* son bagage. 4. Checker les enfants. * *Surveiller* les enfants.

**check-up** n.m. (anglic.) : Aller à la clinique pour un check-up. * Aller à la clinique pour un *examen médical.*

**cheesecloth** n.m. (anglic.) : Se servir d'un cheesecloth pour filtrer le jus. * Se servir d'*une étamine* pour filtrer le jus.

**chenailler** v.intr. (modif. du dial.) : Une voiture qui chenaille sur le verglas. * Une voiture qui *glisse, dérape.*

**cheniquer** v.intr. (dial.) : Après avoir promis son appui, il a cheniqué. * Après avoir promis son appui, il *s'est dérobé.*

**chenolles** n.f. (can.?) : * *Testicules.*

**chèque de voyageur** © n.m. (anglic.) : * *Traveller's* [chèque] ®. Emprunt inutile à l'anglais.

**chérant** adj. (dial.) : Un marchand qui est chérant. * Un marchand qui *vend cher.*

**chercher après** v.intr. (fr.pop.) : Chercher après les enfants. * v.tr. *Chercher* les enfants.

**chesterfield** n.m. (anglic.) : * *Canapé, Sofa.*

**chéti** adj. (vx fr.) : 1. Un enfant chéti. * Un enfant *chétif, méchant.* 2. C'était un chéti de repas. * C'était un *pauvre* repas.

**chevreux** n.m. (vx fr.) : On a tué deux chevreux. * On a tué deux *chevreuils.*

**chéyère** n.f. (dial.) : Aller chercher une chéyère d'eau. * *un seau* d'eau.

**chiâler** v.intr. (dial.) : Il faut arrêter de chiâler. * Il faut arrêter de *se plaindre,* de *geindre.*

**chiâleux(se)** n.m. (modif. du fr. fam.) Ne t'occupe pas de lui, c'est un chiâleux. * Ne t'occupe pas de lui, *il critique toujours, il se plaint sans cesse.*

**chiard** © n.m. ou adj. (can.) : 1. Faire le brave mais être chiard. * être *peureux, lâche.* 2. Au collège on mangeait du chiard. * on mangeait du *hachis parmentier* (un hâchis aux patates).

**chicane** n.f. (modif.) : Une chicane dans la paroisse. * Une *querelle, dispute.*

**chicaner** v.pron. (fam.) : Être toujours à se chicaner. * Être toujours à se *disputer,* se *chamailler,* se *quereller.*

**chiche** © adj. (modif. du dial.) : Être chiche. * Être *près de ses sous*, Être *mesquin, radin*.

**chickpea** n.m. (anglic.) : Se servir de chickpeas pour faire de la soupe. * Se servir de *pois chiches*.

**chicoque** © n.f. (can. métis de la langue cri) = Bête puante © * *Mouffette*.

**chicoter** v.tr. (du dial.) : Une affaire qui nous chicote. * Une affaire qui nous *tracasse*.

**chienner** © v.intr. (vx fr.) : * *Ne rien faire, Flâner*.

**chigner** v.intr. (dial.) : Être toujours à chigner. * Être toujours à *pleurnicher*.

**chime** [tʃaim] n.m. (anglic.) : Installer un door chime. * Installer un *carillon de porte*.

**china cabinet** n.m. (anglic.) : 1. S'acheter un china cabinet pour y exposer sa collection de porcelaine. * S'acheter *une vitrine*. 2. Avoir un beau china cabinet pour sa vaisselle. * un beau *dressoir*.

**chinaware** n.m. (anglic.) : Elle s'est acheté un service de chinaware. * Elle s'est acheté un service de *porcelaine*.

**chiotte** n.f. (fr.pop.) : Aller à la chiotte. * Aller *aux toilettes, aux cabinets d'aisance*.

**chip** n.m. ou f. (anglic.) : 1. Aimer manger des chips. * Aimer manger des *croustilles* 2. Des chips pour jouer au bingo. * Des *jetons* pour jouer au bingo.

**chipmunk** n.m. (anglic.) : Apprivoiser un chipmunk. = Un suisse © (can.) : * Apprivoiser un *tamia*.

**chipotée** © n.f. (dial.) : Avoir une chipotée d'enfants. * Avoir *plusieurs enfants*, une *ribambelle*.

**chire** © n.f. (modif.) : Faire une chire à droite pour éviter un accident. * Faire une *embardée, un dérapage*.

**chirer** © v.intr. (modif.) : Une voiture qui chire à gauche. * Une voiture qui *glisse*, qui *dérape*.

**chives** [tʃajvz] n.m. pl. (anglic.) : Répandre des chives sur la soupe. * Répandre *de la ciboulette* sur la soupe.

**chocolate chips** n.m. (anglic.) : Ce gâteau comprend des chocolate chips. * Ce gâteau comprend des *pépites de chocolat*.

**choke** [tʃok] n.m. (anglic.) : Aujourd'hui, les voitures ont un choke automatique. * les voitures ont un *étrangleur* automatique.

**chops** n.m. ou f. (anglic.) : Des lamb chops. * Des *côtelettes d'agneau*.

**choquer** v.tr. ou pron. (modif.) : 1. Une défaite qui me choque. * Une défaite qui me *met en colère*, me *déplaît*. 2. Il s'est choqué. * Il s'est *mis en colère*. Le fr. st. accepte : Il a été choqué par cette agression = ébranlé, sous le choc.

**chou gras** © n.m. (can.) : Les choux gras poussent partout. * Les *chénopodes* poussent partout.

**chouler** v.tr. (du dial.) : Chouler les paroissiens contre le curé. * *Exciter, Soulever* les paroissiens contre le curé.

**choupattes** © n.f. pl. (can. métis) : * *Souliers de feutre très mous, Bottines de feutre*.

**choutiame** n.f. (déform. de chou de Siam) : La choutiame se conserve tout l'hiver. * *Le rutabaga, chou-navet*.

**chu** 1. pron. et v. être (dial.?) : Chu malade. * *Je suis* malade. 2. prép. Je l'ai vu chu Léon. * Je l'ai vu *chez* Léon.

**chum** n.m. (anglic.) : Mon chum est venu avec moi. * Mon *ami*, Mon *copain* est venu avec moi.

**chumer** [tʃʌme] v.intr. (anglic.) : Chumer avec quelqu'un depuis des années. * *Être ami* avec quelqu'un depuis des années.

**chumnée** n.f. (dial.) : Du feu dans la chumnée. * Du feu dans la *cheminée*.

**chunk** n.m. (anglic.) : Des chunks d'ananas. * Des *morceaux* d'ananas.

**cinnamon** n.m. (anglic.) : Des brioches au cinnamon. * Des brioches *à la cannelle.*

**citron** n.m. (anglic.) : Une voiture qui est un vrai citron. * Une voiture qui est *de la vraie camelote.*

**clabord** n.m. (anglic.) : Employer du clabord pour le revêtement extérieur d'une maison. * Employer *de la planche imbriquée.*

**clair** adj. (anglic.) : Faire un profit clair de cinq cents dollars. * Faire un profit *net.*

**clairer** v.tr. (anglic.) : 1. Devoir clairer la table. * Devoir *desservir* la table. 2. Se faire clairer. * Se faire *congédier.* 3. Clairer le chemin. * *S'enlever du* chemin, *Déblayer* le chemin. 4. Clairer ses dettes. * *Payer, Acquitter* ses dettes.

**clairons** n.m. (dial.) : * Les soirs d'hiver, on peut admirer les clairons dans le ciel. * on peut admirer les *aurores boréales.*

**clam** n.m. (anglic.) : On met des clams dans la bouillabaisse. * On met des *palourdes* dans la bouillabaisse.

**clampe** n.f. (anglic.) : Se servir d'une clampe pour tenir deux planches ensemble. * Se servir d'*un crampon*, d'une *attache*, d'une *pince.*

**claques** n.f. (modif.) : Porter des claques par-dessus ses souliers. * Porter des *caoutchoucs.*

**clash** n.m. (anglic.) : Il y a eu un clash entre les deux femmes. * Il y a eu un *désaccord*, un *affrontement.*

**classifier** v.tr. (anglic.) : Classifier les fiches. * *Classer* les fiches.

**cleaner** [kline] v.tr. (anglic.) : 1. Cleaner l'évier. * *Nettoyer* l'évier. 2. Se faire cleaner au poker. * *Perdre tout son argent* au poker.

**clencher** v.tr. (dial.) : Clencher la porte. * *Fermer* (en levant la clenche d'un loquet), *Enclencher* la porte.

**cliche** n.f. (dial. ou fr.pop.) : Avoir la cliche. * Avoir la *diarrhée*.

**climax** n.m. (anglic.) : 1. Le climax de l'histoire. * Le *point culminant*. 2. Le climax de sa carrière. * *L'apogée* de sa carrière.

**clip** n.m. (anglic.) : Se servir d'un clip pour retenir des pages ensemble. * Se servir d'un *trombone*.

**cliper** [klipe] v.tr. (anglic.) : Aller se faire cliper les cheveux. * Aller se faire *couper, tondre* les cheveux.

**clockwise** adv. ou adj. (anglic.) : Il faut donner les cartes clockwise. * Il faut donner les cartes *dans le sens des aiguilles d'une montre*.

**closette** n.f. (anglic.) : 1. Remiser des vêtements dans la closette. * Remiser des vêtements dans *l'armoire*, la *penderie, le garde-robe, le placard*. 2. Aller à la closette. * Aller *aux toilettes*.

**cloth (J)** n.m. (anglic. marque déposée) : * Se servir d'un J cloth pour nettoyer. * Se servir d'un *chiffon*.

**clove** n.m. (anglic.) : * Ajouter du clove dans la farce. * Ajouter du *clou de girofle* dans la farce.

**club** ® [klʌb] n.m. (anglic. fr. st.) : Faire partie d'un club de football. = Faire partie d'*une équipe* © de football.

**club sandwich** n.m. (anglic.) : * *Sandwich mixte*.

**cluge** n.f. (can.?) Il a la cluge depuis deux jours. * Il a la *diarrhée* depuis deux jours.

**clutch** n.f. (anglic.) : Mettre la clutch au point mort. * Mettre *l'embrayage* au point mort.

**coach** n.m. (anglic.) : Le coach de hockey. * *L'entraîneur* de hockey.

**coacher** v.tr. ou intr. (anglic.) : Coacher les joueurs. * *Entraîner* les joueurs.

**coat** n.m. (anglic.) Un coat d'hiver. * Un *manteau* d'hiver, Un *pardessus*.

**coaxer** [kokse] v.tr. (anglic.) : Coaxer quelqu'un pour faire quelque chose. * *Enjôler, Prier, Cajoler* quelqu'un pour faire quelque chose.

**cobette** © n.f. (can.?) : Remiser des manteaux dans la cobette. * Remiser des vêtements dans *le placard, l'armoire*, la *penderie, le garde-robe*.

**cochonneries** n.f. (dial.) : Prendre le balai pour ramasser les cochonneries sur le plancher. * ramasser les *ordures, saletés, balayures*.

**cockpit** n.m. (anglic.) : Il est interdit aux voyageurs d'entrer dans le cockpit. * d'entrer dans le *poste de pilotage*.

**cocktail** n.m. (anglic.) : Servir un fruit cocktail. * Servir *une salade aux fruits*.

**cocoa** n.m. (anglic.) : Un gâteau au cocoa. * Un gâteau au *chocolat*, au *cacao*.

**cocombe** n.m. (vx fr.) : Les cocombes sont indigestes. * Les *concombres* sont indigestes.

**coconut** n.m. (anglic.) : Garnir un gâteau avec du coconut. * Garnir un gâteau avec *de la noix de coco*.

**cod** n.m. (anglic.) : Le cod est un poisson délicieux. * *La morue*.

**code criminel** n.m. (anglic.) : Un délit qui tombe sous le code criminel. * Un délit qui tombe sous le code *pénal*.

**codinde** n.m. (can. de coq d'Inde?) : * *Dindon*.

**coke** n.m. (anglic.) : Boire un coke. = Boire un *coca* (fam.).

**col** n.m. (can.) : Il ne sait pas faire le noeud d'un col. * le noeud d'*une cravate*.

**cole-slaw** n.m. (anglic.) : Mettre de la mayonnaise dans le cole-slaw. * dans *la salade au chou*.

**collant à mouches** n.m. (can.) : Vous vous rappelez les collants à mouches que l'on suspendait au plafond? * Vous vous rappelez les *papiers tue-mouches* que l'on suspendait au plafond?

**colle** (can.) : 1. n.f. Ce qu'il t'a dit, c'est de la colle. * c'est *faux, ça ne vaut rien.* 2. exclam. : De la colle! © Je n'irai pas à la réunion. * *Je m'en moque!, Ah non!, Qu'on s'arrange!*

**collecter** v.tr. (anglic.) : 1. Collecter des timbres. * *Collectionner* des timbres. 2. Collecter des taxes. * *Percevoir* des taxes. Le fr. st. accepte: collecter des fonds, de l'information, du lait, etc.

**color-blind** adj. (anglic.) : Mon frère est color-blind. * Mon frère est *daltonien.*

**colouer** v.tr. (can.) : Colouer des clous. * *Clouer* des clous.

**coltâiller** v.intr. ou pron. (dial.) : Aimer se coltâiller. * Aimer *lutter, se battre, se colleter.*

**combinaison** n.f. (can.) : Se vêtir d'une combinaison pour ne pas avoir froid. * Se vêtir d'*un long caleçon, d'un long sous-vêtement.*

**combine** n.f. (anglic.) : 1. La machine à battre a été remplacée par la combine. * par la *moissonneuse-batteuse.*

**combiner** v.tr. ou intr. (anglic.) : Combiner le blé. * *Moissonner* le blé.

**comiques** n.m. pl. (anglic.) : Aimer les comiques dans le journal. * Aimer les *bandes dessinées.*

**comme** adv. et conj. (vx fr.) : 1. Chanter aussi bien comme un autre. * Chanter aussi bien *qu'*un autre. 2. C'est beau comme tout. * C'est *tout à fait* beau. 3. Il y avait quelque chose comme cent personnes. * Il y avait *environ* cent personnes. 4. Est-ce qu'il travaille fort? Comme ça. * *Pas trop, Pas beaucoup.* 5. J'avais mis la clef sur la table. C'est comme rien, elle n'est pas perdue. * C'est *impossible qu'elle soit perdue.* 6. Se considérer comme un grand écrivain. * Se considérer un

72

grand écrivain. 7. Comme de raison, il est arrivé en retard. * Naturellement, il est arrivé en retard.

**comment** adv. (par confusion) : Comment vaut cette montre? * Combien vaut cette montre?

**commission** n.f. (dial.) : Aller faire des commissions. * Aller faire des emplettes, des courses.

**commission des liqueurs** n.f. (anglic.) : * Régie des alcools, Magasin d'alcools.

**compact disc** (c.d.) [siːdiː] n.m. (anglic.) : * Disque compact (CD) = [sede].

**compas** n.m. (anglic.) : Sers-toi d'un compas pour retrouver ta direction. * Sers-toi d'une boussole.

**compliments de la saison** (formule de souhaits) (anglic.) : * Joyeuses fêtes.

**composeur** n.m. (anglic.) : Composeur de musique. * Compositeur de musique.

**comprenable** adj. (can.) : Une histoire pas comprenable. * Une histoire incompréhensible.

**computer** [kʌmpjutər] n.m. (anglic.) : * Ordinateur (électronique).

**concerner** v.tr. (anglic.) : 1. Ce rapport ne vous concerne pas. * ne vous regarde pas, n'est pas de vos affaires. 2. Les personnes concernées. * Les personnes intéressées. Le fr. st. accepte : En ce qui me concerne, je préfère rester ici. Être concerné par la mort de sa mère. = Être inquiet, soucieux.

**concert hall** n.m. (anglic.) : Salle de concerts.

**condamné** part. passé (anglic.) : Être condamné pour la vie. * Être condamné à perpétuité.

**condition** n.f. (anglic.) : Ma voiture est en bonne condition. * Ma voiture est en bon état.

**condo** n.m. (anglic.) : * Condominium.

**conduisable** adj. (vx fr.) : Une voiture qui n'est pas conduisable. * Une voiture *difficile à conduire.*

**cone d'ice cream** n.m. (anglic.) : * *Cornet de glace, de crème glacée.*

**confortable** : 1. n.m. (anglic.) : Placer un confortable sur le lit. * Placer un *édredon* sur le lit. 2. adj. (anglic.) : Je suis confortable dans ce fauteuil. * Ce fauteuil *est confortable.* 3. Je suis confortable dans cette robe. * Je suis *à l'aise* dans cette robe. 4. C'est si confortable ici. * *On se sent si bien* ici, *Il fait bon* ici.

**conforteur** n.m. (anglic.) : Le lit a un conforteur. * Le lit a un *édredon, une courte-pointe.*

**confrère** n.m. (par confusion) : Lorsque j'étudiais au collège, nous étions dix confrères dans la même classe. * nous étions dix *condisciples.* Le fr. st. accepte : Nous appartenons à la même profession. Nous sommes donc confrères.

**confuser** v.tr. (anglic.) : Ils vont nous confuser avec tous leurs règlements. * Ils vont nous *embrouiller,* nous *confondre.* Le fr. st. accepte : Je suis confus, embarrassé, troublé de mon erreur.

**connaissant** n.m. (vx fr.) : Il fait le connaissant. * Il *prétend tout connaître,* Il fait le *connaisseur.*

**connecter** v.tr. (anglic.) : 1. Connecter deux fils électriques. * *Joindre* deux fils. 2. Voulez-vous me connecter avec le recteur? * Voulez-vous me *mettre en communication* avec le recteur? 3. Ils vont venir connecter l'eau. * connecter *les conduits* d'eau, *raccorder les conduits* d'eau.

**connexion** n.f. (anglic.) : 1. Notre avion était en retard, alors nous avons manqué notre connexion. * nous avons manqué notre *correspondance.* 2. La connexion des deux tuyaux. * *Le branchement, L'aboutchement.*

**conseiller** v.tr. (vx fr.) : Je l'ai conseillé de partir. * v.tr. ind. Je *lui* ai conseillé de partir.

**consentant** adj. (vx fr.) : Je suis consentant d'aller avec vous. * Je *consens à* aller avec vous.

**constituant** n.m. (anglic.) : Un député doit rendre des comptes à ses constituants. * Un député doit rendre des comptes à ses *commettants*, ses *électeurs*.

**contact lens** n.f. (anglic.) : * *Lentilles, Verres de contact.*

**contacter** v.tr. (emploi critiqué de l'angl.) : Contacter quelqu'un par téléphone. * *Joindre, Entrer en contact avec* quelqu'un. 2. Contacter quelqu'un. * *Rencontrer* quelqu'un.

**container** [kʌntenər] n.m. (anglic.) : Un container pour les fruits. * Un *récipient*, Un *contenant* pour les fruits.

**conte** prép. et adv. (dial.) : 1. Être fâché conte quelqu'un. * Être fâché *contre* quelqu'un. 2. (adv.) * Voter *contre*.

**conterdire** v.tr. (dial.) : Conterdire le professeur. * *Contredire* le professeur.

**contiendre** vt. tr. (dial.) : Ce paquet peut contiendre dix livres. * Ce paquet peut *contenir* dix livres.

**contracteur** n.m. (anglic.) : Le contracteur de l'édifice. * *L'entrepreneur* de l'édifice.

**contre** prép. (vx fr.) : Ne pas passer contre le mur. * Ne pas *longer* le mur, passer *près du* mur.

**contrôler** v.tr. (anglic.) : Un bouton qui sert à contrôler le son. * à *régler* le son.

**convertible** adj. ou n.f. (anglic.) : S'acheter une voiture convertible. * S'acheter une *décapotable*.

**cook** n.m. ou f. (anglic.) : Le cook est en retard ce matin. * Le *cuisinier* est en retard.

**cookerie** [kukri] n.f. (anglic.) : Faire la cookerie. * Faire la *cuisine*.

**cool** ® adj. (fr. st.) : 1. Une personne cool. * Une personne *détendue, calme, relaxe*. 2. Du jazz cool. * Du jazz *aux*

*sonorités douces.* 3. Tes vêtements sont cool. * Tes vêtements sont *à la mode.*

**cooler** [kuːlər] n.m. (anglic.) : * Apporter un cooler en pique-
nique. * Apporter *une glacière* en pique-nique.

**coordinateur(trice)** n. (anglic.) * *Coordonnateur.* Cependant, on
dit coordination.

**cope** [kɔp] n.f. (anglic.) : Ça ne vaut pas une cope. * Ça ne vaut
pas *un sou,* Ça ne vaut *rien.*

**copiage** n.m. (can.?) : Un article qui n'est que du copiage. * Un
article qui n'est que du *plagiat.*

**copie** n.f. (anglic.) : Acheter trois copies d'un livre. * Acheter
trois *exemplaires* d'un livre.

**coq-l'oeil** adj. ou n. (can.) : * *Borgne, Loucheur.*

**coquerelle** © n.f. (vx fr.) : On trouve des coquerelles dans cette
cuisine. * On trouve des *blattes,* des *cafards.*

**corder** © v.tr. (dial.) : Corder du bois. * *Empiler* du bois. (Une
corde = 3 ou 4 stères selon les régions).

**cornmeal** n.m. (anglic.) : * *Semoule de maïs.*

**cornstarch** n.f. ou m. (anglic.) : * *Fécule de maïs.*

**corps** n.m. (can.?) : Porter un corps pour ne pas avoir froid.
* Porter un *sous-vêtement* (de flanelle, de laine, de coton).

**correct** adj. (anglic.) : 1. Ma réponse est-elle correcte? * Ma
réponse est-elle *exacte?* 2. Comment vas-tu? Correct. * *Ça
va bien.* Le fr. st. accepte : Une tenue correcte, Un salaire
correct.

**côteux** adj. (vx fr.) : C'est côteux dans notre région. * C'est
*montagneux, accidenté, vallonné.*

**cottage** ® n.m. (fr. st. de l'angl.) = *Chalet* © (can.) * *Maison de
campagne.*

**cottage cheese** n.m. (anglic.) : * *Fromage au lait caillé.*

**cotteur** n.m. (anglic.) : Aller au village en cotteur. * Aller au village en *traîneau.*

**coude** v.tr. ou intr. (dial.) : Coude une robe. * *Coudre* une robe.

**couenne** n.f. (dial.) : Avoir la couenne gelée. * Avoir la *peau* gelée.

**couette** n.f. (dial.) : Avoir une couette de cheveux dans le dos. * Avoir une *tresse* de cheveux dans le dos.

**couille** n.f. (vulg. et fam.) : * *Testicule.*

**couillon** n.m. (modif. du vx fr.) : * *Lâche, Imbécile.*

**coulée** © n.f. (can.) : Les vaches s'abreuvent à la coulée. * Les vaches s'abreuvent *au ruisseau, au ravin.*

**coulerer** v.tr. (modif.) : 1. Coulerer un dessin avec un crayon. * *Colorier* un dessin. 2. Coulerer l'eau avec de la teinture. * *Colorer* l'eau avec de la teinture.

**counter clockwise** adv. (anglic.) : Au jeu de balle molle, les joueurs courent counter clockwise. * les joueurs courent *dans le sens inverse des aiguilles.*

**coup** © n.m. (fr. fam.) : Aimer prendre un coup. * Aimer prendre un *verre.*

**couper** v.tr. (anglic.) : Couper les salaires. * *Réduire* les salaires.

**couple** n.m. (vx fr. ou régional) : Dans un couple de jours. * Dans *quelques* jours.

**courailler** v.tr. ou intr. (du fr.pop.) : 1. Courailler les filles. * *Courir* les filles. 2. Un homme qui couraille. * Un homme qui *court les jupons.*

**courte-honte** © n.f. (can. métis) : Je suis revenu avec ma courte-honte. * Je suis revenu avec ma *punition.*

**couserai** v.tr. ou intr. fut. (dial.?) : Je couserai ta chemise. * Je *coudrai* ta chemise.

**coutellerie** n.f. (anglic.) : * Ensemble de coutellerie. * Ensemble de *couteaux, fourchettes* et *cuillers.*

**couvert** n.m. (anglic.) : 1. Le couvert d'un livre. * *La couverture* d'un livre. 2. Le couvert de la marmite. * Le *couvercle* de la marmite. Le fr. st. accepte : Mettre le couvert (tout ce dont on couvre une table : couteaux, fourchettes, assiettes, tasses).

**couverte** n.f. (vx fr.) : Une couverte de lit. * Une *couverture* de lit.

**couvrir** v.tr. (anglic.) : Avoir une grande région à couvrir. * Avoir une grande région à *parcourir.*

**cracher** v.intr. (vx fr.) : Il ne faut pas cracher sur cette somme d'argent. * Il ne faut pas *dédaigner, refuser* cette somme d'argent.

**cracker** [krakər] n.m. (anglic.) : * *Craquelin.*

**craire** v.tr. (vx fr.) : 1. Quelque chose difficile à craire. * Quelque chose difficile à *croire.* 2. J'cré bien qu'il m'a joué un tour. * Je *crois* bien.

**cramper** v.tr. ou intr. (can.?) : Cramper la voiture à droite. * *Tourner, Faire dévier* la voiture.

**cramper(se)** v.pron. (dial.) : Se cramper après la table pour ne pas tomber. * Se *cramponner à* la table.

**cranberry** n.m. (anglic.) : Une sauce de cranberry avec la dinde. * Une sauce de *canneberges.*

**crane** [kren] n.f. ou m. (anglic.) : Utiliser une crane pour soulever les débris du train. * Utiliser une *grue.*

**craque** n.f. (anglic.) : 1. Une craque dans le mur. * Une *fente* dans le mur. 2. Une craque dans le miroir. * Une *fêlure* dans le miroir. 3. La terre est pleine de craques. * La terre est pleine de *crevasses.* 4. Regarder par la craque de la porte.

* Regarder par *l'entrebaîllement* de la porte. 5. Des craques dans le vernis. * Des *craquelures* dans le vernis.

**craqué** adj. (du fr.) : 1. Être craqué. * Être *fou, imbécile*. 2. Le vase est craqué. * Le vase est *fêlé*.

**crasher** [krɑːʃe] v.tr. ou intr. (anglic.) : 1. Une voiture qui crash dans un camion. * Une voiture qui *percute* un camion. 2. Une voiture qui crash contre un arbre. * Une voiture qui *percute* contre un arbre.

**crasse** adj. ou n. (dial.) : Un être crasse. * Un être *malhonnête*.

**crasserie** n.f. (dial.) : Faire une crasserie. * Faire *un tour malhonnête*.

**crasseux(euse)** adj. (dial.) : 1. Être crasseux. * Être *malpropre*. 2. Une crasseuse. * Une *personne malhonnête*.

**crassoux(se)** adj. (dial.) : voir crasseux

**crawler** [krɑːle] v.intr. (anglic.) : Crawler sous la voiture. * *Ramper, Se traîner* sous la voiture.

**crayable** adj. (dial.) : Une histoire pas crayable. * Une histoire pas *croyable, incroyable*.

**cré** adj. ou v.tr. (dial.) : Cré paresseux. * *Espèce* de paresseux, *Sacré* paresseux (fam.).

**crématiser** v.tr. (anglic.) : Il veut se faire crématiser après sa mort. * Il veut se faire *incinérer*.

**crématoire** n.m. Le mot évoque généralement les camps d'extermination nazis. Les cendres du défunt seront déposées dans le crématoire. * Les cendres du défunt seront déposées dans le *crématorium* (terme plus technique et plus neutre).

**crème à la glace** n.f. (anglic.) : Prendre une crème à la glace pour se rafraîchir. * Prendre une *glace*.

**crémone** n.f. (dial.) : Porter une crémone pour ne pas avoir froid. * Porter *un cache-nez*.

**crétique** adj. ou n. (vx fr.) : Une situation crétique. * Une situation *critique*.

**creux** adj. (par confusion.) 1. Ce lac est creux. * Ce lac est *profond*. 2. Ce garçon est creux. * Ce garçon est *vide d'idées*.

**crevant** adj. (dial.) : Un travail crevant. * Un travail *très fatigant*.

**crigne** n.f. (modif.) : Il a toute une crigne. * Il a une *épaisse chevelure*.

**crime** n.m. (dial.) : Être en crime. * Être en *colère*.

**crime stopper** n.m. (anglic.) : Un quartier protégé par l'organisation de crime stoppers. * l'organisation *d'échec au crime*.

**crinque** n.f. (anglic.) : Une crinque pour le cric. * Une *manivelle* pour le cric.

**crinqué** adj. (anglic.) : Être tout crinqué. * Être *excité, énervé, en colère*.

**crinquer** v.tr. (anglic.) : 1. Crinquer l'horloge. * *Remonter* l'horloge. 2. crinquer v.tr. (can. métis) : Il faut crinquer à sa santé. * *trinquer* à sa santé.

**crion** n.m. (dial.) : Se servir d'un crion. * Se servir d'un *crayon*.

**crique** n.m. (dial. et anglic.) : Un crique près de la maison. * Un *ruisseau*, Un *cours d'eau* près de la maison.

**criquet** © n.m. (vx fr. ou can.) : Entendre le chant des criquets. * Entendre le chant des *grillons*.

**crire** (qu'rir) v.tr. (vx fr.) : Aller crire de l'eau. * Aller *quérir, chercher* de l'eau.

**crisp** adj. (anglic.) : Aimer les biscuits qui sont crisps. * les biscuits *croustillants*.

**croche** (anglic.) : 1. adj. Un homme croche. * Un homme *malhonnête*. 2. adj. La ligne est croche. * La ligne est *tordue*. 3. n.m. Le chemin fait un croche. * Le chemin fait *une courbe, une déviation*.

**crochir** v.tr. ou intr. (dial.) : 1. Crochir la planche. * *Tordre, Courber, Rendre crochue.* 2. Le chemin crochit avant d'arriver à la maison. * Le chemin *fait une courbe.*

**croère** voir craire

**croix** © n.f. (modif.) : Il est une croix pour ses parents. * Il est *un fardeau.*

**croque** n.m. (anglic.) : Va me chercher le croque de beurre. * le *pot* de beurre.

**croquée** © n.f. (can.?) : En vouloir juste une croquée. * En vouloir juste une *bouchée, un petit morceau.*

**crossing** n.m. (anglic.) : Un crossing de chemin de fer. * Un *passage à niveau.*

**crossword puzzle** n.m. (anglic.) : Les crossword puzzles sont un bon divertissement. * Les *mots croisés.*

**croûte** n.f. (modif.) : La croûte de la neige. * La *surface durcie* de la neige.

**crowbar** n.m. (anglic.) : * Un *pince-monseigneur,* Un *levier coudé.*

**crowd** n.f. (anglic.) : Il y avait toute une crowd à la soirée. * toute une *foule.*

**cru** © adj. (vx fr.) : Un matin cru. * Un matin *froid, humide, frisquet.*

**cruche** n.f. (fr. fam.) : Ce pauvre garçon est une cruche. * un *niais, un ignorant.*

**cruise control** n.m. (anglic.) : Pour éviter d'aller trop vite, j'emploie le cruise control. * le *régulateur de contrôle de vitesse.*

**cruiser** [kruze] v.tr. ou intr. (anglic.) : Aller cruiser au Market Square. * Aller *draguer* (fam.) = chercher à lier connaissance avec quelqu'un en vue d'une aventure galante.

**crunchy** adj. (anglic.) : Une texture crunchy. * Une texture *croquante.*

**crush** n.m. (anglic.) : Avoir un crush pour quelqu'un. * Avoir le *béguin.*

**crushé(e)** [krʌʃr] adj. (anglic.) : Des ananas crushés. * Des ananas *broyés.*

**crute** adj. (dial.) : De la viande crute. * De la viande *crue.*

**çu là** pr. dém. (dial.) : * *Celui-là.*

**cueillère** n.f. (dial.) : * *Cuillère* ou *Cuiller.*

**culot** n.m. (fr. fam.) : Avoir du culot. * *Être effronté, Avoir de l'audace.*

**culotte** n.f. (par confusion) : Une femme qui ne porte pas de culotte. * Une femme qui ne porte pas de *pantalon.* Le fr. st. accepte : culottes = sous-vêtements féminin.

**cupcake pan** n.m. (anglic.) : * *Moule à petits gâteaux.*

**curve** n.f. (anglic.) : Les voitures se sont frappées dans la curve. * dans la *courbe.*

**custard** n.f. (anglic.) : Préparer de la custard pour dîner. * de la *crème anglaise, un flan.*

**custody** n.f. (anglic.) : Le mari a obtenu la custody des enfants. * Le mari a obtenu la *garde* des enfants.

**customer parking** n.m. (anglic.) : * *Stationnement réservé aux clients.*

**cute** [kjut] adj. (anglic.) : Une fille cute. * Une fille *attirante, mignonne, belle.*

**cutter** [kʌtər] n.m. (anglic.) = Voiture d'hiver sur patins élevés.

# D

**d'abord** (dial.) : 1. Vous me dites des bêtises. D'abord, je ne viendrai plus vous voir. * *Puisqu'il en est ainsi,* je ne viendrai plus vous voir. 2. conj. : D'abord qu'il soit sage. * *À la condition* qu'il soit sage. 3. conj. : Je l'attendrai d'abord qu'il se dépêche. * *pourvu* qu'il se dépêche.

**dactylographe** n.f. (par confusion) : La dactylographe est malade. * La *dactylo* est malade.

**Dad** n.m. (anglic.) : Dad, est-ce que je pourrais emprunter ta voiture? * *Papa,* est-ce que je pourrais emprunter ta voiture?

**dalle** n.f. (vx fr.) : Les dalles sont pleines de feuilles mortes. * Les *gouttières* sont pleines de feuilles mortes.

**dam** n.f. (anglic.) : Construire une dam pour la dérivation des eaux. * Construire *un barrage,* une *digue.*

**dandruff** n.m. (anglic.) : Avoir du dandruff sur le cuir chevelu. * Avoir *des pellicules* sur le cuir chevelu.

**dans** adv. ou prép. (dial.) : 1. Avoir dans les trente ans. * Avoir *environ* trente ans, Avoir trente *et quelques années, Être dans la trentaine.*

**danse carrée** n.f. (anglic.) : Nous sommes quatre pour la danse carrée. * Nous sommes quatre pour *le quadrille.*

**dashboard** n.m. (anglic.) : Le dashboard de la voiture. * Le *tableau de bord.*

**date** [det] n.f. (anglic.) : Une date avec son amie * Un *rendez-vous.*

**day care** n.m. (anglic.) : Nous plaçons nos enfants au day care. * Nous plaçons nos enfants *à la garderie.*

**daylight saving time** n.m. (anglic.) : * *Heure avancée, Heure d'été.*

**deadline** n.m. (anglic.) : Le deadline est lundi prochain. * *La date limite* est lundi prochain.

**deal** [diːl] n.m. (anglic.) : Faire un deal avec le commerçant. * Faire un *marché* avec le commerçant.

**dealer** [diːlər] n.m. (anglic.) : Le dealer nous a vendu une voiture. * Le *revendeur*, Le *marchand*, Le *concessionnaire.*

**débalancé(e)** adj. (can.) : Un homme débalancé. * Un homme *déséquilibré.*

**débarbouillette** © n.f. (dial.) : Utilise une débarbouillette pour te laver le visage. * Utilise *un gant de toilette* (qui n'est pas la même chose).

**débarrer** v.tr. (vx fr.) : Débarrer la porte. * *Ouvrir, Déverrouiller* la porte.

**débattre** v.tr. (vx fr.) : Avoir le coeur qui débat. * Avoir le coeur qui *palpite.* Le fr. st. accepte : Débattre une question.

**débloquer** v.tr. (dial.) : Débloquer la rue. * *Dégager* (enlever ce qui obstrue), *Déblayer* la rue.

**débobiné** © adj. (can.) : Il est débobiné parce qu'il n'a pas gagné la partie. * Il est *découragé, déçu* parce qu'il n'a pas gagné la partie.

**débosser** v.tr. (vx fr.) : Débosser le capot de la voiture. * *Débosseler* le capot de la voiture.

**débosseur** n.m. (vx fr.) : Le débosseur a fait un excellent travail. * Le *tôlier* a fait un excellent travail.

**débourrer** © v.intr. (modif.) : Il est temps de débourrer d'ici. * Il est temps de *quitter,* de *partir,* de *se sauver,* de *déguerpir.*

**débretté** adj. (can.?) : Une bicyclette toute débrettée. * Une bicyclette toute *disloquée, qui ne fonctionne pas.*

**décade** n.f. (anglic.) : La dernière décade a été très prospère. * La dernière *décennie.*

**déchanger** v.pron. (dial.) : Se déchanger pour aller au travail. * *Changer de vêtements* pour aller au travail.

**déchicoter** v.tr. (dial.) : Une feuille toute déchicotée. * Une feuille toute *déchiquetée.*

**décoller** v.intr. (fig.) : Décolle d'ici. * *Sors* d'ici.

**découper** v.tr. (can.) : Découper un poulet. * *Dépecer* un poulet.

**déculotter** v.tr. (fig.) : Se faire déculotter en public. * Se faire *humilier* en public.

**dedans** prép. (vx fr.) : Mets la poupée dedans la boîte. * Mets la poupée *dans* la boîte. Le fr. st. accepte : Il fait froid dehors comme dedans (adv.).

**de d'vant** adj. (can.) : Les sièges de d'vant d'une voiture. * Les sièges *avant* d'une voiture.

**défaire** v.tr. (anglic.) : Défaire un projet de loi. * *Rejeter* un projet de loi. Le fr. st. accepte : Défaire un lit, Défaire un tricot, Défaire l'ennemi.

**définitivement** adv. (anglic.) Il fera définitivement beau demain. * *certainement, assurément, sûrement.*

**défuntisé** part. passé (dial.) : Il est défuntisé il y a un an. * Il est décédé il y a un an.

**dégêner** v.tr. (dial.) : J'ai essayé de le dégêner. * J'ai essayé de le *mettre à l'aise.*

**dégreyer(se)** v.pron. (du dial.) : Dégreyez-vous. * *Enlevez votre manteau, Déshabillez-vous.*

**déhors** adv. (dial.) : Aller déhors prendre l'air. * Aller *dehors, à l'extérieur.*

**déjointer** v.tr. (can.) : Se déjointer le bras. * Se *démettre* le bras.

**delicatessen** n.m. (anglic.) : * *Plats cuisinés, Épiceries fines, Charcuterie.*

**délivrer** v.tr. (anglic.) : 1. Délivrer le courrier. * *Distribuer* le courrier. 2. Délivrer un discours. * *Prononcer* un discours. 3. Délivrer un message. * *Remettre* un message. 4. Nous délivrons le lait tous les jours. * Nous *livrons* le lait, *faisons la livraison du* lait. Le fr. st. accepte : Délivrer un prisonnier = Libérer.

**démancher** v.tr. (par confusion) : 1. Le dos qui démanche. * Le dos qui *démange.* 2. Démancher l'horloge. * *Démonter* l'horloge.

**demandant(ante)** adj. (anglic.) : Un patron très demandant. * Un patron très *exigeant.*

**démêler** v.tr. (dial.) : Démêler la farine avec du lait. * *Détremper, Délayer* la farine.

**démontant** adj. (modif.) : Une situation démontante. * Une situation *décourageante, pénible.*

**d'ensuite** adj. (can.?) : Le dimanche d'ensuite, il est revenu me voir. * Le dimanche *suivant,* il est revenu me voir.

**dents rapportées** n.f. (can.?) : Il est encore jeune mais il a des dents rapportées. * il a des *fausses* dents.

**dépanneur** © n.m. (can.) : = Petit magasin d'alimentation.

**dépareillé(e)** adj. (can.) : Posséder une maison dépareillée.

* Posséder une maison *sans pareille, incomparable, unique.*

**département** n.m. (anglic.) : Il faut voir le département des manteaux dans ce grand magasin. * Il faut voir le *rayon* des manteaux.

**dépendre** v.intr. (anglic.) : Je dépends sur lui. * Je *compte* sur lui.

**dépense** n.f. (can.) : Tu trouveras le beurre dans la dépense. * Tu trouveras le beurre dans *le garde-manger.*

**dépetnaillé(e)** adj. (modif. du fr. fam.) : Être dépetnaillé. * Être *mal vêtu, dépenaillé* (fr. fam.).

**déploguer** v.tr. (anglic.) : Déplogue le fil de rallonge. * *Débranche* le fil de rallonge.

**dépoitraillé(e)** adj. (can. métis) : Il est revenu dépoitraillé. * Il est revenu *la chemise ouverte, la poitrine nue, en guenilles.*

**déprendre** v.tr. (modif.) : Déprendre quelqu'un. * *Tirer* quelqu'un *d'une situation difficile, embarrassante.*

**dépressant(e)** adj. (anglic.) : Le temps gris est très dépressant. * Le temps gris est très *déprimant.*

**dépressé(e)** adj. (anglic.) : Être dépressé après une maladie. * Être *déprimé* après une maladie.

**dérangé(e)** adj. (dial.) : Un homme dérangé. * Un homme *qui a la tête dérangée, qui n'est pas mentalement normal.*

**dérougir** © v.intr. (can.) : L'activité n'a pas dérougi de la journée. * L'activité n'a pas *cessé* de la journée.

**derrière** n.m. (modif.) : La roue du derrière de la voiture. * La roue *arrière* de la voiture.

**désabrier** v.tr. ou pron. (vx fr.) : Se désabrier pendant la nuit. * Se *découvrir* pendant la nuit.

**désâmer(se)** © v.pron. (vx fr.) : Se désâmer pour ses enfants. * Se *dévouer,* Se *donner sans compter* pour ses enfants.

**désappointant** adj. (modif. ou anglic.) : C'est très désappointant. * C'est très *décevant*.

**descendance** n.f. (par confusion) : Être de descendance française. * Être *d'ascendance* française. Le fr. st. accepte : Nous sommes descendants de la France.

**descendre en bas** (pléonasme) : Je vais descendre en bas. * Je vais descendre.

**désenterrer** v.tr. (vx fr.) : Désenterrer le corps de la victime. * *Déterrer, Exhumer* le corps de la victime.

**désettlé(e)** adj. (anglic.) : Une horloge désettlée. * Une horloge *déréglée*.

**des fois** adv. (modif.) : Des fois il nous visite. * *Parfois* il nous visite.

**design** [diːzajn] n.m. (anglic.) : Il s'intéresse au design. * Il s'intéresse au *stylisme, à l'esthétique industrielle*.

**dessour** [dəsur] adv. (dial.) : Regarder en dessour. * Regarder en *dessous*.

**dessur** [dəsyr] prép. (vx fr.) : voir dessus

**dessus** prép. (vx fr.) : Le chat est dessus la table. * Le chat est *sur* la table.

**déstoquer** v.tr. (anglic.) : Aider à déstoquer une voiture. * Aider à *déprendre*, à *dépanner* une voiture.

**détasser** v.tr. (vx fr.) : Détasser les chaises dans le local. * *Espacer* les chaises dans le local.

**détraqué** adj. (modif.) : Être complètement détraqué. * Être complètement *fou*.

**devant** n.m. (modif.) : La roue du devant de la voiture. * La roue *avant* de la voiture.

LA ROUE AVANT

**déviander(se)** v.pron. (dial.) : Se déviander pour les malades. * Se *donner du mal,* Se *démener* pour les malades.

**dévisageant** adj. (can.) : C'est dévisageant de le voir nous traiter comme des étrangers. * C'est *déconcertant* de le voir nous traiter comme des étrangers.

**diâbe** n.m. (dial.) : Il tire le diâbe par la queue. * Il tire le *diable* par la queue.

**diabète** n.f. (par confusion) : Il souffre de la diabète. * n.m. Il souffre *du* diabète.

**dial tone** [dajl ton] n.m. (anglic.) : Écoutez le dial tone (téléphone). * Écoutez *la tonalité.*

**dialer** [dajle] v.tr. (anglic.) : Je vais dialer son numéro de téléphone pour toi. * Je vais *composer* son numéro de téléphone pour toi.

**diamond** [daïmənd] n.m. : Le joueur de baseball se tient sur le diamond. * Le joueur de baseball se tient sur le *losange.*

**diary** n.m. (anglic.) : Être fidèle à tenir un diary. * Être fidèle à tenir un *journal.*

**dicé(e)** [dajse] adj. (anglic.) : J'achète des tomates dicées. * J'achète des tomates *coupées en dés.*

**dietician** n.m. ou f. (anglic.) : can. : *Diététiste* ©. * *Diététicien(ne).*

**différencier** v.intr. (can.) : Savoir différencier entre une pomme et une orange. * Savoir *différencer, distinguer.* Le fr. st. accepte : Se différencier, Se distinguer des autres.

**digérable** adj. (vx fr.) : Des fruits non digérables. * Des fruits non *digestibles, indigestes.*

**dill pickles** n.m. ou f. (anglic.) : * *Cornichons au fenouil.*

**dimer** [dime] v.tr. (anglic.) : Dimer les phares d'une voiture. * *Baisser* les phares d'une voiture, *Se mettre en code.*

**dinghy** (collapsible) n.m. (anglic.) : * *Canot pneumatique.*

**dip** [dĭp] n.m. (anglic.) : 1. Un dip pour des crudités. * *Une trempette* pour des crudités. 2. Un dip au fromage chaud. * *Une fondue* au fromage.

**dipper** [dĭpər] n.m. (anglic.) : Se servir d'un dipper pour boire. * Se servir d'*une louche* pour boire.

**discarter** v.tr. (anglic.) : 1. Comme je ne pouvais pas fournir la couleur demandée (aux cartes), j'ai discarté une carte d'une autre couleur. * *je me suis défaussé* d'une carte d'une autre couleur. 2. Tu dois discarter trois cartes de ton jeu. * Tu dois *écarter* trois cartes de ton jeu.

**discompte** n.m. (anglic.) : Promettre un discompte de 20 %. * Promettre un *escompte*, un *rabais*.

**disconnecter** v.tr. (anglic.) : 1. Disconnecter la télévision. * *Débrancher* la télévision. 2. Disconnecter l'électricité. * *Disjoncter*, *Déconnecter* l'électricité. 3. Disconnecter l'eau, le gaz. * *Couper* l'eau, le gaz.

**discriminé** part. passé (anglic.) : Je suis discriminé contre parce que je suis français. * Je suis *victime de discrimination*.

**disez** v.tr. 2e pers. pl. ind. prés. (dial.) : Vous me disez la vérité n'est-ce pas? * Vous me *dites* la vérité n'est-ce pas?

**dish antenna** n.f. ou m. (anglic.) : * *Antenne parabolique*, *Parabole*.

**dishwasher** n.m. (anglic.) : Laver la vaisselle dans un dishwasher. * Laver la vaisselle dans un *lave-vaisselle*.

**display** n.m (anglic.) : Une voiture en display. * Une voiture en *exposition*.

**disposable** adj. (anglic.) : Un rasoir disposable. * Un rasoir *jetable*.

**disqualifier** v.tr. (anglic.) : Son manque d'expérience ne le disqualifie pas. * Son manque d'expérience *n'est pas rédhibitoire*.

**dissatisfait(e)** adj. (anglic.) : Être dissatisfait de la vie. * Être *mécontent*, *insatisfait* de la vie.

**district** [distri] n.m. (anglic.) : Les différents districts de la ville. * Les différents *quartiers* de la ville.

**ditch** n.f. (anglic.) : Une voiture qui prend la ditch. * Une voiture qui *tombe dans le fossé.*

**divertissement** n.m. (par confusion) : La retraite a l'avantage de nous offrir des moments de divertissement. * des moments de *loisir* (temps libre, temps à soi). Le fr. st. accepte : Maintenant qu'il est à la retraite, il occupe ses loisirs à des divertissements tels que le sport et la musique.

**diviner** [dzivine] v.tr. (vx fr.) : Divine ce que j'ai dans la main. * *Devine* ce que j'ai dans la main.

**diviser** v.tr. (anglic. ou par confusion) : Les atouts sont bien divisés. * Les atouts sont bien *répartis*. Le fr. st. accepte : Diviser une tarte en huit morceaux.

**dock** n.m. (fr. st.) : Le bateau s'est approché du dock. * Le bateau s'est approché du *quai*.

**dodger** [dɔdʒe] v.tr. (anglic.) : Le joueur sait bien dodger la balle. * Le joueur sait bien *esquiver, éviter* la balle.

**doir** v.tr. (can.) : On va doir partir. * On va *devoir* partir.

**dompe** [dɔ̄p] n.f. (anglic.) : Apporter les déchets à la dompe. * Apporter les déchets *au dépotoir.*

**domper** [dɔ̄pe] v.tr. (anglic.) : 1. Un garçon qui dompe sa petite amie. * Un garçon qui *laisse, quitte, abandonne* sa petite amie. 2. Domper une charge de sable. * *Vider, Décharger* une charge de sable.

**don** (dial.) : 1. conj. : Travaille don un peu. * Travaille *donc* un peu. La conj. *donc* se prononce [dɔ̄k] devant une voyelle, au début et à la fin d'une phrase. Ainsi dirons-nous : Donc [dɔ̄k] j'y vais, Viens donc [dɔ̄k]. 2. adv. : Le gâteau est donc [dɔ̄] bon. * Le gâteau est *vraiment, très, tellement* bon.

**donner un cadeau** v.tr. (pléonasme) : Donner un cadeau. * *Offrir* un cadeau.

**dope** n.f. (anglic.) : Il se vend de la dope dans ce restaurant. * Il se vend de la *drogue* dans ce restaurant.

**doper** [dope] v.pron. (anglic.) : Se doper. * *Prendre de la drogue.*

**doucine** © n.f. (can.) : Faire des doucines avec de la pâte à pain. = Faire un genre de pain avec des tranches de pâte cuites rapidement dans l'huile.

**down payment** n.m. (anglic.) : Il m'a demandé un down payment de cent dollars. * Il m'a demandé un *acompte*, un *premier versement.*

**drastique** adj. (anglic.) : On vous dira que ce sont des mesures drastiques. * On vous dira que ce sont des mesures *draconiennes.*

**draw** n.m. (anglic.) : La partie s'est terminée par un draw. * La partie s'est terminée par un *pointage égal.*

**drawback** n.m. (anglic.) : Sa taille est un drawback pour lui. * Sa taille est un *désavantage.*

**dresser** [drɛsər] n.m. (anglic.) : Ranger son linge dans le dresser. * Ranger son linge dans *la commode,* le *chiffonnier.*

**drète** adj. ou n.f. (vx fr.) : 1. C'est drète devant vous. * C'est *droit* devant vous. 2. C'est à votre drète. * C'est à votre *droite.*

**drill** [drĭl] (anglic.) : 1. n.f. Avoir besoin d'une drille pour percer un trou. * Avoir besoin d'une *perceuse,* d'une *foreuse.* 2. n.m. Dans l'armée, il y a un drill tous les matins. * Dans l'armée il y a *de l'exercice, une période d'exercice* tous les matins.

**driller** [drile] v.tr. ou intr. (anglic.) : Il faut driller un trou. * Il faut *forer, percer* un trou.

**drink** n.m. (anglic.) : Prendre un *drink* avant le repas. * Prendre un *verre, une boisson* avant le repas.

**drive** [drajvə] n.m. (anglic.) : Son drive est droit au golf. * Son *coup* est droit au golf.

**driver** [drajvər] n.m. (anglic.) : Le driver de la voiture. * Le *conducteur, La conductrice* de la voiture.

**drive-through restaurant** n.m. (anglic.) = Restauvolant (can.) ©.

**driveway** n.m. (anglic.) : Stationne ta voiture dans le driveway. * Stationne ta voiture dans *l'entrée, la voie de garage.*

**dropper** [drɔpe] v.tr. (anglic.) : Mon mari m'a droppée chez Eaton. * Mon mari m'a *déposée* chez Eaton.

**drug addict** n.m. (anglic.) : * *Drogué, Toxicomane.*

**drum** n.m. (anglic.) : Les drums couvraient la voix de l'artiste. * *La batterie* couvrait la voix de l'artiste.

**dry cleaning** n.m. (anglic.) : Envoyer des vêtements au dry cleaning. * Envoyer des vêtements au *nettoyage à sec, chez le nettoyeur.*

**dryer** [drajər] n.m. (anglic.) : Dryer pour sécher le linge ou les cheveux. * *Sécheuse* pour le linge, *Séchoir* pour les cheveux.

**dû** part. passé (anglic.) : L'avion était dû à midi mais il a eu une heure de retard. * L'avion *devait arriver* à midi. Le fr. st. accepte : J'ai dû demeurer à la maison.

**dubbing** n.m. (anglic.) : Pour enregistrer cette chanson, nous avons utilisé le dubbing à grande vitesse. * nous avons utilisé *la duplication* à grande vitesse.

**dull** adj. (anglic.) : 1. Un temps dull. * Un temps *maussade, gris.* 2. C'est dull de ne rien faire. * C'est *ennuyant* de ne rien faire.

**dumb** [dʌm] adj. (anglic.) : 1. Être dumb depuis sa naissance. * Être *muet* depuis sa naissance. 2. Être trop dumb pour comprendre. * Être trop *bête, stupide* pour comprendre.

**dump** [dʌmp] (anglic.) : 1. n.m. Un hôtel qui est un dump. * Un hôtel qui est un *trou à rats.* 2. n.f. Aller jeter quelque chose à la dump. * Aller jeter quelque chose *au dépotoir.*

**dur** n.m. (dial.) : Manger du dur. * Manger du *foie* de veau, de boeuf ou de porc.

**dutch** adv. (anglic.) : J'accepte d'aller souper au restaurant mais on y va dutch. * on y va *à la française, chacun paie pour soi.*

# E

**é** ou **è** pron. pers. (dial.) : É revenue hier. * *Elle est* revenue hier.

**ear plug** n.f. ou m. (anglic.) : Utiliser des ear plugs pour s'isoler du bruit. * Utiliser des *boules Quies* (marque déposée).

**eardrum** n.m. (anglic.) : Les eardrums transmettent les vibrations sonores à l'oreille moyenne. * Les *tympans* transmettent les vibrations sonores à l'oreille moyenne.

**écalles** n.f. (modif. du vx fr.) : Des écalles de pois. * Des *gousses*, Des *cosses*.

**écarter** v.pron. (vx fr.) : S'écarter dans la forêt. * *Se perdre*, S'*égarer* dans la forêt.

**écartiller** v.tr. (modif.) : S'écartiller les jambes. * S'*écarter* les jambes.

**échappe** ou **écharpe** n.f. (dial.) : Avoir une échappe dans le pouce. * Avoir une *écharde* dans le pouce.

**échapper** v.tr. (confusion) : Échapper un plat. * *Laisser* échapper un plat. Le fr. st. accepte : échapper à un accident, Son nom m'échappe, Il a échappé à la police.

**écharogner** v.tr. (vx fr.) : Écharogner un gâteau. * *Déchiqueter*, *Couper maladroitement* un gâteau.

**échauffaison** (modif.) : 1. Manger une échauffaison. * *Avoir* une *punition,* une *forte réprimande.* 2. Il a une échauffaison. = Indisposition qui se manifeste par une éruption de la peau.

**échelle d'extension** n.f. (anglic.) : Se servir de l'échelle d'extension pour rejoindre la toiture. * Se servir de l'échelle *coulissante.*

**échiffé(e)** adj. (can.) : Porter une robe tout échiffée. * Porter une robe tout *effilochée.*

**échouer** v.intr. (can.) : Personne ne voulait de lui, alors il a échoué chez nous. * il *s'est réfugié* chez nous.

**écite** adv. (dial.) : Viens écite. * Viens *ici.*

**écoeuranterie** n.f. (can.) : C'est une écoeuranterie. * C'est une *action révoltante,* une *action qui écoeure.*

**écopeaux** n.m. (dial.) : Il faut prendre des écopeaux de bois pour allumer le feu. * des *copeaux* de bois pour allumer le feu.

**écores** © n.f. (can. métis) : * *Rives abruptes.* (À Saint-Pierre, Manitoba, on parle des grandes écores.)

**écornifler** v.intr. (dial.) : Il aime écornifler partout. = Chercher à voir ce qui se passe chez autrui.

**écosse** n.f. (vx fr.) : Des écosses de pois. * Des *cosses* de pois.

**écourtiché(e)** adj. (can.) : Une fille tout écourtichée. * Une fille *en vêtements écourtés.*

**écrapoutiller** voir écrapoutir

**écrapoutir** v.tr. ou pron. (vx fr.) : 1. Avoir envie d'écrapoutir quelqu'un. * Avoir envie d'*écraser,* d'*écrabouiller* quelqu'un. 2. S'écrapoutir dans un coin. * S'*accroupir,* Se *blottir* dans un coin.

**écureux** n.m. (vx fr.) : Les écureux ont mangé tous les glands. * Les *écureuils* ont mangé tous les glands.

**éditeur(trice)** n. (anglic.) : L'éditeur est celui qui est responsable de la qualité du journal. * Le *rédacteur*. Selon le fr. st. : L'éditeur publie et met en vente.

**éduqué** adj. (confus. ou anglic.) : Il a un doctorat. Il est donc très éduqué. * Il est donc très *instruit*. Le fr. st. accepte : Il a de bonnes manières, un bon comportement. C'est dire qu'il est éduqué.

**efface** ou **effaçoir** n.f. (can.) : Se servir d'une efface pour effacer un mot. * Se servir d'une *gomme* à effacer.

**effectivement** adv. (abusif ou par automatisme) : Qu'avez-vous fait ce matin? Effectivement, je suis allé jouer au golf. * Je suis allé jouer au golf. Le fr. st. accepte : Il paraît que vous avez rencontré plusieurs échecs? Effectivement (en effet), je n'ai pas toujours connu le succès.

**effoirer(s')** v.pron. ou part. passé (can. du fr. foire) : En apprenant la nouvelle, il s'est effoiré sur le plancher. * il s'est *affaissé* sur le plancher.

**effrayant** adj. (modif.) : C'est effrayant comme il est intelligent. * C'est *extraordinaire* comme il est intelligent.

**eggnog** n.m. (anglic.) : Dans ce restaurant on sert un eggnog délicieux. * on sert un *lait de poule* délicieux.

**égouine** n.f. (modif.) : Se servir d'une égouine pour scier une planche. * Se servir d'une *égoïne* pour scier une planche.

**égousiller(s')** v.pron. (dial.) : S'égousiller à chanter. * S'*égosiller* à chanter.

**égousser** v.tr. (vx fr.) : Égousser des pois. * *Écosser* des pois.

**égrafignure** n.f. (vx fr.) : Une égrafignure sur la table. * Une *égratignure* sur la table.

**égrandir** v.tr. (vx fr.) : Égrandir la maison. * *Agrandir* la maison.

**éjarrer(s')** v.tr. ou pron. (dial.) : S'éjarrer en public. * S'*écarter les jambes* en public.

**élas** [ela] n.m. (can.?) : Fais pas tant d'élas. * Fais pas tant *de chichis, de simagrées.*

**élévateur** n.m. (anglic.) : Emprunter l'élévateur pour monter au cinquième étage. * Emprunter l'*ascenseur.* Le fr. st. accepte : élévateur à grain.

**e-mail** [iːmel] n.m. (anglic.) : Faire parvenir des renseignements par e-mail. * par *courrier électronique* (can.) : *courriel.*

**embarlificoter** v.tr. (modif.) : * *Emberlificoter, embobiner, embrouiller pour tromper.*

**embarrer** v.tr. (modif. du vx fr.) : Embarrer quelqu'un dans sa chambre. * *Enfermer* quelqu'un *à clef* dans sa chambre.

**embicheter** © v.tr. (can. métis) : Il s'est fait embicheter. * Il s'est fait *tromper.*

**embobiner** © v.tr. (modif. du dial.) : Il m'a embobiné. * Il m'a *trompé.*

**éméché** adj. (fr. pop.) : Il est revenu de la soirée tout éméché. * Il est revenu de la soirée *presque ivre.*

**emergency** n.m. (anglic.) : L'emergency de l'hôpital. * L'*urgence* de l'hôpital.

**emmêler** v.tr. (vx fr.) : Emmêler les autres avec des histoires. * *Mêler, Embrouiller* les autres avec des histoires.

**emmener** [ãmne] voir apporter

**emmerder** v.tr. (fr. pop.) : Ne viens pas m'emmerder avec tes problèmes. * Ne viens pas m'*ennuyer, me déranger,* m'*agacer* avec tes problèmes.

**emmouracher(s')** v.pron. (dial.) : S'emmo006uracher d'un jeune garçon. * S'*amouracher* d'un jeune garçon.

**émotionné(e)** adj. (fam.) : J'étais émotionné par le discours. * J'étais *ému* par le discours.

**émoucher** © v.tr. (can. métis) : Émoucher un cheval. = Lui enlever les mouches.

**empâté** adj. (modif.) : Un garçon empâté. * Un garçon *maladroit*.

**emphase** n.f. (anglic. ou vx fr.) : 1. Je n'aime pas cet orateur. Il parle avec emphase. * Il parle avec *affectation*. 2. Mettre l'emphase sur les principales publications. * Mettre *l'accent* sur les principales publications. Le mot emphase est souvent employé péjorativement. Il signifie : Avec une affectation outrée dans l'expression.

**emphatique** adj. (anglic.) : C'est de façon emphatique que le président nous encouragea à travailler pour notre pays. * C'est de façon *énergique*. Voir emphase.

**empisseti** (can. métis) : voir embicheter

**emplir** v.tr. (vx fr.) : Emplir un seau d'eau. * *Remplir* un seau d'eau.

**emporter** voir apporter

**emprêter** v.tr. (vx fr.) : Emprêter de l'argent. * *Emprunter* de l'argent.

**enamel** [enaml] n.m. (anglic.) : Une marmitte en enamel. * Une marmite en *émail*.

**en** prép. (dial.) : Arriver en temps. * Arriver *à temps*.

**encabaner(s')** © v.pr. (vx fr.) : S'encabaner pour l'hiver. * *S'enfermer, Se cloîtrer* pour l'hiver.

**encan** n.m. (vx fr.) : 1. Faire un encan. * Faire *une vente aux enchères, une vente à l'*encan.

**encanteur** n.m. (vx fr.) : L'encanteur a vendu notre mobilier. * Le *commissaire-priseur* a vendu notre mobilier.

**endimancher** v.tr. (modif.) : Endimancher un livre. * *Enjoliver* un livre (par des dessins).

**endosser** v.tr. (anglic.) : J'endosse sa politique socialiste.
* J'*approuve* sa politique socialiste.

**endurer** v.tr. (dial.) : J'endurerais bien un manteau car il fait
froid. * J'*apprécierais, Je serais heureux d'avoir* un manteau.

**enfant de nanane** interj. (can.) : C'est un enfant de nanane!
* C'est un *diablotin!*

**enfarger** v.pron. (vx fr.) : 1. S'enfarger dans la traîne de sa robe.
* S'*empêtrer* dans la traîne de sa robe. 2. enfarger v.tr. (can.
métis) : Enfarger un cheval. = Entraver les jambes d'un
cheval pour l'empêcher de s'éloigner du camp. * *Mettre sous
le joug.*

**enfirouâper** v.tr. (de l'expression anglaise : in fur wrapped) :
On m'a enfirouâpé. * On m'a *trompé.*

**enfroidir** v.pron. (vx fr.) : Ça s'enfroidit. * Ça *se refroidit.*

**engagement** n.m. (anglic.) : Deux jeunes qui fêtent leur
engagement. * Deux jeunes qui fêtent *leurs fiançailles.*

**engagé(ère)** adj. (modif.) : Notre homme engagé nous a quittés.
* Notre *serviteur, servante, domestique.*

**engager** v.tr. (modif.) : Engager un homme pour les travaux de
la ferme. * *Embaucher* un homme pour les travaux de la
ferme.

**engin** n.m. (anglic.) : 1. L'engin du train est très puissant. * *La
locomotive* du train est très *puissante.* 2. L'engin de la voiture
doit être réparé. * *Le moteur* de la voiture. Le fr. st. accepte :
Engins de guerre, Engins de pêche, Engins spatiaux.

**engraver** v.tr. (anglic.) : Son nom sera engravé sur sa pierre
tombale. * Son nom sera *gravé* sur sa pierre tombale.

**engueulade** n.f. (dial.) : Avoir une engueulade avec le voisin.
* Avoir *un engueulement*, une *vive dispute* avec le voisin.

**en haut** adv. (vx fr.) : Il couche en haut. * Il couche *au premier
étage, à l'étage supérieur.*

**enleve** v.tr. 1ᵉ pers. sing. (dial.) : J'enleve la roue. * *J'enlève* la roue. Même prononciation pour les autres pers du sing. : * Tu *enlèves*, Il *enlève*, ou encore pour la 3ᵉ pers. du plur. : Ils *enlèvent*.

**ennuyant(e)** adj. voir ennuyeux pour distinction

**ennuyeux(euse)** adj. (par confusion) : C'est un livre ennuyeux. Il ne se passe rien. * C'est un livre *ennuyant* (qui n'intéresse pas). Le fr. st. accepte : Devenir ennuyeux avec ses requêtes constantes. = Agaçant, désagréable, importun.

**enregistré(e)** adj. (anglic.) : Recevoir une lettre enregistrée. * Recevoir une lettre *recommandée*.

**enregistrer(s')** v.pron. (anglic.) : S'enregistrer à l'hôtel. * *S'inscrire* à l'hôtel, *Signer le registre*.

**enterrer** v.tr. (modif.) : Quand il chante, il enterre tous les autres. * Quand il chante, *sa voix couvre celle des* autres.

**entour** adv. (vx fr.) : Entour de midi. * *À environ* midi, *À peu près vers* midi.

**entretenir** v.tr. (anglic.) : Entretenir un auditoire par ses chansons. * *Divertir* un auditoire par ses chansons.

**envaler** v.tr. (dial.) : Envaler ses mots. * *Avaler* ses mots.

**envelimer** v.tr. (vx fr.) : Envelimer les choses. * *Envenimer, Aggraver* les choses.

**envoirai** (envoiras, envoirons) v.tr. fut. simple (vx fr.) : J'envoirai une lettre. * J'*enverrai*, Tu *enverras*, Nous *enverrons* une lettre.

**envolée** n.f. (modif.) : Prendre l'envolée 189 pour Montréal. * Prendre *le vol* 189.

**épais(se)** adj. (modif.) : Un garçon épais. * Un garçon *niais, non dégrossi*.

**éparer** © v.tr. (can. métis) : Les hommes sont à éparer le bison. * Les hommes sont à *épecer une carcasse de* bison.

**épeurant** adj. (modif. du vx fr.) : C'est une histoire épeurante. * C'est une histoire *effroyable, qui effraie.*

**épingle à couche** n.m. (can.?) : L'épingle à couche est trop grosse. * L'épingle *de sûreté* est trop grosse.

**épivarder(s')** ou **épivardir(s')** v.pron. (can. métis) : 1. La poule est en train de s'épivarder. = Se recouvrir de terre pour s'épouiller, se rafraîchir. 2. Cette jeune fille passe son temps à s'épivarder. = Cette jeune fille passe son temps à *se pavaner.*

**éplucher** v.tr. (vx fr.) : Éplucher des pois. * *Écosser* des pois.

**éplure** n.f. (dial.) : Éplure d'oignons. * *Pelure, Épluchure* d'oignons.

**épouvante** n.f. (modif.) : Son cheval a pris l'épouvante. * Son cheval a pris *le mors aux dents, s'est emballé.*

**escalateur** n.m. (anglic.) : Emprunter l'escalateur pour monter au deuxième étage. * Emprunter l'*escalier mécanique.*

**escouer** v.tr. ou pron. (vx fr.) : 1. Aller s'escouer dehors. * Aller *se secouer.* 2. Escouer un tapis. * *Secouer* un tapis.

**escousse** n.f. (dial.) : Être parti depuis une bonne escousse. * Être parti depuis *un bon moment*, depuis *longtemps.*

**esquinter** v.tr. ou pron. (dial.) : S'esquinter au travail. * *Se fatiguer*, S'épuiser au travail

**essuir** v.tr. (dial.?) : Essuir la vaisselle. * *Essuyer* la vaisselle.

**estate** n.m. (anglic.) : Son estate ira aux oeuvres de charité. * Son *héritage, Ses possessions, Sa fortune, Sa succession.*

**estimé** n.m. (anglic.) : Donner un estimé pour la maison. * Donner *une estimation* pour la maison.

**états** n.m. (can.) : Il va souvent aux États. * Il va souvent aux *États-Unis.*

**éteindu** part. passé (dial.) : J'ai éteindu la lumière. * J'ai *éteint* la lumière.

**étiré** adj. (dial.) : Avoir le visage étiré. \* Avoir *les traits tirés*.

**être** aux. voir avoir

**être enseigné** voix passive (anglic.) : On emploie certains verbes tels que enseigner, dire, informer, affirmer, etc. à la forme passive alors qu'ils doivent toujours être employés à la forme active. : 1. J'ai été enseigné par lui. \* *Il m'a* enseigné. 2. J'ai été dit. \* *On m'a* dit. 3. J'ai été informé que. \* *On m'a* informé que.

**étrète** adj. (vx fr.) : Un passage étrète. \* Un passage *étroit*.

**étriper** v.tr. (vx fr. fig.) : Il est assez malpoli que je l'aurais étripé. \* je l'aurais *fouetté, battu, éventré*.

**étriver** v.tr. (dial.) : Étriver son jeune frère. \* *Taquiner, Agacer* son jeune frère.

**évacher(s')** v.pron. (vx fr.) : S'évacher sur le canapé. \* S'*étendre paresseusement, avec nonchalance*.

**évaporé(e)** adj. (anglic.) : Acheter du lait évaporé. \* Acheter du lait *condensé*.

**éventuel** adj. (anglic.) : Les profits éventuels sont allés à la charité. \* Les profits *finals*. Le fr. st. accepte : Les profits éventuels (possibles).

**éventuellement** adv. (anglic.) : Éventuellement il est revenu. \* *Finalement* il est revenu. Le fr. st. accepte : J'irai éventuellement (possiblement) à Vancouver.

**excitement** n.m. (anglic.) : Il a causé tout un excitement dans la classe. \* Il a causé *toute une excitation*, tout un *branle-bas*.

**exhaust pipe** n.f. (anglic.) : L'exhaust pipe de la voiture doit être remplacée. \* *Le tuyau (pot) d'échappement* doit être remplacé.

**exhibit** n.m. (anglic.) : Un révolver présenté comme exhibit n° 3. \* comme *pièce à conviction* n° 3.

**exhibition** n.f. (vx fr.) : Une exhibition de peinture. * Une *exposition* de peinture. Le fr. st. accepte : Exhibition de toilettes, match-exhibition.

**exit** n.m. (anglic.) : Il y a un exit au bout du couloir en cas d'incendie. * Il y a *une sortie* au bout du couloir.

**expériencer** v.tr. (anglic.) : 1. Il a expériencé le malheur. * Il a *connu* le malheur. 2. Expériencer de lourdes pertes. * *Connaître, Essuyer* de lourdes pertes. 3. Expériencer une grande joie. * *Ressentir* une grande joie. 4. Expériencer un mauvais traitement. * *Subir* un mauvais traitement.

**expériment** n.m. (anglic.) : Un expériment en laboratoire. * *Une expérience* en laboratoire.

**exploder** v.intr. (anglic.) : La bombe a explodé. * La bombe a *explosé.*

**express mail** n.m. (anglic.) : Envoi d'une lettre par express mail. * Envoi d'une lettre par *courrier exprès.*

**extension** n.f. (anglic.) : L'extension pour rejoindre la prise de courant est trop courte. * *Le fil de rallonge* pour rejoindre la prise de courant est trop court.

**extension lamp** n.f. (anglic.) : J'ai besoin d'une extension lamp pour aller au sous-sol. * J'ai besoin d'une *lampe baladeuse.*

**extra** n.m. et adj. (anglic.) : 1. Avez-vous du papier d'extra? * Avec-vous du papier *supplémentaire?* 2. J'ai gagné vingt dollars d'extra. * J'ai gagné vingt dollars de plus. Le fr. st. accepte : Un gâteau extra. = Un gâteau extraordinaire, très bien.

**éyou** adv. (dial.) : Éyou que tu vas? * *Où vas-tu?*

# F

**face** n.f. (vx fr.) : La face du palais est unique.
* La *façade* du palais est unique.

**face-off** (au jeu de hockey) n.m. (anglic.) :
* *Mise au jeu.*

**facer** v.tr. (anglic.) : Facer une difficulté.
* *Faire face à* une difficulté.

**factrie** n.f. (anglic.) : Je travaille à une factrie de chaussures.
* Je travaille à une *usine,* une *manufacture* de chaussures.

**fad** n.f. (anglic.) : Cette fad pour les garçons de porter des boucles d'oreilles va passer. * Cette *mode* pour les garçons de porter des boucles d'oreilles va passer.

**faillir** v.tr. (anglic.) : Faillir un examen. * *Échouer à* un examen. Le fr. st. accepte : Faillir (presque) acheter une robe.

**fair** [fɛr] adj. (anglic.) : Un entraîneur qui n'est pas fair envers ses joueurs. * Un entraîneur qui n'est pas *juste* envers ses joueurs.

**faisez** v.tr. 2ᵉ pers. pl. ind. prés. (dial.) : Vous faisez le ménage.
* Vous *faites* le ménage.

**fake** [fek] n.m. (anglic.) : Un passeport qui est un fake. * Un passeport qui est un *faux*.

**faluet(te)** n.m. ou f. (can.?) : Être trop faluet pour travailler. * Être trop *faible, de santé* trop *fragile* pour travailler.

**fan** [fan] n.m. ou f. (anglic.) : 1. Un fan pour aérer la cuisine. * Un *ventilateur* pour aérer la cuisine. 2. Apporter son fan pour s'aérer. * Apporter son *éventail.* 3. Être une fan d'Elvis Presley. * Être une *admiratrice* d'Elvis Presley.

**fanal** n.m. (fig.) : Mon ami est un grand fanal. * Mon ami est *haut de taille.*

**fancy** adj. (anglic.) : Porter une robe fancy. * Porter une robe *recherchée.*

**farde** n.f. (vx fr.) : S'appliquer de la farde sur les joues. * S'appliquer *du fard* sur les joues.

**fardoché** ou **fardochi** v.tr. (can. métis) : Un terrain fardochi. = Un terrain dont on a coupé le sous-bois.

**farfinage** © n.m. (can.) : Allez! c'est assez de farfinage. * Allez! c'est assez *d'hésitation.*

**farrot** © adj. (can. métis) : * *Gentil.*

**far-sighted** adj. (anglic.) : Il distingue mal les objets rapprochés. * Il *est presbite.*

**fashion show** n.m. (anglic.) : * Assister au fashion show de la Boutique Gisèle. * Assister *à la présentation de la collection de modèles,* au *défilé de mode.*

**fast-food** n.m. (anglic.) : Notre génération se satisfait de fast food. * Notre génération se satisfait de *restauration rapide.*

**fatiqué** (part. passé (dial.) : Être fatiqué. * Être *fatigué.*

**fax** © n.m. : Envoyer un message par fax. Facsimile nous vient du latin, d'où l'abréviation fax. * *Télécopieur* désigne la machine (fax machine), * *télécopie* (fax), message envoyé ou reçu par télécopieur.

**fee** [fiː] n.m. (anglic.) : 1. Quel est le fee de cet avocat? * *Quels* *sont les honoraires* de cet avocat? 2. Payer un fee au conférencier. * *Donner* un *cachet* au conférencier. 3. Les fees annuels de scolarité. * Les *frais* annuels de scolarité.

**feeder** [fiːdər] n.m. (anglic.) : Un feeder automatique pour les poulets. * *Une mangeoire* automatique pour les poulets.

**feeler** [file] v.intr. (anglic.) : Feeler bien. * *Se sentir* bien.

**feeling** n.m. (anglic.) : 1. Avoir le feeling que quelqu'un va arriver. * Avoir *l'intuition* que quelqu'un va arriver. 2. Éprouver un drôle de feeling. * Éprouver un *sentiment bizarre*. 3. Ne pas pouvoir exprimer un feeling. * Ne pas pouvoir exprimer *une sensation*. 4. J'ai le feeling qu'il ne m'aime pas. * J'ai *l'impression* qu'il ne m'aime pas.

**fender** [fɛndər] n.m. (anglic.) : Les fenders de sa voiture sont cabossés. Les *garde-boue* de sa voiture sont cabossés.

**ferré** adj. (fr. fam.) : Être ferré en mathématiques. * Être *fort*, *expert* en mathématiques.

**ferry** n.m. (anglic.) (can.) : Prendre le ferry pour se rendre dans l'île. * Prendre le *traversier*, le *bac* pour se rendre dans l'île.

**fertilizer spreader** n.m. (anglic.) : S'acheter un fertilizer spreader pour répandre l'engrais. * S'acheter un *distributeur d'engrais*, un *épandeur*.

**fesser** v.t. (dial.) : Fesser quelqu'un en plein front. * *Frapper* quelqu'un en plein front.

**fête** n.f. (par confusion) : Sa fête (jour anniversaire de sa naissance) tombe le 8 novembre. * *Son anniversaire* de naissance. Selon le fr. st. : C'est ta fête aujourd'hui. = C'est le jour de la fête du saint dont tu portes le nom. On dit encore : Faire une fête pour l'anniversaire de quelqu'un.

**feu sauvage** © n.m. (can.?) : Il a un feu sauvage sur la lèvre. * Il a *de l'herpès* sur la lèvre.

**fève** n.f. (vx fr.) : Semer des fèves dans le potager. * Semer des *haricots* dans le potager. Le fr. st. accepte : Fèves de haricots.

**fiable** adj. (vx fr.) : Une personne fiable. * Une personne *digne de confiance.*

**fichement** adv. (dial.) : Être fichement habile. * Être *très* habile.

**fidèlement vôtre** (anglic.) : formule de politesse en terminant une lettre. * *Veuillez agréer l'expression de mes sentiments respectueux, de mes sentiments les meilleurs, les plus reconnaissants.*

**field** (sports) n.m. (anglic.) : Jouer centre (right, left) field. * Être *voltigeur de centre (droite, gauche).*

**fight** n.f. (anglic.) : Avoir une fight avec quelqu'un. * Avoir une *dispute, bagarre, lutte.*

**figurer** v.tr. (anglic.) : Figurer faire cent mille dollars avec une récolte. * *Compter* faire cent mille dollars.

**fil** n.m. (dial.) : Il est venu trois jours de fil. * Il est venu trois jours de *suite.*

**filée** n.f. (can.) : Il y avait une filée de voiture sur la route. * Il y avait une *file* de voitures sur la route.

**filière** n.f. (anglic.) : Mettre des documents dans une filière. * Mettre des documents dans *un classeur.* Le fr. st. accepte : Passer par une filière pour devenir directeur. = Passer par les degrés d'une hiérarchie.

**filling** n.m. (anglic.) : 1. (dans une dent) Le filling s'est désintégré. * Le *plombage* s'est désintégré. 2. (pour une tarte) Préférer le filling aux raisins. * Préférer *la garniture* aux raisins. 3. Un chocolat avec un filling au café. * Un chocolat *fourré* au café.

**filling station** n.m. ou f. (anglic.) : * *Station-service, Poste d'essence.*

**fillol(ole)** n.m. (vx fr.) : Je suis son parrain. Il est donc mon fillol. * Il est donc mon *filleul.*

**fillot** n.m. (dial.) : * *Filleul.*

**film** n.m. (anglic.) : Acheter un film pour mon appareil photo. * Acheter *une pellicule* pour mon appareil photo.

**filter** [fīltər] n.m. (anglic.) : Un filter pour le café. * Un *filtre* pour le café.

**fin(e)** adj. (modif.) : C'est une fille bien fine. * C'est une fille *aimable, gentille*. Le fr. st. accepte : Il est fin. = Il est rusé.

**final(e)** adj. (anglic.) : 1. Le chapitre final. * Le *dernier* chapitre. 2. Mettre les touches finales au décor. * Mettre *la dernière main* au décor. 3. Faire une offre finale. * Faire une offre *définitive*. 4. La décision de l'arbitre est finale. * La décision de l'arbitre est *sans appel*. Le fr. st. accepte : Solution finale, Épreuve finale.

**fine** [fajn] n.f. (anglic.) : Payer une fine pour excès de vitesse. * Payer une *amende* pour excès de vitesse.

**finissant(e)** n. (can.) : Les finissants seront à l'honneur. * Les *étudiants* (ou élèves) *de la dernière année* seront à l'honneur.

**fion** © n.m. (can. modif.) : Aimer envoyer des fions. * Aimer *faire des allusions ironiques* ou *dire des paroles blessantes*.

**fire hydrant** n.m. (anglic.) : Les fire hydrants sont recouverts de neige. * Les *bouches d'incendie*, Les *bornes d'incendie*.

**fit** [fīt] (anglic.) : 1. n.f. Quand il a appris qu'il avait tout perdu, il a pris une fit. * *il s'est mis en colère*. (fr. fam. : Il a piqué une crise). 2. adj. Il faut être fit pour être accepté dans l'armée. * Il faut être *en bonne forme*. 3. v.tr. Le meuble ne fit pas dans cette pièce. * Le meuble ne *va* pas, *n'entre* pas dans cette pièce. 4. Une robe qui fit bien. * Une robe qui *va bien*, qui *va comme un gant*. 2. Une clef qui ne fit pas dans la serrure. * Une clef qui ne *correspond* pas à la serrure. 3. Une taille qui fit à tous. * Une taille *unique*. 4. Cinq personnes fitent dans la voiture. * Cinq personnes *peuvent prendre place* dans la voiture.

**fitness centre** n.m. (anglic.) : * *Centre de conditionnement physique*.

**flafla** n.m. (modif. du fr. fam.) : Il aime faire du flafla. * Il aime faire *des manières, créer des difficultés.*

**flagosse** © n.f. (can.) : J'ai commis une flagosse en montant sur le toit. * J'ai commis une *erreur,* une *imprudence* en montant sur le toit.

**flaguer** [flage] v.tr. (anglic.) : Flaguer un taxi. * *Héler* un taxi.

**flake** [flek] n.m. (anglic.) : Des flakes de maïs. * Des *flocons* de maïs.

**flambe** n.f. (vx fr.) : La flambe d'une chandelle. * La *flamme* [flam] d'une chandelle.

**flanc-mou** n.m. (modif.) : C'est un grand flanc-mou. * C'est un *indolent,* un *molasse,* un *nonchalant.*

**flâneux** n. ou adj. (dial.) : Un homme flâneux. * Un *flâneur,* Un *paresseux.*

**flanquer** v.tr. (fr. fam.) : 1. Il a flanqué là son amie. * Il a *laissé* son amie. 2. Il l'a flanqué dehors. * Il l'a *congédié, mis à la porte.*

**flashback** n.m. (fr. st. emprunt à l'anglais) : Il y a de nombreux flashbacks dans le film. * Il y a de nombreux *retours en arrière* dans le film.

**flasher** [flaʃər] n.m. (anglic.) : Ne pas oublier de mettre le flasher avant de tourner à un coin de rue. * Ne pas oublier de mettre le *clignotant.*

**flashlight** n.f. (anglic.) : * *Lampe de poche.*

**flashy** adj. (anglic.) : Un costume flashy. * Un costume *tape-à-l'oeil, voyant, excentrique, tapageur.*

**flasque** 1. adj. (can.) : Une vache flasque. * Une vache *maigre.* 2. n.m. (anglic.) : Un flasque de whisky. * *Une bouteille,* Un *flacon* de whisky.

**flat** [flat] (anglic.) : 1. n.m. Une voiture qui a un flat. * Une voiture qui a *une crevaison*. 2. adj. : Une bière qui est flat. * Une bière qui est *fade*.

**flauber** v.tr. ou intr. (can.) : 1. Flauber au travail. * *Aller vite, Travailler fort*. 2. Flauber son argent. * *Gaspiller, Perdre* son argent.

**flea** [fliː] n.f. ou m. (anglic.) : Un chien couvert de fleas. * Un chien couvert de *puces*.

**flécheur** © n.m. (can. métis) : * Ne le crois pas, c'est un flécheur. = Quelqu'un soupçonné de forte exagération.

**fleur** n.f. (anglic. ou du fr. : fleur de farine) : Une recette qui comprend de la fleur. * Une recette qui comprend de la *farine*.

**flight** n.f. (anglic.) : Le numéro d'une flight. * Le numéro d'*un vol*.

**flipper** [flĭpər] n.m. (anglic.) : Jouer au flipper. * Jouer au *billard électrique*.

**flirt** ® [flørt] (fr. st. de l'angl. dont l'étymologie est fleureter) 1. v.intr. : Il flirt avec une fille. * Il *a une amourette*. 2. n.m. : Mon ami est un véritable flirt. * Mon ami est un véritable *dragueur*.

**flood** n.f. (anglic.) : La flood a fait beaucoup de dommages à Sainte-Agathe. * *L'inondation* a fait beaucoup de dommages à Sainte-Agathe.

**floodé** [flʌde] adj. (anglic.) : Un sous-sol floodé. * Un sous-sol *inondé*.

**floodway** n.m. (anglic.) : Le floodway nous protège contre l'eau. * Le *canal de dérivation* nous protège contre l'eau.

**flop** n.m. (anglic.) : Un projet qui a été un flop. * Un projet qui a été un *fiasco*.

**floriste** n.m. ou f. (anglic.) : J'ai commandé des fleurs chez le floriste. * J'ai commandé des fleurs chez le *fleuriste*.

**flouque** [flŭk] n.f. (anglic.) : Avoir de la flouke. * Avoir de la *chance*. Avoir *un coup de chance*.

**flower bed** n.m. (anglic.) : Nous avons un flower bed devant la maison. * Nous avons un *parterre de fleurs*, un *jardin de fleurs*.

**flu** [fluː] n.m. (anglic.) : Avoir le flu de Sidney. * Avoir *la grippe* de Sidney.

**flush** adj. (anglic.) : 1. Un garçon flush avec son argent. * Un garçon *généreux*. 2. La table est flush avec le plancher. * La table est *au même niveau que* le plancher, *de niveau* avec le plancher.

**flusher** [flʌʃe] v.tr. (anglic.) : Flusher la toilette. * *Actionner la chasse d'eau*.

**flyer** [flajər] : Distribuer des flyers de porte en porte. * Distribuer des *feuillets publicitaires*, des *tracts*, des *dépliants*.

**flyer** [flaje] v.tr. (anglic.) : Flyer un taxi. * *Héler* un taxi.

**foam tape** n.m. (anglic.) : * *Ruban mousse*.

**foam** n.m. (anglic.) : 1. Un oreiller de foam. * Un oreiller de *mousse*. 2. Répandre du foam sur les flammes. * Répandre *de la neige carbonique* sur les flammes.

**focus** [fokys] n.m. (anglic.) : 1. Quel était le focus du film? * Quelle était *l'essence*, *l'objet*, le *but*? 2. La photo n'est pas en focus. * La photo n'est pas *au point*.

**foin** n.m. (can.) : C'est un homme qui a du foin. * C'est un homme qui a *beaucoup d'argent*.

**fonds** n.m. (anglic.) : Un chèque sans fonds. * Un chèque sans *provision*.

**food processor** n.m. (anglic.) : * *Robot ménager* ou *de cuisine*.

**forçant** adj. (can.) : Un travail forçant. * Un travail *pénible, difficile.*

**foreman** [fɔrman] n.m. (anglic.) : * *Contremaître, Chef d'équipe.*

**forger** v.tr. (modif.) : Forger une signature. * *Contrefaire* une signature.

**formel(le)** adj. (anglic.) : 1. Un dîner formel. * Un dîner *protocolaire*. 2. Langage formel. * *Style soutenu.* Le fr. st. accepte : Un démenti formel = précis, Une interdiction formelle = claire, nette, Une intention formelle de refuser = définie.

**formule d'application** n.f. (par confusion et anglic.) : Veuillez remplir cette formule d'application. * Veuillez remplir *ce formulaire de demande.*

**fort** © n.m. (can.) : Prendre un verre de fort. * Prende un verre de *spiritueux, d'alcool.*

**fortifié(e)** adj. (anglic.) : Pilules fortifiées de fer. * Pilules *enrichies* de fer.

**fortiller** v.intr. (dial.) : Fortiller sans pouvoir se libérer de ses liens. * *Frétiller, Remuer vivement* sans pouvoir se libérer de ses liens.

**fosset** n.m. (vx fr.) : La voiture a pris le fosset. * La voiture *est tombée dans* le *fossé.*

**foué** ou **fouè** n.m. (modif. du dial.) : Le foué de l'animal. * Le *foie* de l'animal.

**foul ball** n.m. ou f. (anglic.) : La balle est allée trop à gauche. C'était une foul ball. * C'était une *balle fausse.*

**fourni** adj. (anglic.) : Un appartement fourni. * Un appartement *meublé.* Le fr. st. accepte : Fournir un renseignement.

**fouter** v.tr. (dial.) : Il faut se fouter des autres. = Il faut se *foutre* (fam.). * Il faut se *moquer* des autres.

**frais chié** adj. ou n. (can.?) : Un garçon frais chié qui se croit intelligent. * Un garçon *prétentieux* qui se croit intelligent.

**free** adj. (anglic.) : Un billet free. * Un billet *gratuit*.

**freeway** (super highway) n.m. (anglic.) : C'est moins dangereux de conduire sur le freeway. * C'est moins dangereux de conduire sur l'*autoroute*.

**freezer** n.m. (anglic.) : Mettre les aliments au freezer. * Mettre les aliments au *congélateur*.

**freezer bag** n.m. (anglic.) : Employer des freezer bags pour congeler les aliments. * Employer des *sacs de congélation*.

**freezer tray** n.m. (anglic.) : Se servir d'un freezer tray pour congeler l'eau. * Se servir d'un *bac à glace* pour congeler l'eau.

**freight** n.m. (anglic.) : Faire transporter ses meubles par freight. * Faire transporter ses meubles par *wagon de marchandises*.

**frème** n.m. (anglic.) : Le frème d'une porte. * Le *chambranle* d'une porte, L'encadrement.

**frémille** n.f. (du vx fr.) : Il y a des frémilles dans le garde-manger. * Il y a des *fourmis* dans le garde-manger.

**French fries** n.f. (anglic.) : Servir des saucisses avec des French fries. * Servir des saucisses avec des *frites*.

**French toast** n.m. ou f. (anglic.) : = (can.) : *Pain doré* ©. * *Pain perdu* (rassis).

**frète** adj. (vx fr.) : Il fait frète à matin. * Il fait *froid ce* matin.

**fricoter** v.intr. (dial.) : Il aime bien fricoter avec les filles. * Il aime bien *s'amuser* avec les filles.

**fridge** n.m. (anglic.) = *Frigidaire* (marque déposée) (fam. : frigo.) * *Réfrigérateur*.

**frontage** [frɔntedʒ] n.m. (anglic.) : Nous avons vendu notre propriété à cinquante dollars le pied de frontage. * Nous avons vendu notre propriété à cinquante dollars *le pied courant sur la rue, sur la façade.*

**frosting** n.m. (anglic.) : Du frosting à la cassonade. * Du *glaçage* à la cassonade.

**frotter** v.tr. (can.) : Frotter ses souliers. * *Cirer* ses souliers.

**fruit cocktail** n.m. (anglic.) : Servir un fruit cocktail. * Servir *une macédoine* (de fruits).

**fudge** n.m. (anglic.) : * *Caramel, Fondant au chocolat.*

**fun** n.m. (anglic.) : Avoir du fun. * Avoir du *plaisir, S'amuser.*

**fund raising** n.m. (anglic.) : Le comité a organisé une soirée pour un fund raising. * Le comité a organisé une soirée pour *une collecte de fonds.*

**funéraille** n.f. (modif.) Aller à une funéraille. * Aller à *des funérailles.*

**fuse** [fju:z] n.f. (anglic.) : L'intensité du courant était trop forte : la fuse a sauté. * le *fusible a brûlé.*

**fuss** n.m. (anglic.) : Faire du fuss au sujet d'un incident banal. * Faire *des histoires, de l'agitation, des manières.*

**fussy** adj. (anglic.) : Un professeur fussy. * Un professeur *exigeant, tatillon.*

**futur** n.m. (abus. anglic.) : Préparer le futur de ses enfants. * Préparer *l'avenir* de ses enfants. Le fr. st. accepte : * La vie future, les futurs époux.

# G

**gadelle** © n.f. (vx fr.) : = Fruit qui ressemble à la groseille mais pousse en grappe et en plus petit.

**gadget** ® n.m. (anglic. accepté par le fr. st.) : 1. Un gadget électronique. = Un *truc* © électronique. 2. Une loi qui n'est qu'un gadget pour attirer des votes. * Une loi qui n'est qu'*une astuce*. Le fr. st. accepte aussi : Une bidule ©. Une bricole ©. = Dispositif, Objet amusant et nouveau souvent dénué d'utilité.

**gage** [gedʒ] n.m. (anglic.) : Se servir du gage pour mesurer le niveau de l'huile. * Se servir *de l'indicateur, de la jauge*.

**gager** v.tr. (modif.) : Gager dix dollars. * *Parier* dix dollars.

**gages** n.f. (modif.) : Faire des grosses gages. * Faire *un bon salaire*.

**gale** n.f. (vx fr.) : Ne pas enlever une gale mais la laisser tomber d'elle-même. * Ne pas enlever une *escarre*, une *croûte*.

**galvauder** © v.intr. (dial.) : Perdre son temps à galvauder. * Perdre son temps à *vagabonder*, à *rôder*.

**gamblant** [gɛmblɑ̃] (casino) part. prés. (anglic.) : Perdre toute

116

sa fortune en gamblant. * Perdre toute sa fortune *au jeu.*

**gamble** [gɛmbl]: n.m. (anglic.) : Prendre un gamble et perdre sa propriété. * Prende un *risque* et perdre sa propriété.

**gambler** [gɛmble] v.tr. et intr. (anglic.) : 1. Aimer gambler à la Bourse. * Aimer *jouer* à la Bourse. 2. Les travaillistes ont gamblé sur le soutien des syndicats. * Les travaillistes ont *misé* sur le soutien des syndicats.

**gambling** n.m. (anglic.) : 1. Le gambling devrait être prohibé. * *Les jeux de hasard devraient être prohibés.* 2. Son gambling a ruiné sa famille. * Sa *passion du jeu* a ruiné sa famille.

**game** [gem] (anglic.) : 1. n.f. Une game de baseball. * Une *partie* de baseball. 2. adj. Être game. * Être *d'accord, Accepter, Acquiescer.*

**gang** n.f. (anglic.) : Une gang de voleurs. * Une *bande* de voleurs.

**gangster** n.m. (fr. st. de l'angl.) : Ce financier est un vrai gangster. * Ce financier est un vrai *escroc, voleur, bandit.*

**gangner** [gɑɲe] v.tr. ou intr. (can.) : Gangner une partie. * *Gagner* une partie, *Remporter.*

**garage sale** n.f. (anglic.) Nous aurons une garage sale samedi. * Nous aurons une *vente de bric-à-brac.*

**garbage** [garbedʒ] n.m. (anglic.) : 1. Ne pas mettre le garbage dans le broyeur. * Ne pas mettre *les déchets* dans le broyeur. 2. Jeter les restes du repas au garbage. * Jeter les restes du repas *aux ordures.* 3. Les déchets iront au garbage. * Les déchets iront au *rebut.*

**garbage bag** n.m. (anglic.) : Mets les déchets dans le garbage bag. * Mets les déchets dans le *sac à ordures.*

**garbage can** n.m. (anglic.) : * *Poubelle.*

**garbage collectors** n.m. (anglic.) : Les garbage collectors ont négligé de vider les poubelles. * Les *éboueurs* ont négligé de vider les poubelles.

**garburateur** n.m. (anglic.) : Le garburateur est bloqué. * Le *broyeur* est bloqué.

**garder** v.tr. ou intr. (dial.) : Garde comme elle est belle! * *Regarde* comme elle est belle!

**garder** v.tr. (anglic.) : Garder un magasin. * *Tenir* un magasin.

**gardienne** (d'enfants) © n.f. * *Baby sitte*r ® (fr. st. de l'angl.).

**gargousser** © v.intr. (can. métis) : * *Réprimander tout bas, Parler sans bouger les lèvres.*

**garlic** n.m. ou f. (anglic.) : La garlic est bonne pour la santé. * *L'ail* est *bon* pour la santé.

**garnir** v.tr. (modif.) : Garnir un gâteau. * *Décorer.* Le fr. st. accepte : Garnir les sièges, Les livres garnissent les rayons de la bibliothèque, Garnir une robe de dentelle, Plat de viande garni. = Servi avec un accompagnement de légumes.

**garrocher** v.tr. ou pron. (dial.) : 1. Garrocher un caillou . * *Lancer, Jeter* un caillou. 2. Se garrocher pour arriver à temps. * Se *presser* pour arriver à temps.

**gas** [gaz] n.m. (anglic.) : Il n'y a plus de gas dans le réservoir. * Il n'y a plus *d'essence* dans le réservoir.

**gaspille** n.m. (dial.) : Un gaspille de nourriture. * Un *gaspillage* de nourriture.

**gaspiller** v.tr. (can.) : Gaspiller son enfant. * *Gâter* son enfant. Le fr. st. accepte : Gaspiller son argent, Gaspiller son temps.

**gazé(e)** adj. (modif.) : Ne t'occupe pas de lui, il est gazé. * il est *dérangé, bizarre.*

**gazoline** n.f. (anglic.) : * De la gazoline à rabais. * De *l'essence* à rabais. Le fr. st. accepte : Gazoline = éther de pétrole.

**gear** n.f. (anglic.) : 1. Mettre le moteur en deuxième gear. * Mettre le moteur en deuxième *vitesse.* 2. La gear est cassée. * *L'engrenage* est cassé.

**geler** v.tr. 1. (anglic.) : Geler la gencive. * *Anesthésier* la gencive, *Insensibiliser* la gencive. 2. v.tr. ou intr. (par confusion) : Geler un plat préparé pour le conserver. * *Congeler* un plat. Le fr. st. accepte : Le vent glacial nous gèle.

**gens** [ʒɑ̃s] n.m. et f. plur. On ne doit pas prononcer le « s » car ce mot vient de gent. * Ce sont de bonnes gens [ʒɑ̃]. À remarquer que lorsque ce nom est précédé d'un adjectif il se met au féminin.

**germin(ine)** adj. (can.) : 1. Une cousine germine. * Une cousine *germaine*. 2. Un cousin germin. * Un cousin *germain*.

**ghieu** interj. ( dial.) : Mon ghieu que c'est bon! * Mon *Dieu* que c'est bon!

**giblet** [gīblət] n.m. (anglic.) : Des giblets de poulet. * Des *abats* de poulet.

**gigailler** (dial.) voir gigoter

**gigoter** v.intr. (fr. fam.) : Cesser de gigoter. * Cesser de *se trémousser*, de *bouger*.

**gimmick** n.f. (anglic.) : Une gimmick pour tromper les gens. * *Un truc*, Une *astuce*, Une *ruse*, Une *combine*, Un *attrape-nigaud*, Un *gadget* ®.

**girl friend** n.f. (anglic.) : * *Une petite amie*, Une *amie*. = (can.) : blonde ©.

**glazé** [gleze] adj. (anglic.) : Un gâteau glazé. * Un gâteau *glacé*.

**gliding** n.m. (anglic.) : S'adonner au gliding. * S'adonner au *vol à voile*.

**glove compartment** n.m. (anglic.) : Les papiers sont dans le glove compartment. * Les papiers sont dans *la boîte à gants*.

**gnochon(ne)** n. ou adj. (dial.) : C'est un gnochon. * C'est un *niais*.

**goal** (sports) n.m. (anglic.) : Notre équipe a compté deux goals. * Notre équipe a compté deux *buts*.

**goaler** [golər] (sports) n.m. (anglic.) : Le goaler a arrêté trois lancers. * Le *gardien de buts* a arrêté trois lancers.

**goémin** n.m. (can. métis) : Mon oncle et ma tante sont des goémins. = Mon oncle et ma tante *sont venus au monde la même journée* (pas nécessairement la même année).

**goldfish** n.m. (anglic.) : Avoir un goldfish dans son aquarium. * Avoir un *poisson rouge*, un *doré* dans son aquarium.

**golf course** n.m. (anglic.) : Notre ville possède plusieurs golf courses. * Notre ville possède plusieurs *terrains* de golf.

**good-bye** (ou bye-bye ou bye) salutation (anglic.) : * *Au revoir.*

**goodies** [gŭdez] n.m. (anglic.) : À l'Halloween, on donne des goodies aux enfants. * À l'Halloween, on donne des *friandises* aux enfants.

**goose bumps** ou **pimples** n.f. ou m. (anglic.) : Une scène à nous donner les goose bumps. * Une scène à nous donner *la chair de poule.*

**gopher** n.m. (anglic.) : * *Gauphre, Spermophile.*

**gorgoton** n.m. (dial.) : Prendre quelqu'un par le gorgoton. * Prendre quelqu'un par *la gorge*, le *gosier, la pomme d'Adam.*

**gorlot** n.m. (can.) : 1. Le tintement des gorlots attachés au collier d'un cheval. * Le tintement des *grelots* attachés au collier d'un cheval. 2. (can. métis) : Couper les gorlots (gorloux) d'un animal. * *Castrer* un animal.

**gorlou** n.m. (can. métis) : voir gorlot

**gornouille** n.f. 1. (can. métis) : *Mauvaise boisson maison fortement alcoolisée.* 2. (can.) : Une gornouille. * Une *grenouille.*

**gosse** n. 1. (modif. du vx fr.) : 1. Des gosses de pois. * Des *cosses, gousses* de pois. 2. (fr. fam.) : Mon ami a trois grands gosses. * Mon ami a trois grands *enfants*. 3. (fr.fam) Avoir mal aux gosses. * Avoir mal aux *testicules.* 4. (fr.pop.) : Un garçon qui a des gosses. * Un garçon qui *est brave, énergique, viril.*

**gosser** v.tr. (can.) : Gosser la table. * *Cocher, Entailler* la table.

**gossip** [gɔsĭp] n.m. (anglic.) : Il se fait beaucoup de gossip à la pause-café. * Il se fait beaucoup de *commérages,* de *cancans* à la pause-café.

**gourmer(se)** v.pron. (modif.) : 1. Il se gourme. * Il se *débarrasse la gorge, s'éclaircit la gorge.* 2. (modif.) Il se gourme. * Il *s'en croit.*

**grade** n.m. (anglic.) : Être dans le grade un. * Être *en première année.* Le fr. st. accepte : Monter en grade. = Avoir une promotion.

**graduation** n.f. (anglic.) : * *Cérémonie de la remise des diplômes.*

**gradué(e)** n.m. ou f. (anglic.) : Les graduées auront un emploi. * Les *diplômées* auront un emploi.

**grafigner** v.tr. (vx fr.) : Grafigner la table. * *Égratigner, Érafler* la table.

**grafignure** © n.f. (dial.) : Une grafignure à la cuisse. * Une *égratignure, éraflure, griffure* à la cuisse.

**grain** n.m. (modif.) : Des raisins sans grains. * Des raisins sans *pépins.*

**grainerie** © n.f. (anglic.) : La grainerie est pleine de blé. * *Le grenier, Le silo, L'entrepôt* (pour conserver la moisson).

**graissailles** n.f. (can. métis) : Jeter les graissailles à la poubelle. * Jeter les *déchets de corps gras* à la poubelle.

**grant** n.m. (anglic.) : Recevoir un grant du gouvernement. * Recevoir *une subvention.*

**grapefruit** [grepfrut] n.m. (anglic.) : * *Pamplemousse.*

**grateau** n.m. (can.) : Marcher parmi les plantes qui croissent dans les décombres c'est exposer ses vêtements aux grateaux. * c'est exposer ses vêtements aux *bardanes.*

**gratteux(se)** adj. ou n. (can.) : C'est un gratteux qui compte ses sous. * C'est un *avare,* un *radin* qui compte ses sous. (can.) : séraphin.

**gravelle** n.f. (anglic.) : Répandre de la gravelle sur la route. * Répandre *du gravier* sur la route.

**gravouiller** v.tr. (dial.) : Le jardin a été gravouillé par les poules. * Le jardin a été *gratté* par les poules.

**gravy** n.m. ou f. (anglic.) : Une viande couverte de gravy. * Une viande couverte de *sauce.*

**green** (anglic.) : 1. adj. : Être green au golf. * *Ne pas connaître grand'chose,* Être *nouveau,* Être *novice.* 2. n. Le green du terrain de golf. * Le *vert* du terrain de golf.

**green pepper** n.m. (anglic.) : * *Piment vert, Poivron vert.*

**green thumb** n.m. (anglic.) : Cette femme est un green thumb. Elle cultive de belles fleurs. * Cette femme *a les doigts verts, la main verte.*

**gretons** n.m. (dial.) : Après avoir fait boucherie, nous faisons des gretons. * Après avoir fait boucherie, nous faisons des *rillettes,* des *rillons.*

**greyer(se)** v.pr. (dial.) : 1. Se greyer de farine. * Se *pourvoir* de farine. 2. Greye-toi! On part dans dix minutes. * *Prépare-toi!* Le fr. st. accepte : Gréer un bateau.

**gribouille** n.f. (modif. du fr.) : Être en gribouille avec un ami. * *Ne plus parler à* un ami, *Avoir un froid* avec un ami. Être en brouille.

**gricher** voir grincher

**grillé** © adj. (modif.) : Être grillé par le soleil. * Être *hâlé, bronzé* par le soleil.

**grimaceux** © n.m. (can. métis) : * *Souliers de boeufs.*

**grincher** © v.intr. (vx fr.) : Grincher des dents. * *Grincer* des dents.

**grind** [grajnd] n.m. (anglic.) : Un grind régulier de café. * *Une moulure régulière* de café.

**grobe** [grɔb] n.f. (anglic.) : * *Nourriture, Repas, Manger* (pop.)

**groceries** n.f. pl. (anglic.) : Acheter des groceries. * Acheter des *épiceries*.

**gros** adj. (modif.) : Gros d'enfants. * *Plusieurs* enfants.

**grouiller(se)** v.pron. (vx fr.) : Grouille-toi. * *Dépêche-toi, Remue-toi*.

**ground** adj. (anglic.) : Ground coffee. * *Café moulu*.

**grounded** part. passé (anglic.) : Le pilote est grounded pour un mois. * Le pilote est *consigné au sol, retenu au sol*.

**group home** n.m. (anglic.) : Cet handicapé a été placé dans un group home. * Cet handicapé a été placé dans un *foyer collectif*, un *foyer de groupe*.

**grub-hoe** n.m. (anglic.) : Arracher les racines avec un grub-hoe. * Arracher les racines avec *une pioche à pointe et à pic*.

**gruger** v.tr. (vx fr.) : Gruger des bonbons. * *Croquer, Grignoter* des bonbons.

**guenille** n.f. (modif.) : Un homme qui est une guenille. * Un homme qui est *mou de caractère*.

**guesser** [gɛse] v.tr. (anglic.) : Essayer de guesser la réponse. * Essayer de *deviner* la réponse.

**guidoune** n.f. (can.) : * *Fille de mauvaise vie, Prostituée*.

**gumbo** n.m. (anglic.) : Une terre de gumbo. * Une terre *glaise*.

**guts** [gʌts] n.m. (anglic.) : Avoir des guts. * Avoir *de l'audace, du courage*.

**gym** [dʒĭm] n.m. (anglic. et abréviation) : * *Gymnase*.

# H

**habilité** n.f. (anglic.) : Posséder des habilités en charpente. * Posséder des *habiletés* en charpente. Le fr. st. accepte : Son doctorat l'a habilité (v.tr.) à enseigner la philosophie.

**haddock** n.m. (anglic.) : On pêche le haddock dans ce lac. * On pêche *l'aiglefin* dans ce lac.

**haguissabe** adj. (dial.) : Ce serveur est haguissabe. * Ce serveur est *haïssable*.

**haïr** [air] v.tr. (vx fr.) : J'haïs la viande. * Je *hais* la viande (tu *hais*, il *hait*).

**hairdresser** n.f. ou m. (anglic.) : Se faire donner une permanente par une hairdresser. * Se faire donner une permanente par une *coiffeuse*.

**hairspray** (anglic.) n.m. Utiliser du hairspray pour fixer ses cheveux. * Utiliser du *laque* pour *se* fixer *les* cheveux.

**half-pint** n.m. ou f. (anglic.) : * *Quart de litre.* (région. québ. : demiard).

**hall** n.f. (anglic.) : 1. Une danse à la hall du village. * Une danse à la *salle* © du village. 2. Je l'ai rencontré dans le hall d'entrée. * Je l'ai rencontré dans *la salle* d'entrée. Le fr. st. accepte : Avoir une réception dans le hall ® du collège. = salle d'entrée ©.

**ham** n.m. (anglic.) : Le ham est la viande favorite le jour de Pâques. * Le *jambon* est la viande favorite le jour de Pâques.

**handcuffs** n.m. (anglic.) : L'agent de police lui a mis les handcuffs. * L'agent de police lui a mis les *menottes*.

**handler** v.tr. (anglic.) : 1 Il a bien handlé la réunion. * Il a bien *conduit* la réunion. 2. Il a su handler son grand garçon. * Il a su *comment s'y prendre* avec son grand garçon.

**hanger** [hɛ̃ɲər] n.m. (anglic.) : Placer son manteau sur un hanger. * Placer son manteau sur un *cintre*, un *portemanteau*.

**happening** n.m. (anglic.) : Ce spectacle a été un happening. * Ce spectacle a été *tout* un *événement* (fait d'imprévu, de spontanéité).

**harasser** v.tr. (anglic.) : Il l'a harassée sexuellement. * Il l'a *harcelée* sexuellement, Il l'a *agressée* sexuellement.

**harassing call** (téléphone) n.m. (anglic.) : Elle reçoit un harassing call chaque jour. * Elle reçoit un *appel importun* chaque jour.

**hard-top** n.m. (anglic.) : Acheter une voiture avec un hard-top. * Acheter une voiture avec *une carrosserie métallique*.

**hardware** n.m. (anglic.) : 1. Se rendre au hardware pour acheter un marteau. * Se rendre *à la quincaillerie* pour acheter un marteau. 2. (informatique) : J'ai tout le hardware nécessaire. * J'ai le tout le *matériel* nécessaire.

**hart rouge** n.f. (can. métis) : * *Saule rouge, Cornouiller*.

**headlines** n.m. (anglic.) : Headlines d'un journal. * *Manchettes* d'un journal.

**headquarter** n.m. (anglic.) : Le headquarter de la Banque Royale est situé à Toronto. * Le *siège social* de la Banque Royale est situé à Toronto.

**headrest** n.m. (anglic.) : Le headrest du siège est trop haut. * *L'appui-tête* du siège est trop haut.

**hearse** n.m. (anglic.) : * *Corbillard, Fourgon mortuaire.*

**heavyweight** n.m. (anglic.) : Un champion heavyweight (boxe). * Un champion *poids lourd.*

**hello** (anglic.) : 1. (salutation) : * *Bonjour!* 2. (téléphone) : * *Allô!*

**herbe à puce** n.f. (can.) : = Herbe à la puce ©. * *Sumac vénéneux.*

**Hi** (salutation) (anglic.) : * *Bonjour!*

**hi-fi** [haj-faj] n.m. (anglic. = abrév. de l'anglais : high fidelity) : * *Haute-fidélité.*

**high** (anglic.) : 1. n.m. : Son succès aux examens lui a donné un high. * *Elle a été enivrée par* son succès. 2. n.m. : Il était sur un high après s'être drogué. * Il *planait* après *avoir pris de la drogue.*

**high fidelity system** n.m. (anglic.) : * *Chaîne de haute fidélité.*

**high light** n.m. (anglic.) : Le high light de la soirée a été la présentation de Jour de plaine. * Le *clou,* Le *grand moment* de la soirée.

**highway** n.m. (anglic.) : * *Grand'route, Grand-route, Grande route.*

**hijacker** [hajdʒake] v.tr. (anglic.) : Hijacker un avion. * *Détourner* un avion.

**hijacker** [hajdʒakər] n.m. (anglic.) : * *Pirate de l'air, de la route, du rail.*

**hijacking** n.m. (anglic.) : Dans ce pays, le highjacking est chose commune. * Dans ce pays, le *détournement* d'avion est chose commune.

**hint** [hĭnt] n.m. (anglic.) : Donner un hint. * Donner un *indice, Faire allusion.*

**hit** [hĭt] (anglic.) : 1. n.m. Le plus beau hit de la partie de balle. * Le *coup le mieux réussi* de la partie de balle. 2. Son livre a été un hit. * Son livre a été un *succès*. 3. (sports) v.tr. : Il hit la balle chaque fois. * Il *frappe* la balle chaque fois.

**hit-and-run** n.m. (anglic.) : Il est coupable d'un hit-and-run. * Il est coupable d'un *délit de fuite*.

**hitch** [hĭtʃ] n.f. (anglic.) : Une hitch de voiture. * Une *attache* de voiture.

**hitch hiker** [hĭtʃajke] v.intr. (anglic.) : = Faire du pouce ©. * Faire du *stop* ®, Faire *de l'auto-stop* ®.

**hit-parade** [hĭt pəred] n.m. (anglic.) : Ce disque est premier au hit-parade. * Ce disque est premier au *palmarès*.

**HIV** [etʃ aj vi] (anglic. Human Immunodefiency Virus) : 1. * VIH (sigle : virus de l'immuno-déficience humaine). 2. Les examens prouvent qu'il est HIV négatif. * Les examens prouvent qu'il est *séronégatif*.

**hobby** n.m. (anglic.) : Le bridge est son hobby favori. * Le bridge est son *passe-temps* favori.

**hold-up** n.m. (anglic.) : Il y a eu un hold-up à la Caisse Populaire. * Il y a eu un *vol à main armée* à la Caisse Populaire.

**hollyhock** n.f. (anglic.) : Le parterre est entouré de hollyhocks. * Le parterre est entouré de *passe-roses, roses trémières*.

**home care** n.m. (anglic.) : Le home care est très apprécié par les aînés. * *Les soins à domicile sont* très *appréciés* par les aînés.

**home-brew** n.m. (anglic.) : * *Spiritueux maison*.

**home plate** (sports) n.m. (anglic.) : Il a touché le home plate juste à temps. * Il a touché le *marbre* juste à temps.

**home-run** (sports) n.m. (anglic.) : Frapper un home-run. * Frapper un *coup de circuit*.

**homework** n.m. (anglic.) : Les élèves se plaignent d'avoir trop de homework. * Les élèves se plaignent d'avoir trop de *devoirs*.

**Hongarien(ne)** n. (anglic.) : Les Hongariens sont nombreux au Manitoba. * Les *Hongrois* sont nombreux au Manitoba.

**hood** n.m. (anglic.) : 1. Un manteau avec un hood. * Un manteau avec un *capuchon*. 2. Relever son hood sous la pluie. * Relever *sa capuche* sous la pluie. 3. Installer un hood au-dessus de la cuisinière. * Installer *une hotte* au-dessus de la cuisinière. 4. Ouvrir le hood de la voiture. * Ouvrir le *capot* de la voiture..

**hora** interj. (de l'angl. : hurry?) : Hora! Dépêchez-vous. * *Allons!* Dépêchez-vous.

**horn** n.m. (anglic.) : Appuie sur le horn. * Appuie sur le *klaxon*.

**horse show** n.m. (anglic.) : J'ai préféré le horse show. * J'ai préféré le *concours équestre*.

**horseradish** n.m. (anglic.) : Le horseradish est peu populaire en France. * Le *raifort* est peu populaire en France.

**hose** [hos] n.f. (anglic.) : Se servir de la hose pour arroser les fleurs. * Se servir *du boyau, du tuyau d'arrosage*.

**housecoat** n.m. (anglic.) : En sortant de la baignoire, je mets mon housecoat. * En sortant de la baignoire, je mets mon mon *peignoir, ma robe d'intérieur*.

**housing** n.m. (anglic.) : La ville de Montréal a un problème de housing. * La ville de Montréal a un problème de *logement*.

**housing shortage** n.m. (anglic.) : * *Pénurie de logement*.

**hovercraft** n.m. (anglic.) : Nous avons traversé la Manche en hovercraft. * Nous avons traversé la Manche en *aéroglisseur*.

**hub-cap** n.m. (anglic.) : Les hub-caps des roues. * Les *enjoliveurs* des roues.

**huile** n.f. (par confusion) : L'huile à chauffage. * Le *mazout*. Le fr. st. accepte : Huile végétale.

**huile de castor** n.f. (anglic.) : L'huile de castor combat la constipation. * L'huile de *ricin* combat la constipation.

**humer** [hɔme] v.tr. ou intr. (anglic.) : Humer une chanson. * *Fredonner* une chanson, *Chantonner*.

# I

**i** pron pers. (dial.) : 1. I m'a dit d'y aller. \* *Il* m'a dit d'y aller. 2. Vous i direz. \* Vous *lui* direz. 3. Elle y va-t-i? \* Est-ce qu'elle y va?

**iâb** [jɑb] n.m. (dial.) : Aller chez l'iâb. \* Aller chez *le diable.*

**ice tray** n.m. (anglic.) : Sers-toi du ice tray pour faire congeler l'eau. \* Sers-toi du *bac à glace* pour faire congeler l'eau.

**ici** adv. (vx fr.) : Cette communauté ici est très vivante. \* Cette communauté-*ci* est très vivante.

**icing** n.f. ou m. (anglic.) : De l'icing sur le gâteau. \* *Du glaçage* sur le gâteau.

**icitte** adv. (vx fr.) : Viens icitte. \* Viens *ici.*

**ignorer** v.tr. ( anglic.) : Lorsque je le rencontre, il m'ignore. \* *Il fait semblant de ne pas me voir, Il ne me regarde pas.*

**impassable** adj. (vx fr.) : C'est une route impassable. \* C'est une route *impraticable.*

**impeachment** n.m. (anglic.) : À la suite du scandale, le congrès s'est prononcé en faveur de l'impeachment du Président. \* À la suite du scandale, le congrès s'est prononcé en faveur de *la mise en accusation en vue de la destitution* du Président.

**implant** [ĭmplɛnt] n.m. (anglic.) : Elle a eu un implant de sein. * Elle a eu *une greffe* de sein.

**impliquer** v.tr. ou pron. (anglic.) : Il est impliqué dans l'organisation du festival. * Il *prend part*, Il *est engagé*. Le fr. st. accepte : Cela implique qu'il était au courant. Il est impliqué (péj.) dans un scandale financier.

**impound** v.tr. (anglic.) : La police a impoundé sa voiture. * La police a *confisqué* sa voiture.

**improuvement** n.m. (anglic.) : Faire de l'improuvement en classe. * Faire *du progrès* en classe, *S'améliorer* en classe.

**income** n.m. (anglic.) : Un income mensuel de 5 000 $. * Un *revenu* mensuel de 5 000 $.

**income tax** n.f. (anglic.) : 1. Je conserve mes reçus pour l'income tax. * Je conserve mes reçus pour *fin d'impôt*. 2. L'income tax est haute. * *Les impôts sur le revenu sont élevés*.

**indienne** © n.f. (can. métis) : Je me suis acheté une robe d'indienne. * Je me suis acheté une robe *en tissu imprimé* (ordinairement du coton).

**Indiens** n.m. (vx fr. ou par confusion) : Au Manitoba, nous retrouvons généralement les Indiens dans des réserves. * Au Manitoba, nous retrouvons généralement les *Amérindiens* dans des réserves. On les appelait autrefois Indiens parce que les explorateurs croyaient avoir atteint les Indes. * *Autochtones* (parce que non immigrés) et aussi *Premières Nations*.

**indisable** adj. (dial.) : C'est indisable comme il est fou. * C'est *incroyable* comme il est fou.

**informel(le)** adj. (anglic.) : Un dîner informel. * Un dîner *sans cérémonie*.

**infractus** [ɛ̃fraktys] n.m. (déform.) : * *Infarctus* (crise cardiaque).

**inning** (sports) n.f. ou m. (anglic.) : Nous en sommes à la deuxième inning de la partie. * Nous en sommes à la deuxième *manche* de la partie.

**innocent** adj. (modif.) : Pauvre garçon! C'est un innocent. * C'est un *aliéné*.

**insécure** adj. ou adv. (anglic.) : 1. Se sentir insécure sur la scène. * *Manquer d'assurance* sur la scène. 2. Un avenir insécure. * Un avenir *incertain*. 3. Un emploi insécure. * Un emploi *précaire*. 4. Un quartier insécure. * Un quartier *peu sûr*.

**institut** n.m. (modif.) : L'Institut Notre-Dame (de la 9ᵉ à la 12ᵉ année scolaire). * *Le Collège Notre-Dame*. Institut est un titre donné à certains corps constitués de savants ou à certains établissements de recherches scientifiques : Institut Pasteur.

**instructions** n.f. pl. (anglic.) : Avant de se servir de cet outil, bien vouloir lire les instructions. * Avant de se servir de cet outil, bien vouloir lire *le mode d'emploi*.

**insulation** n.m. (anglic.) : Il n'y avait aucune insulation dans les murs. * Il n'y a aucune *isolation* dans les murs.

**insuler** v.tr. (anglic.) : Le froid nous oblige à insuler la maison. * Le froid nous oblige à *isoler* la maison.

**intensive** care n.m. (anglic.) : Il est encore au intensive care. * Il est encore *aux soins intensifs*.

**intercom** n.m. (anglic.) : Demander le médecin à l'intercom. * Demander le médecin à *l'interphone*.

**intermission** n.f. (anglic.) : La pièce de théâtre a deux intermissions. * La pièce de théâtre a deux *entractes*.

**interview** n.f. (anglic.) : 1. Un journaliste veut une interview avec vous. * Un journaliste veut une *entrevue* avec vous. 2. Avoir une interview avec l'artiste. * Avoir *un entretien* avec l'artiste.

**introduire** v.tr. (anglic.) : Introduire le président. * *Présenter* le président. Le fr. st. accepte : Introduire une personne dans un lieu, Introduire une mode, Introduire une chose dans une autre.

**introvert(e)** adj. ou n. (anglic.) : Je crois que ce garçon est un introvert. * Je crois que ce garçon est un *introverti*.

**invester** v.tr. (anglic.) : Invester de l'argent. * *Investir* de l'argent.

**IOY** [ajoju] n.m. (anglic. abrév. de I owe you) : Je lui ai signé un IOY. * Je lui ai signé *une reconnaissance de dette*.

**itou** adv. (vx fr.) : Moi itou j'y vais. * Moi *aussi* j'y vais.

**iyou** adv. (dial.) : Par iyou est-il entré? * Par *où* est-il entré?

# J

**jack** n.m. (anglic.) : 1. (jeu de cartes) Je joue le jack de coeur. * Je joue le *valet* de coeur. 2. Il me faut un jack pour soulever la voiture. * Il me faut un *cric* pour soulever la voiture. 3. Mon ami est un grand jack. * Mon ami est *grand* (de taille).

**jacker** [dʒake] v.tr. (anglic.) : 1. Jacker une voiture pour changer un pneu. * *Soulever* (avec un cric) une voiture pour changer de pneu. 2. Jacker les prix. * *Faire grimper* les prix.

**jacket** n.m. (anglic.) : 1. Le jacket de son costume est en velours. * Le *veston*, *La veste* de son costume est en velours. 2. Il porte un jacket de cuir. * Il porte un *blouson* de cuir. 3. Le jacket du livre a été dessiné par un artiste inconnu. * *La jaquette* du livre a été dessinée par un artiste inconnu.

**jackpot** n.m. (anglic.) : Gagner le jackpot. * Gagner le *gros lot*.

**jacob** (jeu) n.m. (can.?) : Jouer à jacob. * Jouer à *colin-maillard*. = Un joueur, les yeux bandés, attrape un autre joueur et essaie de le nommer.

**jacuzzi** n.m. (marque déposée, anglic.) : 1. Nous avons fait installer un bain jacuzzi. * Nous avons fait installer un bain *à remous*, bain *tourbillon*.

**jam** n.f. (anglic.) : 1. De la jam aux fraises. * De la *confiture* aux fraises. 2. Il y avait un jam dans l'avenue Portage. * Il y avait un *embouteillage* dans l'avenue Portage. 3. Depuis cette transaction, je suis dans un beau jam. * Depuis cette transaction, je suis dans un *pétrin, une sérieuse difficulté.*

**jamaïque** © n.m. ou f. (can. métis) : * *Rhum.*

**jammé** [dzame] adj. (anglic.) : Se jammer le doigt dans la porte. * Se *coincer* le doigt dans la porte.

**janitor** n.m. (anglic.) : Le janitor est un homme à tout faire. * Le *concierge* est un homme à tout faire.

**jaquette** n.f. (dial.) : Elle porte une jaquette au lieu d'un pyjama. * Elle porte une *chemise de nuit* au lieu d'un pyjama.

**jar** [dʒɑr] n.m. (anglic.) : Un jar de confiture. * Un *bocal* de confiture.

**jargaude** © n.f. (can. métis) : = *Femme à la morale légère.*

**jarnigoine** ou **jarnigouène** © n.f. (can.) : Il a de la jarnigoine. * Il a de *l'intelligence*, de la *débrouillardise.*

**jasette** © n.f. (modif.) : = *Petite conversation sans importance.*

**jello** n.f. ou m. (anglic.) : Du jello au citron. * *De la gelée* au citron.

**jet** [dʒɛt] n.m. (anglic.) : Voyager en jet. * Voyager en *avion à réaction.*

**jingouille** © adj. (can. métis) : Une fille jingouille. * Une fille *excitée.*

**job** n.f. (anglic.) : Avoir une bonne job * Avoir *un bon* job ®. * Avoir *un bon emploi, métier, travail.*

**jogging** n.m. (anglic.) : * *Course d'exercice.* = Course à pied, à allure modérée, sur terrains variés ou en ville, sans esprit de compétition.

**joindre** v.tr. (anglic.) : 1. Joindre un club, un comité. * *Devenir membre d'*un club, *d'*un comité. 2. Joindre l'armée. * *S'enrôler, S'engager dans* l'armée. 3. Joindre un syndicat. * *S'affilier à* un syndicat. 4. Voulez-vous nous joindre? * Voulez-vous *vous* joindre *à nous?* Le fr. st. accepte : Joindre quelqu'un par téléphone. Joindre les deux bouts, joindre les deux mains.

**joke** n.m. ou f. (anglic.) : Une joke à raconter. * Une *farce*, Une *blague* à raconter.

**jongler** v.intr. (modif.) : Jongler à son avenir. * *Penser, Réfléchir, Songer* à son avenir.

**joual** n.m. (can.) : * *Cheval.*

**joualet** n.m. (can.) : Utiliser un joualet pour scier le bois. * Utiliser un *chevalet* pour scier le bois.

**jouaux** n.m. pl. (can.) : * *Chevaux.*

**jouquer** v.tr. ou pron. (vx fr.) : Se jouquer sur le toit. * Se *jucher*, Se *percher* sur le toit.

**journée off** n.f. (anglic.) : Avoir deux journées off par semaine. * Avoir deux journées *de congé* par semaine.

**jousent** v.intr. $3^e$ pers. plur. ind. prés. (dial.) : Ils jousent dans le jardin. * Ils *jouent* dans le jardin.

**jug** n.m. (anglic.) : Ils vont nous apporter un jug d'eau. * Ils vont nous apporter *une cruche* d'eau.

**jugeote** n.f. (dial.) : Manquer de jugeote. * Manquer de *jugement*.

**juille** n.f. (dial.) : Se tordre la juille. * Se tordre la *cheville*.

**juillette** n.m. (vx fr.) : Aller en vacances en juillette. * Aller en vacances en *juillet*.

**jumbo** adj. (anglic.) : Un paquet jumbo de papier hygiénique. * Un *format géant* de papier hygiénique.

**jumbo-jet** n.m. (anglic.) : Nous avons voyagé en jumbo-jet pour nous rendre en Suisse. * Nous avons voyagé en *avion gros porteur* pour nous rendre en Suisse.

**jumper** [dʒʌmpe] v.tr. (anglic.) : 1. Au temps de la crise économique, les hommes jumpaient les wagons de cargaison. * Au temps de la crise économique, les hommes *montaient (ou voyageaient) illégalement sur* les wagons de cargaison. 2. Jumper par-dessus la clôture. * *Sauter* par-dessus la clôture.

**junk food** n.m. (anglic.) : Ne manger que du junk food. * Ne manger que *de la nourriture nuisible à la santé, des fritures.*

**junk** n.m. (anglic.) : N'acheter que du junk. * N'acheter que *de la camelote,* du *bric-à-brac, des vieilleries, de la pacotille.*

**jus de couvarte** n.m. (can. métis) : = Boisson d'alambic obtenue en se servant d'un genre de couverture sur un chaudron pour recueillir l'alcool condensé.

# K

**kangarou** n.m. (anglic.) : Nous retrouvons le kangarou en Australie. * Nous retrouvons le *kangourou* en Australie.

**kennel** n.m. (anglic.) : J'ai construit un kennel pour mon chien. * J'ai construit *une niche* pour mon chien.

**kick** n.m. (anglic.) : C'est un kick de gagner aux cartes. * C'est *stimulant*, C'est *excitant* de gagner aux cartes.

**kicker** [kike] v.tr. ou intr. (anglic.) : 1. Il kick toujours contre le professeur. * Il *critique* toujours le professeur. 2. Le professeur l'a kické dehors. * Le professeur l'a *mis à la porte*.

**kidneys** n.m. (anglic.) : On a servi des kidneys de poulet au dîner. * On a servi des *rognons* de poulet au dîner.

**kif-kif** adj. (anglic.) : Les coureurs sont arrivés kif-kif. * Les coureurs sont arrivés *égaux*.

**kindergarten** n.m. (anglic.) : * *Jardin d'enfants, Maternelle.*

**king-size** adj. (anglic.) : 1. Un lit king-size. * Un *grand* lit. 2. Cigarettes king size. * Cigarettes *longues*.

**kit** n.m. (anglic.) : 1. Un kit pour les premiers soins. * *Une trousse* pour les premiers soins. 2. Partir et emporter tout le kit * Partir et emporter tout le *fourbi*, le *matériel, l'équipement, l'attirail.*

**kleenex** n.m. (marque déposée) : * *Papier-mouchoir.*

**knapsack** n.m. (anglic.) : Voyager avec son knapsack. * Voyager avec son *sac à dos, havresac.*

# L

**la celle** pron. dém. (dial.) : La celle qui veut venir avec moi doit se préparer. * *Celle* qui veut venir avec moi doit se préparer.

**label** [lebl] n.m. (anglic.) : Le label d'une chemise. * *L'étiquette* d'une chemise.

**laidir** v.intr. (vx fr.) : Laidir en vieillissant. * *S'enlaidir* en vieillissant.

**laisser** v.tr. (modif.) : Il a laissé sa femme. * Il a *quitté* sa femme. Le fr. st. accepte : Laisser sa femme dans le doute.

**laminer** v.tr. (anglic.) : Laminer une photographie. * *Plastifier* une photographie.

**lander** [lande] v.intr. (anglic.) : 1. L'avion a landé vers cinq heures. * L'avion a *atterri* vers cinq heures. 2. Lander en prison. * *Aller, Se retrouver, Échouer* en prison.

**land lord** n.m. (anglic.) : Le land lord de l'immeuble. * Le *propriétaire* de l'immeuble.

**landscaping** n.m. (anglic.) : Notre voisin a fait le landscaping de notre résidence. * Notre voisin a fait *l'aménagement paysager* de notre résidence.

**lane** [len] n.f. (anglic.) 1. Conduire dans la lane gauche.

* Conduire dans la *voie* gauche. 2. Stationnement interdit dans la lane. * Stationnement interdit dans la *ruelle*.

**laundry** n.f. ou m. (anglic.) : Un immeuble d'appartements qui a une laundry à chaque étage. * Un immeuble d'appartements qui a une *buanderie, un lavoir* à chaque étage.

**laveuse** n.f. (can.) : * *Lave-linge, Appareil à laver*. En fr. st., laveuse réfère à la personne qui lave.

**lawn** n.m. (anglic.) : Tondre le lawn. * Tondre le *gazon, la pelouse*.

**lawnmower** n.m. (anglic.) : * *Tondeuse*.

**lay off** v.tr. (anglic.) : Le patron a dû lay offer plusieurs employés. * Le patron a dû *licencier, mettre à pied, renvoyer* plusieurs employés.

**lé** pron. pers. (can.?) : Arrêtez-lé. * Arrêtez-*le*.

**leader** n.m. (anglic.) : Un homme qui est un leader. * Un homme qui est un *chef de file, porte-parole, meneur*.

**leadership** n.m. (anglic.) : 1. Le leadership d'un parti. * *La direction* d'un parti. 2. Un homme qui ne possède aucune qualité de leadership. * Un homme qui ne possède aucune qualité de *chef*.

**leak** n.m. (anglic.) : 1. Un leak dans le boyau d'arrosage. * *Une fuite* dans le boyau d'arrosage. 2. Faire une soupe au leak. * Faire une soupe au *poireau*.

**leasing** n.m. (anglic.) : Acheter une voiture en leasing. * Acheter une voiture en *crédit-bail*.

**les ceux** pron. pers. (dial.) : Les ceux que nous avons vus. * *Ceux* que nous avons vus.

**lessi** ou **lissi** n.m. (du vx fr. lessif) : Mettre du lessi dans l'eau pour laver le plancher. * Mettre *de la soude, de la potasse* dans l'eau pour laver le plancher.

**lettre capitale** n.f. (anglic.) : Une phrase débute par une lettre capitale. * Une phrase débute par une lettre *majuscule*.

**leurs** pron. pers. (dial.) : Je leurs ai dit. * Je *leur* ai dit. Leur ne prend jamais de « s » devant un verbe.

**leurs leurs** adj. et pron. pers. (can.) : Nous avons pris nos livres, ils ont pris leurs leurs. * Nous avons pris nos livres, ils ont pris *les* leurs.

**leux** adj. poss. (dial.) : Leux maison. * *Leur* maison.

**lévier** n.m. (dial.) : On lave la vaisselle dans le lévier. * On lave la vaisselle dans l'*évier*.

**liard** © n.m. (région.) : = Variété de peuplier dit peuplier noir.

**librairie** n.f. (anglic.) : Aller emprunter des livres à la librairie. * Aller emprunter des livres à la *bibliothèque*.

**licence** n.f. (anglic.) : Renouveler sa licence. * Renouveler *son permis de conduire*.

**licence tag** n.m. (anglic.) : Ne pas oublier de coller le licence tag sur la plaque d'immatriculation. * Ne pas oublier de coller *la vignette* sur la plaque d'immatriculation.

**liche-cul** n.m. (can.) : * Un lèche-cul (vulgaire). Un *vil courtisan* (qui cherche à plaire aux gens influents), Un *flatteur*.

**lichefrite** n.f. (vx fr.) : Se servir d'une lichefrite pour un rôti. * Se servir d'une *lèchefrite* pour un rôti.

**licher** v.tr. (vx fr.) : Le chat liche son assiette. * Le chat *lèche* son assiette.

**licheux** © adj. ou n. (dial.) : * *Flatteur, Enjôleur*.

**life lease** n.m. (anglic.) : Nous avons signé un life lease pour notre appartement. * Nous avons signé un *bail à vie* pour notre appartement.

**lift** n.m. (anglic.) : 1. Voulez-vous un lift? * *Puis-je vous déposer quelque part?* 2. Il m'a donné un lift jusqu'à Montréal. * Il m'a *emmené* jusqu'à Montréal. 3. La victoire nous a donné un lift. * La victoire nous a *remonté le moral*, nous a en-courages.

**lifting** n.m. (anglic.) : Un lifting pour supprimer les rides du visage. * *Une chirurgie esthétique, Un lissage.*

**lighter** n.m. (anglic.) : J'ai besoin d'un lighter pour allumer la chandelle. * J'ai besoin d'un *briquet* pour allumer la chandelle.

**ligne** n.f. (anglic.) : 1. Dans quelle ligne es-tu? * Dans quelle *profession, quel métier* es-tu? 2. La ligne de chemin de fer. * La *voie ferrée.* 3. Il faut traverser les lignes pour se rendre à Fargo. * Il faut traverser les *frontières* pour se rendre à Fargo. 4. Gardez la ligne (téléphone) : * *Ne quittez pas.*

**ligne d'assemblage** n.f. (anglic.) : Travailler à une ligne d'assemblage. * Travailler à une *chaîne de montage.*

**line-up** n.m. (anglic.) : Il y a toujours un line-up à ce théâtre. * Il y a toujours *une queue, une file* à ce théâtre.

**lint** n.m. (anglic.) : Un brin de lint sur le manteau. * Un brin de *peluche* sur le manteau.

**liqueur douce** n.f. (anglic.) : * *Eau* ou *Boisson gazeuse, Boisson non alcoolisée.*

**liquorice** n.f. (anglic.) : J'aime le goût de la liquorice. * J'aime le goût de la *réglisse.*

**liquor store** n.m. (anglic.) : * *Magasin d'alcools.*

**lisable** adj. (can.) : Une écriture qui n'est pas *lisable.* * Un écriture *illisible.*

**lister** [liste] v.tr. (anglic.) : Lister les marchandises. * *Faire la liste des* marchandises.

**lite** n.m. (vx fr.) : Aller au lite. * Aller au *lit.*

**litter** [lĭtər] n.m. (anglic.) : Acheter du litter pour les chats. * Acheter *une litière* pour les chats.

**living-room** n.m. (anglic.) : * *Salle de séjour* (pouvant servir à la fois de salle à manger et de salon).

**livraison spéciale** n.f. (anglic.) : Recevoir un colis par livraison spéciale. * Revevoir un colis par *envoi exprès*.

**livre de téléphone** n.m. (anglic.) : * *Annuaire des téléphones.* (bottin téléphonique = annuaire édité par Bottin).

**livrer** v.tr. (modif.) : Livrer le courrier. * *Distribuer* le courrier. Le fr. st. accepte : Livrer la marchandise.

**loafer** [lofe] v.intr. (anglic.) : Loafer toute la journée. * *Flâner* toute la journée.

**loan shark** n.m. (anglic.) : Il a réussi dans la vie mais c'est un loan shark. * Il a réussi dans la vie mais c'est un *usurier.*

**lobby** n.m. (anglic.) : Le lobby de l'hôtel. * Le *vestibule* de l'hôtel, *La salle d'entrée, Le hall d'entrée* ®.

**lobbying** n.m. (anglic.) : Faire du lobbying auprès des politiciens * Faire *de la pression, de la sollicitation* auprès des politiciens.

**lobster** n.m. (anglic.) : Le lobster de l'Atlantique est délicieux. * Le *hômard* de l'Atlantique est délicieux.

**locker** [lɔkər] n.m. (anglic.) : Il y a de nouveaux lockers dans les couloirs de l'école. * Il y a de nouveaux *casiers métalliques* dans les couloirs de l'école.

**lockout** n.m. (anglic.) : À la dernière grève, le patronat a riposté par un lockout. * À la dernière grève, le patronat a riposté par *la fermeture de l'entreprise.*

**locks** n.m. ou f. (anglic.) : Les locks de Selkirk laissent passer plusieurs bateaux. * Les *écluses* de Selkirk laissent passer plusieurs bateaux.

**logue** n.f. (anglic.) : Construire une cabane en logues. * Construire une cabane en *rondins, de bois en grume.*

**long jeu** n.m. (anglic.) : Un long jeu de Brel. * Un *microsillon* de Brel.

**longue distance** n.f. (anglic.) : Téléphoner longue distance. * *Faire un interurbain.*

**look** n.m. (anglic.) : Pour changer de look, elle a adopté une nouvelle coiffure. * Pour changer *d'allure,* de *genre,* de *style,* elle a adopté une nouvelle coiffure.

**loony** [lu:ni] n.m. (anglic.) : Payer un loony. = *huard* (dollar), *dolhuard.*

**loophole** n.m. (anglic.) : Il y a des loopholes dans les formulaires d'impôts. * Il y a des *failles* dans les formulaires d'impôts.

**lounge** n. m. (anglic.) : Attendre quelqu'un dans le lounge de l'hôtel. * Attendre quelqu'un dans le *bar,* le *salon* de l'hôtel.

**lousse** adj. (anglic.) : La corde est lousse. * La corde est *lâche, a du jeu, n'est pas assez tendue.*

**love seat** n.m. (anglic.) : * *Causeuse.*

**luck** n.m. (anglic.) : Avoir de la luck. * Avoir de la *chance, veine.*

**lumière** n.f. (anglic.) : 1. La lumière des contrôles du magnétophone est très utile. * *Le voyant* des contrôles du magnétophone est très utile. 2. Les lumières de la voiture éclairent la route. * Les *phares* de la voiture éclairent la route. ·3. Les lumières de signalisation. * Les *feux* de signalisation.

**lunch** ® n.m. (anglic.) : 1. Prendre le lunch à midi. * Prendre le *déjeuner, casse-croûte, repas froid* à midi. 2. Prendre un lunch au cours de l'après-midi. * Prendre un *goûter* (pour enfants), *une collation* (pour adultes).

**luquémie** n.f. (anglic.) : Être atteint de la luquémie. * Être atteint de la *leucémie.*

# M

**mâ** [1e] pers. sing. futur (can.) : Mâ y aller demain. * *Je vais* y aller demain.

**ma matante** adj. possessif (répété) et n. (can.) : J'ai rencontré ma matante. * J'ai rencontré *ma tante*.

**mâché** adj. (anglic.) : Des pommes de terre mâchées. * Des pommes de terre *en purée*.

**machine à battre** © n.f. (can.) : Mon voisin me prête sa machine à battre pour les battages. * Mon voisin me prête sa *batteuse*.

**madame** n.f. (dial.) : Rencontrer une madame. * Rencontrer une *dame*.

**maganer** v.tr. ou pron. (vx fr.) : 1. Se faire maganer par quelqu'un. * Se faire *maltraiter*. 2. Maganer les meubles. * *Endommager* les meubles. 3. Une femme maganée. * Une femme *fatiguée, affaiblie par la maladie*.

**magasiner** © v.intr. (can.) : * *Faire des emplettes, Faire des courses*.

**mahogany** n.m. (anglic.) : Une table en mahogony. * Une table en *acajou*.

**mail box** n.f. ou m. (anglic.) : Laissez-moi un message dans ma mail box (téléphone). Laissez-moi un message dans ma *boîte à lettres* ou *boîte aux lettres électronique*.

**maintenance** ® n.f. (fr. st. de l'angl.) : Service de maintenance d'un édifice. * Service *d'entretien* d'un édifice.

**maison de pension** n.f. (can.) : Je cherche une maison de pension. * Je cherche une pension.

**maître(sse) d'école** n. (modif.) : * *Instituteur(trice), Enseignant(e).*

**maîtrise en éducation** © n.f. = Diplôme sanctionnant le deuxième cycle universitaire. Pas d'équivalent en fr.st pour M.Ed.

**maîtrise des arts** © n.f. = Diplôme sanctionnant le deuxième cycle universitaire. Pas d'équivalent en fr. st. pour M.A.

**make-up** n.m. (anglic.) : L'actrice a un make-up très délicat. * L'actrice a un *maquillage* très délicat.

**mal** adj. (par confusion) : Une réponse qui est mal. * Une réponse qui est *incorrecte, inexacte, fausse.*

**maladie de poupoune** © n.f. (can. métis) : * Maladie de *femme.*

**maladret** [maladrɛt] adj. (dial.) : Être maladret au travail. * Être *maladroit.*

**malcommode** adj. (vx fr.) : * Un être malcommode. * Un être *désagréable, hargneux.*

**malle** n.f. (anglic.) : Ne pas envoyer son chèque par la malle. * Ne pas envoyer son chèque par *le courrier*, la *poste.*

**maller** v.tr. (anglic.) : Aller maller une lettre. * Aller *mettre* une lettre *à la poste*, Aller *poster* une lettre.

**Man** [mɑ̃] n.f. (dial.) : Man est en voyage. * *Maman* est en voyage.

**management** n.m. (anglic.) : C'est un homme habile dans le management des affaires. * C'est un homme habile dans *la gestion, la conduite, la direction* des affaires.

**manager** [manedʒər] n.m. (anglic.) : Le manager d'une banque.
* Le *gérant* d'une banque.

**manager** [manedʒe] v.tr. (anglic.) : Pouvoir
manager ses affaires. * Pouvoir *s'occuper de* ses affaires, *gérer* ses affaires.

**manchon** n.m. (vx fr.) : Les manchons de
la charrue. * Les *mancherons* de la
charrue.

**manger** n.m. (par confusion) : Le prix du manger. * Le prix *des
denrées alimentaires, de la nourriture*.

**manhole** n.m. (anglic.) : Le voleur était caché dans le manhole.
* Le voleur était caché dans *la bouche d'égout*.

**manicure** n.m. (anglic.) : Elle prend soin de ses ongles en se
faisant donner un manicure. * Elle prend soin de ses ongles
en se faisant donner un(e) *manucure*.

**manoeuvrer** v.tr. (modif.) : Avoir de la difficulté à manoeuvrer la
scie. * Avoir de la difficulté à *mouvoir*, à *se servir de* la scie.

**manpower** n.m. (anglic.) : Nous manquons de manpower dans
ce métier. * Nous manquons de *main-d'oeuvre* dans ce
métier, *Il y a une pénurie de main- d'oeuvre* dans ce métier.

**manquer** v.tr. ou intr. : 1. (anglic. I miss you) : Je te manque.
* *Tu me manques*. 2. (can.) : J'ai manqué de tomber. * J'ai
*failli* tomber. 3. (anglic.) Manquer l'autobus. * *Rater* l'autobus. Le fr. st. accepte : Il a manqué son coup, Je ne te man-
querai pas la prochaine fois (Je t'aurai), Je manque de pain.
Plusieurs mots manquent ici.

**map** n.f. (anglic. ou vx fr. : mappe) : 1. La map du Canada. * La
*carte* du Canada. 2. La map des rues de la ville. * *Le plan*
des rues de la ville.

**marabout** adj. ou n. (modif. du fr.pop.) : Être marabout. * Être
*irritable, de mauvaise humeur*.

**maraschino** n.m. (anglic.) : Cerises maraschino. * Cerises *au marasquin*.

**March break** n.m. (anglic.) : Les élèves ont hâte au March break. * Les élèves ont hâte *à la relâche de mars*.

**marchand de junk** n.m. (anglic.) : Méfie-toi. Ce n'est qu'un marchand de junk. * Ce n'est qu'un *brocanteur*.

**marigold** n.f. (anglic.) : Décorer le parterre de marigolds. * Décorer le parterre de *soucis*, de *boutons d'or*.

**marisse** v.tr. ou pron. subj. prés. (dial fr.) : Il faut que je me marisse, que tu te marisses, qu'il se marisse. * Il faut que je me *marie,* que tu te *maries,* qu'il se *marie*.

**marketing** n.m. (anglic.) : Il faut songer au marketing de ce livre. * Il faut songer *à la commercialisation, à la mise en marché* de ce livre.

**marmaille** n.f. (fr. fam.) : Elle est arrivée avec toute sa marmaille. * Elle est arrivée avec *tous ses enfants, ses marmots*.

**marmalade** n.f. (dial.) : * *Marmelade*.

**marsh** n.f. (anglic.) : Les animaux s'abreuvent dans la marsh. * Les animaux s'abreuvent dans *le marais, le marécage*.

**marshmallow** n.m. (anglic.) : * *Guimauve* n.f.

**match** n.m. (anglic.) : 1. Ne pas être un match pour l'adversaire. * Ne pas être *de taille à lutter contre* l'adversaire. 2. Un couple qui fait un bon match. * Un couple *bien assorti*. 3. Une cravate qui ne match pas avec telle chemise. * Une cravate qui ne *va pas* avec telle chemise. 4. Il y avait un match important hier à la télé. * Il y avait *une joute*, un *tournoi, une lutte, une rencontre*.

**matcher** [matʃe] v.tr. (anglic.) 1. J'ai essayé de matcher mon ami avec ma soeur. * J'ai essayé *d'amener* mon ami *à épouser* ma soeur. 2. Essayer de matcher les couleurs. * Essayer *d'assortir* les couleurs.

**mâter** v.tr. (modif. du dial.) : La vie te mâtera bien. * La vie te *domptera* bien.

**matériel** n.m. (anglic.) : 1. Acheter du matériel de construction. * Acheter *des matériaux*. 2. Acheter du matériel pour une robe. * Acheter du *tissu* pour une robe. Le fr. st. accepte : Matériel de bureau, Matériel de guerre.

**mathés** [mate] n.f. pl. (abrév.) : * *Mathématiques*. (fr. fam. : Math.)

**matière** n.f. (can.) : De la matière s'est formée dans la plaie. * *Du pus* s'est formé dans la plaie.

**maturité** n.f. (anglic.) : Votre billet viendra à maturité le 20 novembre. * Votre billet viendra à *échéance* le 20 novembre. Le fr. st. accepte : Cette personne est en pleine maturité, Maturité d'esprit, Maturité d'un abcès.

**mauditement** adv. (can.?) : Être mauditement fort. * Être *très* fort.

**mauvais** adj. (dial.) : C'est un mauvais garçon. * C'est un *méchant* garçon. Le fr. st. accepte : Mauvais plat, Mauvais produit, Mauvaise mine.

**mean** adj. (anglic.) : Il est mean envers sa mère. * Il est *méchant* envers sa mère.

**meatball** n.f. ou m. (anglic.) : * *Boulette de viande*.

**medecine cabinet** n.m. (anglic.) : * *Armoire à pharmacie*, *Armoire de toilette*.

**mégaphone** n.m. (fr. st. de l'anglais) : Sers-toi du mégaphone ® pour te faire entendre. * Sers-toi du *porte-voix* pour te faire entendre.

**mélange** n.m. (can.?) : Pour dessert, on a servi un mélange de fruits. * Pour dessert, on a servi *une macédoine* de fruits. On dit aussi une macédoine de légumes.

**mêlant** adj. (vx fr.) : Ce n'est pas mêlant. C'est un paresseux. * Ce n'est pas *compliqué*. C'est un paresseux.

**melasse** ou **m'lasse** n.f. (vx fr.) : * *Mélasse*.

**mêlé** part. passé (vx fr.) : Après tant de changements dans l'Église, nous sommes tout mêlés. * Après tant de changements dans l'Église, nous sommes tout *embrouillés, déroutés, perdus*.

**membership** n.m. (anglic.) : 1. Quel est le membership de la société? * Quel est le *nombre de membres?*
2. Un membership de 200 personnes. * Un *total de membres* de 200 personnes.

**mémère** n.f. (dial.) : * *Grand-mère*.

**mener** v.tr. ou intr. (modif.) : C'est lui qui menait lorsque l'accident s'est produit. * C'est lui qui *conduisait* lorsque l'accident s'est produit.

**menonque** n.m. (dial.) : Mon menonque est arrivé. * *Mon oncle* est arrivé.

**menterie** n.f. (vx fr. ou région.) : Tu dis des menteries. * Tu dis des *mensonges*.

**menure spreader** n.m. (anglic.) : * *Éparpilleur, Épandeur de fumier*.

**méquier** n.m. (dial.) : J'aime le méquier de fermier. * J'aime le *métier* de fermier.

**mère** n.f. (can.) : La mère est malade (en parlant de sa mère). * *Maman, Ma (Notre) mère* est malade.

**merise** © n.f. (can.?) = Petit fruit sauvage en grappe, quelque peu translucide, tirant sur le rouge vif, peu charnu, avec petit noyau, au goût âpre.

**mériter(se)** v.pron. (par confusion.) : Il s'est mérité un diplôme.
* Il *a* mérité un diplôme.

**mess** n.m. (anglic.) : 1. Lorsque nous sommes revenus à la
maison, c'était un vrai mess. * Lorsque nous sommes revenus à la maison, c'était un vrai *fouillis,* un vrai *désordre, une
vraie confusion.* 2. (militaire) : Le mess des officiers. * *La
cantine* des officiers.

**meter** n.m. (anglic.) : 1. Parking meter. * *Parcmètre, Parcomètre.*
2. Water meter. * *Compteur à eau.*

**mettre** v.tr. (anglic.) : 1. Mettre la lumière. * *Allumer* la lumière.
*Faire de* la lumière. 2. Mettre la radio. * *Allumer* la radio.

**meurir** v.tr. (vx fr.) : Avoir hâte de voir meurir les poirettes. * Avoir
hâte de voir *mûrir* les poirettes.

**meurte** n.m. (dial.) : Commettre un meurte. * Commettre un
*meurtre.*

**mezzanine** n.f. (anglic.) : Vous trouverez le restaurant à la
mezzanine. * Vous trouverez le restaurant à *l'entresol.*

**miâler** v.intr. (dial.) : Écoute le chat qui miâle. * Écoute le chat
qui *miaule.*

**micouenne** © n.f. (can. métis) : Sers-toi de la micouenne pour
servir la soupe. * Sers-toi de la *louche* pour servir la soupe.

**microchip** n.m. (anglic.) : Un microchip (électronique) renferme
plusieurs données. * *Une micro-puce* renferme plusieurs
données.

**microwave oven** n.m. (anglic.) : * *Four à micro-ondes.*

**mieux** adv. (dial.) : Elle est mieux d'attendre. * *Il vaut* mieux
*qu'elle attende.*

**milage** n.m. (anglic.) : 1. Faire beaucoup de milage. * *Parcourir* *plusieurs milles.* 2. Quel est le milage de ta voiture? * Quel est le *kilométrage* de ta voiture?

**minced** adj. (anglic.) : Minced beef. * *Boeuf haché.*

**mini-stop** n.m. (anglic.) = *Dépanneur* (can.) ©.

**mink** n.m. (anglic.) : Un manteau de mink. * Un manteau de *vison.*

**minou** © n.m. (dial.) : * *Chat, Minet.*

**minoucher** © v.tr. ou pron. (du dial.) : 1. Minoucher le patron. * *Flatter* le patron. 2. Ils se minouchent sur la banquette arrière de la voiture. * Ils se *caressent* sur la banquette arrière de la voiture.

**minoune** n.f. (can.) : Une minoune de bonne compagnie. * Une *chatte* de bonne compagnie.

**minutes** n.f. (anglic.) : Les minutes d'une réunion ou d'une séance. * *Le procès-verbal* d'une réunion.

**mioche** © n.m. ou f. (fr.pop.) : Les mioches sont sages. * Les *enfants* sont sages.

**misdeal** n.m. (anglic.) : Il me manque une carte, c'est un misdeal. * Il me manque une carte, c'est *une maldonne.*

**misère** n.f. (dial.) : Éprouver de la misère dans ses études. * Éprouver de la *difficulté* dans ses études.

**mistake** n.f. ou m. (anglic.) : Faire une mistake. * Faire une *erreur.*

**mitaine** © n.f. (vx fr. et can.) : 1. Le froid sibérien nous oblige à porter des mitaines. * Le vent sibérien nous oblige à porter des *mouffles.* 2. Un homme qui est une vraie mitaine. * Un homme qui est *un lâche, un peureux.*

**Mitchif** © [mĭtʃif] n.m. ou f. (can.) : Ce sont les Mitchifs sous Riel qui ont fondé le Manitoba. * Ce sont les *Métis* sous Riel qui ont fondé le Manitoba.

153

**mixer** [mikse] v.tr. (anglic.) : Devoir mixer la farine avec la poudre à pâte. * Devoir *mélanger, mêler* la farine avec la poudre à pâte.

**mixeur** n.m. (anglic.) : 1. Sers-toi du mixeur pour mélanger la pâte. * Sers-toi du *malaxeur*. 2. J'ai loué un mixeur pour faire du béton. * J'ai loué *une bétonnière, une bétonneuse*.

**mobile home** [mobajl om] n.m. (anglic.) : * *Auto-caravane*.

**mobile phone** n.m. (anglic.) : * *Téléphone mobile, portatif*.

**moé** pr. pers. (vx fr.) : Il m'a parlé à moé. * Il m'a parlé à *moi*.

**moist** adj. (anglic.) : Aimer un gâteau qui est moist. * Aimer un gâteau qui est *moelleux*.

**molester** [mɔlɛste] v.tr. (anglic.) : Un homme qui moleste les enfants. * Un homme qui *attaque, importune, harcèle* les enfants.

**Mom** [mʌm] n.f. (anglic.) : * *Maman*.

**monde** n.m. (dial.) : 1. Le monde vont arriver. * *Les gens* vont arriver. 2. Tout le monde sont là. * Tout le monde *est* là.

**montant** n.m. (modif.) : Payer un gros montant pour sa voiture. * Payer *une grosse somme d'argent* pour sa voiture.

**moody** adj. (anglic.) : Être moody. * Être *mal luné, de mauvaise humeur*.

**moonshine** n.m. (anglic.) : Il fabriquait du moonshine. * Il fabriquait *de l'alcool de contrebande, de l'alcool frelaté*.

**moppe** n.f. (anglic.) : Balai à frange (can.) ©. * *Balai à laver, Vadrouille*.

**mopper** v.tr. (anglic.) : Mopper le plancher. * *Nettoyer, Laver* le plancher.

**moquié** n.m. (dial.) : La moquié d'une tarte. * La *moitié* d'une tarte.

**mordure** n.f. (déform.) : La mordure d'un chien. * La *morsure* d'un chien.

**morning glory** n.f. (anglic.) * *Belle-du-jour* (fleur).

**moron** n.m. (anglic.) : * *Crétin, Débile mental.*

**mortgage** n.m. (anglic.) : Payer le mortgage de sa maison. * Payer *l'hypothèque* de sa maison.

**mortgager** [mɔrgedʒe] v.tr. (anglic.) : Mortgager la maison. * *Hypothéquer* la maison.

**mot** n.m. (modif. du fr. fam.) : J'ai eu un mot avec mon patron. * J'ai eu *une dispute, une querelle* avec mon patron.

**motié** n.f. (dial.) : La motié d'une tasse. * La *moitié* d'une tasse.

**motte** n.f. (can. métis) : Il devait me donner de l'argent puis motte. * Il devait me donner de l'argent puis *rien du tout*.

**motton** n.m. (dial.) : Du gruau plein de mottons. * Du gruau plein de *grumeaux*.

**mou** ou **molle** adj. (can.) : Dans le jardin, nous avons de la terre molle. * nous avons de la terre *meuble* (qui se laboure, se fragmente facilement).

**mouillasser** v. impers. (dial.) : Ça mouillasse. * *Il tombe une pluie fine, Il bruine.*

**mouiller** v. impers. (dial.) : Il mouille tous les jours. * Il *pleut* tous les jours.

**moulin à coudre** n.f. (can.) : * *Machine* à coudre.

**mourir** v.intr. (dial.) : Il mourira avec son argent; moi, je mourirai sans argent. * Il *mourra* avec son argent; moi, je *mourrai* sans argent.

**mouru** part. passé (dial.) : Il a mouru subitement. * Il est *mort, décédé* subitement.

**mouver** v.tr., intr., ou pron. (dial. et anglic.) : 1. Aider à mouver le meuble. * Aider à *mouvoir* le meuble. 2. La maison est vendue, il faut mouver. * La maison est vendue, il faut *déménager*.

**moyen** adj. (can.) : Un moyen garçon. * Un *gros* garçon, Un garçon *fort*.

**muffler** [mʌflər] n.m. (anglic.) : Le muffler de la voiture doit être remplacé. * Le *silencieux* de la voiture doit être remplacé.

**mug** n.m. ou f. (anglic.) : Un mug de bière. * *Une choppe, Une grande tasse*.

**mulon** n.m. (vx fr.) : Un mulon de foin. * Un *meulon* de foin.

**munute** n.m. (can.?) : Attendre dix munutes. * Attendre dix *minutes*.

**musique à bouche** n.f. (can.?) : * *Harmonica*.

**muskeg** n.m. (anglic.) : Sa terre n'était qu'un muskeg. * Sa terre n'était qu'*une tourbière*.

**muskrat** n.m. (anglic.) : * *Rat musqué*.

**mussel** n.f. ou m. (anglic.) : * *Moule* (fruit de mer) n.f.

**must** n.m. (anglic.) : Ce nouveau roman est un must. * Ce nouveau roman est un *impératif, C'est un* roman *qu'il faut absolument lire*.

# N

**nanane** n.m. (modif.) : Offrir du nanane au bébé. * Offrir du *bonbon* au bébé.

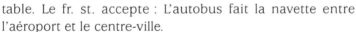
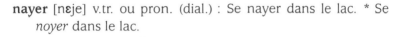

**napkin** n.f. (anglic.) : * *Serviette de table*.

**naveau** n.m. (vx fr.) : * *Navet*.

**navette** n.f. (déform.) : Se servir de la navette pour nettoyer la table. * Se servir de la *lavette* pour nettoyer la table. Le fr. st. accepte : L'autobus fait la navette entre l'aéroport et le centre-ville.

**nayer** [nɛje] v.tr. ou pron. (dial.) : Se nayer dans le lac. * Se *noyer* dans le lac.

**ne** adv. (dial. ou fr.pop.) Particule négative souvent omise dans notre parler. : J'ai pas d'argent. * *Je n'*ai pas d'argent.

**néquiouque** n.m. (anglic.) : * Le néquiouque fait partie du harnais du cheval. * Le *porte-timon*, Le *support de timon* fait partie du harnais du cheval.

**net** [nɛt] n.m. (anglic.) : La rondelle (sports) a manqué le net. * La rondelle a manqué le *filet*.

**nétayer** v.tr. (vx fr.) : Nétayer l'étable. * *Nettoyer* l'étable.

**network** n.m. (anglic.) : Le network de Radio-Canada s'étend à tout le Manitoba. * Le *réseau* de Radio-Canada s'étend à tout le Manitoba.

**neu** adj. (vx fr.) : Des souliers neux. * Des souliers *neufs*.

**neutral** [nutrl] n.m. (anglic.) : Mettre l'embrayage de la voiture sur le neutral. * Mettre l'embrayage de la voiture *au point mort, au point neutre*.

**niaiseux(euse)** n. ou adj. (modif.) : * *Niais(e)*.

**nichons** n.m. (fr. fam.) : * *Seins*.

**nickname** n.m. (anglic.) : Il se nomme Germain mais on lui donne un nickname. * Il se nomme Germain mais on lui donne un *surnom*, un *sobriquet*.

**nightclub** n.m. (anglic.) : *Boîte de nuit*.

**nightmare** n.m. (anglic.) : L'inondation a été un véritable nightmare. * L'inondation a été un véritable *cauchemar*.

**niochon(ne)** © n. ou adj. (du dial.) : * *Nigaud(e)*, *Niais(e)*.

**nipper(se)** © v.pron. (fr. fam.) : Elle s'est nippée comme une princesse. * Elle s'est *habillée*, s'est *vêtue* comme une princesse.

**nippes** © n.f. (can. métis : modif. du vx fr.) = Lisières de laine pour s'envelopper les pieds et les jambes.

**nique** n.m. (can.) : Un nique d'oiseaux. * Un *nid* d'oiseaux.

**niveau** n.m. (anglic.) : L'alcotest mesure le *niveau d'alcool* dans le sang. * L'alcotest mesure *l'alcoolémie* dans le sang.

**nn'** (dial.) : De l'argent, a nn'a. * De l'argent, *elle en* a.

**nomination** n.f. (anglic.) : 1. Les nominations de candidature doivent être reçues ce soir. * Les *propositions* de candidature doivent être reçues ce soir. 2. Il est en nomination pour la présidence. * Il est en *liste* pour la présidence. Le fr. st. accepte : Sa nomination au poste de secrétaire était inattendue.

**nook** n.m. (anglic.) : Nous avons un nook pour y prendre le déjeuner. * Nous avons un *coin-repas* pour y prendre le déjeuner.

**notice** n.f. (anglic.) : 1. As-tu lu la notice dans le couloir? * As-tu lu *l'affiche* dans le couloir? 2. Le gérant lui a donné sa notice. * Le gérant *l'a congédié, l'a mis à pied,* lui a donné *un avis de licenciement.*

**notifier** v.tr. (anglic.) : Le patron l'a notifié qu'il serait congédié. * Le patron l'a *averti,* l'a *prévenu* qu'il serait congédié.

**nozzle** n.m. (anglic.) : Le nozzle du boyau d'arrosage. * *L'ajustage* du boyau d'arrosage.

**nu-bas** © adj. (can.) : Elle s'est présentée nu-bas. * Elle s'est présentée *sans chaussures.*

**nu-pattes** adj. (dial.) : En été, il est toujours nu-pattes. * En été, il est toujours nu-*pieds, nu-jambes.*

**nugget** n.m. (anglic.) : Des nuggets de poulet. * Des *pépites* de poulet.

**nuite** n.f. (can.) : Une longue nuite. * Une longue *nuit.*

**nurse** n.f. (anglic.) : * *Infirmier(ère), Garde-malade.*

# O

**oatmeal** n.m. (anglic.) : Chaque matin nous mangeons du oat-meal. * Chaque matin nous mangeons *des flocons d'avoine*.

**obéyir** v.tr. ind. (dial.) : * *Obéir*.

**objecter(s')** v.pron. (par confusion) : Il s'objecte à ce projet. * Il s'*oppose* à ce projet. Le fr. st. accepte : Objecter de bonnes raisons contre un argument.

**obtiendre** v.tr. (dial.) : Il faut obtiendre ce livre * Il faut *obtenir* ce livre.

**octroi** n.m. (modif.) : Recevoir un octroi du gouvernement. * Recevoir *une subvention* du gouvernement.

**oeils de boucs** n.m. (du dial.) : * *Parélies, Faux soleils*.

**off** adv. (anglic.) : Avoir une semaine off. * Avoir une semaine *de congé*.

**offense** n.f. (anglic.) : Le juge a remarqué que l'accusé en était à sa deuxième offense. * Le juge a remarqué que l'accusé en était à *son* deuxième *délit*.

**office** n.m. ou f. (anglic.) : Le directeur veut me voir dans son office. * Le directeur veut me voir dans son *bureau*.

**offside** adj. (anglic.) : * *Hors-jeu* (au jeu de balle).

**oie sauvage** n.f. (can.) : * *Outarde, Bernache* (du Canada).

**oil slick** n.m. (anglic.) : Répandre du détergent sur le oil slick. * Répandre du détergent sur *la nappe de pétrole.*

**oir** v.tr. ou intr. (dial.) : Va oir si elle est là. * Va *voir* si elle est là.

**old-fashioned** adj. (anglic.) : Une robe old-fashioned. * Une robe *démodée.*

**on** © pron. pers. (vx fr.) : Où allez-vous? On va à l'église. * *Nous allons* à l'église.

**onc** n.m. (dial.) : Mon onc Alphonse est parti. * Mon *oncle* Alphonse est parti.

**one-way** adj. (anglic.) : Une rue one-way. * Une rue *à sens unique.*

**ongue** n.m. (vx fr.) : Avoir les ongues sales. * Avoir les *ongles* sales.

**onvaient** v.tr. 3e pers. pl. imparfait, dérivé de l'ind.: Ils ont. (can. métis) : Y onvaient de l'argent. * *Ils avaient* de l'argent.

**opérateur(trice)** n.f. (anglic.) : L'opératrice (téléphone) ne répond pas. * *La standardiste* ne répond pas.

**opérer** v.tr. (anglic.) : Comment opères-tu cet appareil? * Comment cet appareil *fonctionne-t-il?*

**opportunité** n.f. (anglic.) : 1. Avoir l'opportunité d'aller en France. * Avoir l'*occasion* d'aller en France. 2. Un emploi qui offre de belles opportunités. * Un emploi qui offre *d'excellentes perspectives.* 3. Profiter de l'opportunité qui nous est offerte. * Profiter de *la chance* qui nous est offerte.

**orde** n.m. (dial.) : C'est un orde du professeur. * C'est un *ordre* du professeur.

**order** [ɔrde] v.tr. (anglic.) : Order une chemise par le catalogue. * *Commander* une chemise.

**orégano** n.m. (anglic.) : * *Origan*.

**orier** n.m. (dial.) : Une taie d'orier. * Une taie d'*oreiller*.

**oubliger** v.tr. (vx fr.) : Être oubligé de payer ses taxes. * Être *obligé* de payer ses taxes.

**ouère** voir oir

**ouésine** n.f. (dial.) : La ouésine est très gentille. * La *voisine* est très gentille.

**ouete** n.f. (vx fr.) : Se mettre de la ouète dans les oreilles. * Se mettre de la *ouate* dans les oreilles.

**ouéture** n.f. (dial.) : Il s'est acheté une nouvelle ouéture. * Il s'est acheté une nouvelle *voiture*.

**ouèye** adv. (vx fr.) : Ouèye! C'est intéressant. * *Oui!* C'est intéressant.

**ouô** interj. (dial.) : Ouô! Ça va faire. * *Arrête!* Ça va faire.

**our** [ur] n.m. (vx fr.) : Faire face à un our dans la forêt. * Faire face à un *ours* [ŭrs] dans la forêt.

**out** [aut] adj. (anglic.) : Le joueur est out après trois prises. * Le joueur est *retiré du jeu, hors-jeu* après trois prises.

**outfit** n.m. ou f. (anglic.) : 1. Étrenner une belle outfit de printemps. * Étrenner une belle *toilette* de printemps. 2. Après un accident, c'est toute une outfit que de négocier avec une compagnie d'assurance. * c'est toute une *affaire*, une *histoire, tout un problème* que de négocier avec une compagnie d'assurance.

**ouverture** n.f. (modif.) : Il y a une ouverture comme serveuse dans ce restaurant. * Il y a *un débouché* comme serveuse, *un poste vacant de* serveuse dans ce restaurant.

**overâler** v.tr. (anglic.) : Conduire sa voiture au garage pour la faire overhâler. * Conduire sa voiture au garage pour *une mise au point*, pour la faire *remettre en bon état*.

162

**overalls** n.f. ou m. (anglic.) : Porter des overalls pour aller au travail. * Porter des *salopettes* pour aller au travail.

**overdose** n.f. (anglic.) : Une overdose de pilules. * Une *surdose,* Une *dose excessive* de pilules.

**overhead door** n.f. (anglic.) : La overhead door du garage ne fonctionne plus. * La *porte à glissière* du garage ne fonctionne plus.

**overhead projector** n.m. (anglic.) : À l'église, le directeur de la chorale se sert d'un overhead projector. * À l'église, le directeur de la chorale se sert d'un *rétroprojecteur.*

**overseas** adv. (anglic.) : * *Outre-mer.*

**overpass** n.m. (anglic.) : Nous allons passer sous l'overpass. * Nous allons passer sous *le pont routier.*

**overtime** n.m. (anglic.) : Lorsqu'il y a trop de travail, nous devons faire de l'overtime. * Lorsqu'il y a trop de travail, nous devons faire *des heures supplémentaires.*

**oyster** n.f. (anglic.) : J'aime bien les oysters fumées. * J'aime bien les *huîtres* fumées.

# P

**pacho** © [pako] adj. (can. métis) : Il est pacho. * Il est *engourdi intellectuellement.*

**pacemaker** n.m. (anglic.) : Le médecin lui a conseillé un pacemaker. * Le médecin lui a conseillé un *stimulateur cardiaque.*

**packsac** n.m. (anglic.) : Partir avec son packsack. * Partir avec son *sac à dos.*

**pad** n.m. (anglic.) : Passe-moi un pad pour que je prenne tes coordonnées. * Passe-moi un *bloc-notes* pour que je prenne tes coordonnées.

**pager** [pedʒər] n.m. (anglic.) : Emporter son pager au travail. * Apporter son *téléchasseur*, son *téléavertisseur*. (can. : Pagette, marque déposée.)

**pagner** n.m. (vx fr.) : Un pagner de pommes. * Un *panier* de pommes.

**palette** n.f. (can.?) : 1. La palette d'une casquette. * La *visière* d'une casquette. 2. Une palette de chocolat. * Une *tablette* de chocolat.

**palme** n.f. (anglic.) : Il a la palme de la main gauche toute brûlée. * Il a la *paume* de la main gauche toute brûlée.

**pamphlet** n.m. (anglic.) : Lire le mode d'emploi dans un

pamphlet. * Lire le mode d'emploi dans un *feuillet publicitaire, une brochure*, un *dépliant*. Ne pas confondre avec pamphlet qui en français standard est un écrit satirique et violent.

**pantalons** n.m. pl. (dial.) : Un instant. Je dois mettre mes pantalons. * Un instant. Je dois mettre *mon pantalon*.

**pantry** n.f. (anglic.) : * *Dépense* (endroit où l'on dépose les provisions), *Garde-manger* (lieu où l'on conserve les aliments).

**pantsuit** n.m. (anglic.) : Elle s'est acheté un pantsuit bleu marine. * Elle s'est acheté un *tailleur-pantalon*, un *ensemble pantalon* bleu marine.

**papermane** n.m. (anglic. : peppermint) : * *Pastille de menthe*.

**papier ciré** n.m. (anglic.) : * *Papier paraffiné*.

**papier de toilette** n.m. (anglic.) * *Papier hygiénique*.

**papier** n.m. (anglic.) Je lis le papier chaque matin. * Je lis le *journal* chaque matin.

**papier sablé** n.m. (anglic.) : * *Papier de verre, Papier éméri*.

**parade** n.f. (modif. et anglic.) : Se joindre à la parade du festival. * Se joindre *au défilé* du festival.

**parc industriel** n.m. (anglic.) : * *Zone industrielle*.

**paré** adj. (vx fr.) : Êtes-vous parés à partir? * Êtes-vous *prêts* à partir?

**pareil** adj. (dial.) : 1. C'est pareil. * C'est *la même chose*. 2. L'un est pareil que l'autre. * L'un est *pareil à* l'autre, *identique à* l'autre.

**parka** n.m. (anglic.) : Avoir besoin d'un parka pour l'hiver. * Avoir besoin d'un *anorac, d'une canadienne* pour l'hiver.

**parking ticket** n.m. (anglic.) : * *Contravention.*

**parking** n.m. (anglic.) : 1. Garer la voiture dans le parking. * Garer la voiture dans le *parc de stationnement.* 2. Parking payant. * *Stationnement* payant.

**parler** v.tr. (vx fr.) : Entendre parler que quelqu'un se marie. * Entendre *dire* que quelqu'un se marie.

**parquer** ® v.tr. ou intr. (fr. st. emprunt de l'angl.) : Parquer sa voiture. * *Garer, Stationner* sa voiture.

**parsnip** n.m. (anglic.) : Je n'aime pas la soupe au parsnip. * Je n'aime pas la soupe au *panais.*

**part** n.f. 1. (modif.) : Posséder plusieurs parts dans une société. * Posséder plusieurs *actions* dans une société. 2. J'ai pris sa part. * J'ai pris sa *défense.*

**part-time** adj. (anglic.) : Travailler part-time. * Travailler *à temps partiel.*

**partchir** v.intr. (can. métis) : Ils étaient partchis. * Ils étaient *partis.*

**particulier** adj. (anglic.) : Un homme bien particulier. * Un homme bien *minutieux, étrange.*

**partie** n.f. (anglic.?) : Il habite une partie riche de la ville. * Il habite *un quartier* riche, *huppé* de la ville.

**partir** v.intr. (anglic.) : Partir à pleurer. * *Commencer* à pleurer, *Se mettre* à pleurer.

**partir** v.tr. (anglic.) : 1. Partir la voiture. * *Démarrer* la voiture. 2. Partir une entreprise. * *Lancer, Fonder, Créer* une entreprise. 3. Partir quelqu'un en musique. * *Aider, Initier* quelqu'un en musique.

**partner** n.m. ou f. (anglic.) : Avoir un partner dans un commerce. * Avoir un *partenaire, associé* dans un commerce.

**party** n.m. (anglic.) : Nous avons un party chez le voisin ce soir.

* Nous avons *une fête, une soirée, une réception* = *une veillée* (can.) ©.

**passable** adj. (vx fr.) : Une route qui n'est pas passable. * Une route *impraticable*.

**passé** adv. (vx fr.) : Il y a passé douze ans, j'enseignais encore. * Il y a *plus de* douze ans, j'enseignais encore.

**passer** v.tr. (vx fr.) : Passer un projet de loi. * *Adopter* un projet de loi.

**passion fruit** n.m. (anglic.) : * *Maracuja* (fruit de la passion).

**password** n.m. (anglic.) : À l'admission, il faut un password. * À l'admisson, il faut un *mot de passe*.

**passtime** n.m. (anglic.) : Le jeu de cartes est un bon passtime. * Le jeu de cartes est un bon *divertissement*.

**pastrami** n.m. (anglic.) = Boeuf fumé très épicé.

**patates frites** n.f. (vx fr.) : Les patates frites (ou les pommes de terre frites) sont très populaires. * Les *frites* sont très populaires.

**patates pilées** n.m. (dial.) : * *Pommes de terre en purée*.

**patch** n.m. (anglic.) : 1. Poser un patch à un pantalon déchiré. * Poser *une pièce, Rapiécer* un pantalon déchiré. 2. Il y a un patch d'huile dans la rue. * Il y a *une flaque* d'huile dans la rue. 3. Elle a un patch rouge sur la joue. * Un *point* rouge *lui tache* la joue. 4. Avoir un petit patch de légumes derrière la maison. * Avoir un petit *carré* de légumes derrière la maison. 5. Il y a des patch de nuages dans le ciel. * Il y a des *taches* de nuages dans le ciel.

**patcher** [patʃe] v.tr. (anglic.) : 1. Pourriez-vous patcher mon pantalon? * Pourriez-vous *rapiécer* mon pantalon? 2. Le mur est patché de mousse. * Le mur est *plaqué, tacheté* de mousse.

**pâté chinois** © n.m. (can.?) : * *Hachis parmentier*.

**patente** n.f. (modif.) : Une machine qui est une belle patente.
* Une machine qui est une belle *invention*.

**patenter** v.tr. (modif.) : Être en train de patenter quelque chose.
* Être en train *d'inventer* quelque chose, de *bricoler*.

**patio** n.m. (anglic.) : Le patio du restaurant. * *La terrasse* du restaurant.

**patte** n.f. (modif.) : Avoir mal aux pattes. * Avoir mal aux *pieds*. Le fr. st. accepte : Pattes pour animaux avec ongles ou griffes, mais il utilise le mot pieds pour animaux avec cornes ou sabots.

**pattes de cochon** © n.f. (can.) : Un ragoût de pattes de cochon.
* Un ragoût de *pieds de porc*.

**pauche-née** © n.f. (can. métis) : Elle a une grosse pauche-née.
* Elle a *de nombreux enfants*.

**pawnshop** n.m. (anglic.) : Laisser sa montre au pawn-shop pour quelques dollars. * Laisse sa montre au *mont de piété* = boutique où l'on prête sur gage.

**payant** adj. (modif.) : Un métier payant. * Un métier *rémunérateur*.

**payer** v.tr. (anglic.) : 1. Payer un compliment. * *Faire* un compliment. 2. Payer attention. * *Écouter*.

**payer** v.intr. (anglic.) : Payer dix dollars pour un fauteuil. * Payer (v.tr.) un fauteuil dix dollars.

**pays** (vx fr.) n.m. pl. (can.) : J'aimerais aller dans les vieux pays.
* J'aimerais aller *en Europe*.

**peanut** n.f. (anglic.) : Manger des peanuts. * Manger des *cacahouètes*.

**peau morte** n.f. (du dial.) : Avoir de la peau morte sur le cuir chevelu. * Avoir *des pellicules* sur le cuir chevelu.

**pécane** n.f. (anglic.) : Tarte à la pécane. = Tarte à la *pacane* (vx fr.)

**pédestrien** n.m (anglic.) : Les pédestriens se font parfois heurter par les voitures. * Les *piétons* se font parfois heurter par les voitures.

**peinturer** v.tr. ou intr. (vx fr.) : Faire peinturer l'extérieur de la maison. * Faire *peindre* l'extérieur de la maison. Peinturer en fr. st. veut dire : peindre de façon grossière et maladroite ou encore peinturlurer.

**peintureur** n.m. (can.) : * *Peintre*.

**pembina** ou **pimbina** © n.m. (can. de l'algonquin) = Petit fruit sauvage de couleur jaune ou rouge au goût amer. Pas d'équivalent en fr. st.

**penthouse** n.m. (anglic.) = *Appartement de haute classe* (construit sur le toit d'un immeuble).

**pep** n.m. (anglic.) : Ce garçon-là a du pep. * Ce garçon-là a *de l'entrain, de l'énergie*.

**pépère** n.m. (dial.) : Pépère est venu nous visiter. * *Grand-père* est venu nous visiter.

**peppé** (anglic.) n.m. : Mon ami est peppé. * Mon ami est *plein de vie, énergique*.

**perde** v.tr. ou intr. (dial.) : Ne pas aimer perde aux cartes. * Ne pas aimer *perdre* aux cartes.

**perennials** n.f. (anglic.) : Nous avons des perennials telles que des iris et des pivoines. * Nous avons des (plantes) *vivaces* telles que des iris et des pivoines.

**permanent** n.m. (anglic.) : La coiffeuse donne des permanents. * La coiffeuse donne des *permanentes*.

**personalized licence plate** n.f. (anglic.) : * *Plaque d'immatriculation personnalisée*.

**peste** n.f. (fig. can.) : Il y a une peste de tomates. * Il y a *beaucoup* de tomates.

**pet** n.m. (anglic.) : Les pets sont interdits. * Les *petits animaux* sont interdits.

**pétillard** adj. (can.) : * *Pétillant, Plein de vie.*

**phone pass** n.f. (anglic.) : Utilisez votre phone pass pour appeler votre frère. * Utilisez votre *télécarte* pour appeler votre frère.

**phony** adj. (anglic.) : Un politicien qui est phony. * Un politicien qui *sonne faux,* qui est *poseur.*

**piâiller** v.intr. (dial.) : Piâiller du matin au soir. * *Se plaindre* du matin au soir.

**piasse** n.f. (can.) ou piastre (vx fr.) : * *Dollar.*

**pic-bois** © n.m. (can.) : Les pic-bois aiment bien les insectes. * Les *pics* aiment bien les insectes.

**pichenoque** ou **pichenotte** n.f. (dial.) : * *Chiquenaude.*

**pickerel** n.m. (anglic.) : Le lac Winnipeg regorge de pickerels. * Le lac Winnipeg regorge de *brochetons.*

**pickle** n.m. (anglic.) : Servir des pickles. * Servir des *cornichons.*

**pickled** adj. (anglic.) : Je ne digère pas les cornichons pickled. * Je ne digère pas les cornichons *marinés.*

**pickup** n.m. (anglic.) : Utiliser un pickup (truck) pour charroyer du bois. * Utiliser *une camionnette* pour charroyer du bois.

**picosser** © v.intr. (dial.) : Cesse de picosser dans ton assiette. * Cesse de *picorer* dans ton assiette (piquer ici et là).

**picot** n.m. (modif.) : Avoir le visage couvert de picots. * Avoir le visage couvert de *taches de rousseur.*

**picote** n.f. (can.) : * *Varicelle* (petite picote), *Variole* (grosse picote).

**picouille** © n.f. (can.) = Vieux cheval qui ne vaut rien.

**pieuter(se)** © v.pron. (fr.pop.) : Aller se pieuter. * Aller se *coucher.*

**piger** © v.tr. (dial.) : Piger une carte. * *Prendre, Choisir* une carte.

**piggybank** n.f. (anglic.) : J'ai offert à l'enfant une piggybank pour son anniversaire de naissance. * J'ai offert à l'enfant une *tirelire* pour son anniversaire de naissance.

**piler** v.tr. dir. et ind. 1. (anglic.) : Piler de l'argent. * *Empiler* de l'argent. Le fr. st. accepte : Piler de l'ail = broyer, écraser. 2. (vx fr.) : Piler sur la robe de la mariée. * *Marcher* sur la robe de la mariée.

**pimp** n.m. (anglic.) : C'est un pimp qui abuse des jeunes filles. * C'est un *entremetteur,* un *proxonète* qui abuse des jeunes filles.

**pin** [pĭn] n.f. ou m. (anglic.) : 1. Se procurer de nouvelles pins pour le bowling. * Se procurer de nouvelles *quilles* pour le bowling. 2. La pin de l'embrayage est cassée. * La *cheville* de l'embrayage est cassée. 3. Je ne connais pas mon PIN (acronyme.) * *NIP* = Numéro d'identification personnelle. 4. On a dû lui placer une pin dans la jambe. * On a dû lui placer une *broche,* une *tige de métal* dans la jambe. 5. Je porte une pin à ma cravate. * Je porte une *épingle* à ma cravate.

**pinball** n.m. (anglic.) : * *Billard électrique* (machine). Le fr. st. accepte : Jouer au flipper [flipɛr] ®.

**pincushion** n.m. (anglic.) : * *Pelotte, Trousse à épingles.*

**pine** n.f. (vx fr. vulg.) : * *Pénis, Membre* (viril), *Verge.*

**pine nuts** n.m. ou f. (anglic.) : * *Noix de pins, Pignons.*

**pineapple** n.m. (anglic.) : * *Ananas.*

**pinte** n.f. (anglic.) : * *Demi-litre.* (région. québ.) : Chopine, Demi-pinte.

**pipe** n.f. (anglic.) : Ajointer ou aboucher des pipes de cuivre. * Ajointer des *tuyaux* de cuivre.

**piquerelle** © n.f. (can. métis) : * *Belle fille, Belle femme.*

**piqueter** v.tr. ou intr. (anglic.) : Piqueter une usine. * *Former un piquet de grève aux portes d'*une usine.

**pire** adj. comp. (du dial.) : 1. Comment vas-tu? Pas pire. * *Assez bien.* Le fr. st. accepte : Le remède est pire que le mal. = Plus mauvais, plus pénible, plus nuisible. 2. Le gâteau n'est pas pire. * Le gâteau n'est pas *mauvais.* 3. Il est plus pire que son frère. * Il est *pire* que son frère.

**pis** adv. ou conj. (dial.) : 1. Aller au magasin pis revenir à la maison. * Aller au magasin *puis* revenir à la maison. 2. Lui pis moi sommes de bons amis. * Lui *et* moi sommes de bons amis.

**pisse-tranquille** n.m. ou f. (can. métis) : Au travail, c'est un pisse-tranquille. = Un homme qui travaille avec lenteur.

**pisserine** ou **pisseterine** © n.f. (can. métis) : * *Boisson maison fortement alcoolisée.*

**pisseux(euse)** © n. (dial.) : Ne pas se fier à lui. C'est un pisseux. * C'est un *lâche, peureux, poltron.*

**pissotte** © n.f. (can. métis) : = Petite pluie légère comme une bruine.

**pit** n.m. (anglic.) : Vendre un pit de gravier. * Vendre *une carrière,* un *trou, une fosse* de gravier.

**pitcher** [pitʃe] v.tr. (anglic.) : Pitcher la balle. * *Lancer* la balle.

**pitcher** [pĭtʃər] n.m. (anglic.) : 1. Apporter un pitcher d'eau. * Apporter *une cruche* d'eau. 2. (sports) : Le pitcher. * Le *lanceur.*

**piton** n.m. (modif.) : 1. Pour qu'on vous ouvre la porte, appuyez sur le piton. * Pour qu'on vous ouvre la porte, appuyez sur le *bouton.* 2. Il est arrivé à midi sur le piton. * Il est arrivé à midi *juste.*

**pitted** adj. (anglic.) : Des prunes pitted. * Des prunes *dénoyautées*.

**place** n.f. (dial.) : 1. C'est malpropre par places. * C'est malpropre par *endroits, à certains endroits*. 2. Saint-Boniface est une belle place. * Saint-Boniface est *un bel endroit*. Le fr. st. accepte : J'habite place Des Meurons. J'ai habité à la même place pendant cinq ans.

**place mat** [ples mat] n.m. (anglic.) : Je préfère les place mats à la nappe. * Je préfère les *napperons* à la nappe.

**placer** v.tr. (anglic.) : Ne pas pouvoir placer une personne. * Ne pas pouvoir *situer, identifier* une personne.

**placotage** © n.m. (can.) : * *Commérage*.

**placoter** © v.intr. (modif.) : * *Bavarder, Parler beaucoup à tort et à travers*.

**plancher** n.m. (vx fr.) : 1. Habiter au deuxième plancher. * Habiter au *premier étage*. 2. Habiter au premier plancher. * Habiter au *rez-de-chaussée* (plancher sensiblement au niveau de la rue).

**planner** [plaːne] v.tr. (anglic.) : Devoir planner la soirée. * Devoir *planifier* la soirée.

**planter(se)** v.pron. (can.) : Plantez-vous ou nous serons en retard. * *Dépêchez*-vous ou nous serons en retard.

**plaquer** © v.tr. (dial.) : Plaquer là sa petite amie. * *Abandonner, Quitter* sa petite amie.

**plastrer** v.tr. (anglic.) : Plastrer les murs. * *Plâtrer* les murs.

**plat** © [plat] adj. (modif.) : 1. C'est un film plat. * C'est un film *ennuyant*. 2. Un terrain plat. * Un terrain *plat* [pla].

**plate-forme** n.f. (anglic.) : Attendre sur la plate-forme de la gare. * Attendre sur *le quai* de la gare.

**pleumer** v.tr. (dial.) : 1. Pleumer une poule. * *Plumer* une poule.

2. Se faire *pleumer* (modif.) * Se faire *tromper, Perdre de l'argent.*

**plier** v.tr. (par confusion) : Éviter de plier les pages d'un livre pour marquer où on est rendu. * Éviter de *corner* les pages d'un livre pour marquer où on est rendu.

**plonge** n.f. (vx fr.) : Prendre une plonge dans le lac. * *Faire un plongeon* dans le lac.

**plug** (three pin) n.f. (anglic.) : * *Prise à trois fiches.*

**plug** n.f. (anglic.) : 1. Après ton bain, tire la plug de la baignoire. * Après ton bain, tire la *bonde, le bouchon* de la baignoire. 2. Il y a trois plugs électriques au mur de la cuisine. * Il y a trois *prises de courant* au mur de la cuisine. 3. La plug du grille-pain est défectueuse. * La *fiche* du grille-pain est défectueuse.

**pluguer** [plʌge] v.tr. (anglic.) : 1. Pluguer le téléviseur. * *Brancher* le téléviseur. 2. Plugger un trou. * *Colmater, Boucher* un trou.

**plumber** [plʌmər] n.m. (anglic.) : * *Plombier.*

**plywood** n.m. (anglic.) : Des murs en plywood. * Des murs en *contre-plaqué.*

**poche** n.f. (vulgaire) : * *Scrotum, Bourse* (des testicules).

**Pochetée** © n.m. (modif.) : Ils ont eu une pochetée d'enfants. * Ils ont eu *de nombreux* enfants.

**pocket book** n.m. (anglic.) : * *Livre de poche.*

**poêle** [pwɑl] n.m. (modif.) : On fait cuire les aliments sur le poêle. * On fait cuire les aliments sur *la cuisinière* (électrique).

**poêlonne** [pwɑlɔn] n.f. (can.?) : Sers-toi de la poêlonne pour faire les crêpes. * Sers-toi de la *poêle, du poêlon* pour faire les crêpes.

**pogner** voir poigner

**poigner** © v.tr. (vx fr.) : 1. Se faire poigner par la police. * Se faire *prendre* par la police. 2. Poigner une vilaine grippe. * *Attraper, Contracter* une mauvaise grippe. Le fr. st. accepte : Poignée de sel, Poignée de main, Poignée de porte.

**pognon** © n.m. (fr. fam.) Mon oncle a du pognon. * Mon oncle a *de l'argent.*

**poil** n.m. (modif.) : Manteau de poil. * Manteau de *fourrure.*

**pointage** © n.m. (can.) : Le pointage est trois à deux pour les Canadiens. * *La marque,* Le *score* ® est trois à deux pour les Canadiens.

**pois brisés** n.m. (modif.) : * Pois *concassés.*

**pois d'odeur** n.m. (can.) : * Pois *de senteur.*

**police montée** n.f. (anglic.) : * *Gendarmerie royale.*

**police** n.f. (anglic.) : En voyant la police, nous avons ralenti. * En voyant *l'agent de* police, *le policier,* nous avons ralenti. Le fr. st. accepte : La police est plus nécessaire que jamais (ensemble d'organes et d'institutions assurant le maintien de l'ordre public).

**politicien** n.m. (modif.) : Monsieur X est un politicien honnête. * Monsieur X est un *homme politique* honnête. Politicien est souvent péj. : Les politiciens tentent de se partager le pouvoir.

**poll** n.m. (anglic.) : 1. Les polls favorisent tel homme. * Les *sondages* favorisent tel homme. 2. On vote à tel poll. * On vote à tel *bureau de scrutin.*

**pommette** © n.f. (can.). Pas d'équivalent en fr. st. qui traduit par : Petite pomme de Sibérie.

**pommettier** © n.m. (can.). Pas d'équivalent en fr. st. qui traduit par : Pommier de Sibérie ®.

**ponce** © n.f. (du vx fr.) : Pour guérir une grippe, prends une bonne ponce. * Pour guérir une grippe, prends *un bon grog* ®.

**pond** [pɔnd] n.m. (anglic.) : Un pond près de la maison. * Un *étang* près de la maison.

**pool** [puːl] n.m. (anglic.) : 1. Un swimming pool. * *Une piscine.* 2. Il organise des football pools. * Il organise des *paris sur les parties de* football. 3. Ils se rendent au travail en carpool. = Ils se rendent au travail *par co-voiturage* © (can.). 4. Aimer jouer au pool. * Aimer jouer au *billard.* 5. Nous avons mis nos ressources dans un pool. * Nous avons mis nos ressources *en commun.*

**pop-corn** n.m. (anglic.) : * *Maïs soufflé.*

**popote** © n.f. (dial.) : Faire la popote. * Faire la *cuisine.*

**poque** © n.f. (dial.) : Recevoir une poque sur la face. * Recevoir *un coup à la figure.*

**poquer** © v.tr. (dial.) : Avoir la figure poquée. * Avoir la figure *marquée de coups.*

**pork chop** n.m. (anglic.) : Des pork chops délicieux. * Des *côtelettes de porcs délicieuses.*

**pork cutlet** n.m. (anglic.) : Le chef a servi des pork cutlets. * Le chef a servi des *tranches de porc.*

**porridge** n.m. (anglic.) : * *Gruau, Flocons d'avoine.*

**portable phone** n.m. (anglic.) : * *Téléphone sans fil, mobile, portatif.*

**porte de screen** n.f. (anglic.) : * Porte *moustiquaire.*

**portrait** n.m. (dial.) : Prendre un portrait avec son appareil photo. * Prendre *une photo.*

**poscarte** n.f. (anglic.) : * *Carte postale.*

**poster** [postər] n.m. (anglic.) : J'ai mis un poster dans la vitrine pour annoncer notre partie de cartes. * J'ai mis *une affi-che* dans la vitrine pour annoncer notre partie de cartes.

**postgradué(e)** adj. (anglic.) : Il fait des études postgraduées. * Il fait des études *de troisième cycle*.

**postman** [postman] n.m. (anglic.) : Le postman nous a remis un paquet recommandé. * Le *facteur* nous a remis un paquet recommandé.

**post office** n.m. (anglic.) : * *Bureau de poste*.

**pot** [pɔt] n.m. 1. (anglic.) : Il vend du pot. * Il vend *de la marijuana, de l'herbe*, du *hasch*. 2. Un pot de terre. * Un pot [po] de terre.

**pothole** n.m. (anglic.) : La route est remplie de potholes. * La route est remplie de *nids de poules*.

**potluck** adj. (anglic.) : Un repas potluck. * Un repas *à la fortune du pot, à la bonne franquette, sans façon, sans cérémonie*.

**poudrerie** © n.f. (can.) : Il y a de la poudrerie aujourd'hui au Manitoba. = Neige qui tombe en rafale.

**poule de prairie** © n.f. (can.) : * *Cupidon* (des prairies).

**poupoune** n.f. (can.) : Mettre ses poupounes pour se reposer les pieds. * Mettre ses *pantouffles* pour se reposer les pieds.

**pour le sûr** (can.) : Pour le sûr, je t'accompagnerai. * *Certainement*, je t'accompagnerai.

**pourrite** adj. (vx fr.) : Une pomme pourrite. * Une pomme *pourrie*.

**poursuire** v.tr. (vx fr.) : Il s'est fait poursuire en justice. * Il s'est fait *poursuivre* en justice.

**pousser** v.tr. (anglic.) : Il veut pousser des haricots dans son jardin. * Il veut *faire pousser, semer* des haricots dans son jardin.

**poutine** ou **poutchine** (can. métis) = Mets préparé avec des ingrédients tels que farine, mélasse, mis dans un sac avant de le déposer dans l'eau bouillante pour le faire cuire.

**pouvoir** n.m. (anglic.) : Être privé de pouvoir électrique. * Être privé de *courant* électrique.

**power cord** n.m. (anglic.) : * *Cordon d'alimentation* (électrique).

**power lock** n.m. (anglic.) : Ma voiture possède un power lock. * Ma voiture possède un *verrouillage automatique.*

**pratique** n.f. (anglic.) : Une pratique sportive. * *Un exercice sportif, Un entraînement sportif.*

**pratiquement** adv. (anglic.) : Être pratiquement certain. * Être *presque* certain.

**pratiquer** v.intr. ou pron. (anglic.) : Pour réussir au hockey, il faut pratiquer régulièrement. * Pour réussir au hockey, il faut *s'entraîner* régulièrement.

**préjudice** n.m. (anglic.) : Nourrir des préjudices envers les étrangers. * Nourrir des *préjugés* envers les étrangers. Le fr. st. accepte : Les paroles de cet homme ont porté préjudice à mon frère (lui ont fait tort).

**prélart** n.m. (modif.) : Mettre un nouveau prélart dans la cuisine. * Mettre un nouveau *linoléum* dans la cuisine.

**prendre** v.tr. ou intr. : 1. (anglic.) Prendre une marche. * *Faire* une marche. 2. (can.) Prendre la part de quelqu'un. * *Se porter à la défense* de quelqu'un. 3. (can.) Prendre quelqu'un par surprise. * *Surprendre* quelqu'un.

**prérequis** n.m. (anglic.) : La connaissance du français est un prérequis pour être accepté à ce cours. * La connaissance du français est *préalablement nécessaire* pour être accepté à ce cours.

**preset** [priːsɛt] adj. (anglic.) : Les effets sonores sont preset. * Les effets sonores sont *préprogrammés.*

**presquement** adv. (dial.) : Il a presquement terminé. * Il a *presque* terminé.

**pressure cooker** n.m. (anglic.) : Faire cuire des légumes dans un pressure cooker. * Faire cuire des légumes dans un *auto-cuiseur, une cocotte* (minute).

**pretzel** n.m. (anglic.) : * *Bretzel.*

**preview** n.m. (anglic.) : Un preview du prochain film. * Un *aperçu, Une avant-première* du prochain film.

**prime** [prĭm] adj. (dial.) : Il est prime ce matin. * Il *s'emporte facilement* ce matin.

**primer** [prajmər] n.m. (anglic.) : Appliquer d'abord un primer sur le mur. * Appliquer d'abord *une couche d'apprêt, une sous-couche* sur le mur.

**principal(e)** n.m. ou f. (anglic.) : Le principal du Collège Louis-Riel. * Le *directeur* du Collège Louis-Riel.

**printer** [prĭntər] n.m. (anglic.) : L'ordinateur est accompagné d'un printer. * L'ordinateur est accompagné d'*une imprimante.*

**profiter** v.intr. (fr. fam.) : Ton fils profite bien. * Ton fils *grandit, se développe.*

**projet** n.m. (anglic.) : Le coût du projet de construction. * Le coût *des grands travaux* de construction. Le fr. st. accepte : Étudier le projet de construction d'une nouvelle route.

**prolongation** n.f. (modif.) : Procéder à la prolongation de l'autoroute. * Procéder *au prolongement* (action de prolonger dans l'espace). Le fr. st. accepte : Prolongation du congé (action de prolonger dans le temps). Prolongation d'une période au hockey.

**prostrate** n.f. (déform.) : * *Prostate.*

**pu** adv. (vx fr.) : Nous n'avons pu d'argent. * Nous n'avons *plus* d'argent.

**puck** n.f. (anglic.) : * *Rondelle, Disque.*

**puddle** n.m. (anglic.) : J'ai traversé un puddle d'eau. * J'ai traversé *une flaque* d'eau.

**puff** n.m. (anglic.) : Il aime faire du puff. * Il aime *se vanter.*

**puffed wheat** n.m. (anglic.) : * *Blé soufflé.*

**punchbag** n.m. (anglic.) : Il s'exerce sur un punchbag pour devenir boxeur. * Il s'exerce sur un *sac de sable* pour devenir boxeur.

**puncher** [pʌntʃe] v.tr. (anglic.) : Faire puncher son billet avant de monter dans le train. * Faire *poinçonner, composter* son billet avant de monter dans le train.

**puppy** (anglic.) : 1. n.m. Un puppy. * Un *chiot.* 2. adj. Puppy love. * *Premier amour, Amourette d'adolescent.*

**purse** n.f. (anglic.) : Déposer sa trousse de maquillage dans sa purse. * Déposer sa trousse de maquillage dans *son sac à main.*

**push-button** n.m. (anglic.) : Nous avons installé un push-button à la porte. * Nous avons installé un *poussoir, un bouton* à la porte.

**pusher** [pŭʃər] n.m. (anglic.) : Le pusher sera puni. * Le *revendeur de drogue* sera puni.

**puzzle** ® n.m. (anglic.) : 1. Cette histoire est un puzzle pour moi. * Cette histoire est *une énigme, un mystère.* 2. (jeu) Je fais un puzzle qui représente un château. * Je fais un *casse-tête.* Le fr. st. accepte : puzzle ®. 3. (jeu) Il s'amuse à faire un crossword puzzle. * Il s'amuse à faire *des mots croisés.*

# Q

**quart** [kwɑrt] n.f. (anglic.) : J'ai acheté une quart de lait. * J'ai acheté *un litre* (région. québ. : pinte).

**quart** [kɑr] n.m. (modif.) : J'ai acheté un quart de vin. * J'ai acheté un *petit baril, tonneau* (contenant le quart d'une barrique = de 200 à 250 litres suivant les régions vinicoles).

**quasiment** adv. (fam. ou région.) : Être quasiment fou. * Être *presque* fou.

**quate** adj. num. (dial.) : Élever quate enfants. * Élever *quatre* enfants.

**quatz** adj. numér. : Nous avons tendance à vouloir donner la forme du pluriel aux adjectifs numéraux tels que quatre, cinq, sept, huit et neuf, d'où la liaison « z » entre cet adj. et le mot qui suit ; ils doivent demeurer au singulier puisque le pluriel est déjà exprimé dans l'adjectif : Elle a quat(z) enfants. * Elle a *quatre* enfants.

**que** conj. (dial.) : 1. Comment que tu te portes? * Comment *vas-tu?* 2. pron. rel. dir. (par confusion) : La façon qu'il me regarde. * La façon *dont* il me regarde.

**quéqu'un** pron. (vx.fr.) : Quéqu'un s'est blessé. * *Quelqu'un* s'est blessé.

**questionner** v.tr. (anglic.) : Questionner l'honnêteté du maire. * *Mettre en doute* l'honnêté du maire. Le fr. st. accepte : Questionner un élève pour évaluer ses connaissances.

**quète** adj. (dial.) : Avoir quète chose à dire. * Avoir *quelque* chose à dire.

**quêteux** adj. ou n. (vx fr.) : Les quêteux deviennent riches. * Les *quêteurs*, Les *mendiants* deviennent riches.

**queuques** adj. (dial.) : Queuques personnes. * *Quelques* personnes.

**quindre** v.tr. (dial.) : Quindre la corde. * *Tenir* la corde.

**quiz** n.m. (anglic.) : Nous créons un quiz portant sur les villes du Canada. * Nous créons un *jeu-concours* portant sur les jeux du Canada.

**quu** n.f. (can. métis) : La quu de l'animal. * La *queue* de l'animal.

# R

**rabâter** © v.tr. (dial.) : Toujours à rabâter la même histoire. * Toujours à *rabâcher* la même histoire.

**raccage** n.m. (anglic.) : Être témoin du raccage de sa maison. * Être témoin de *la destruction*, *la dévastation* de sa maison.

**raccoon** n.m. (anglic.) : La fourrure des raccoons est précieuse. * La fourrure des *ratons-laveurs* est précieuse.

**raccorder(se)** v.pron. (modif.) : Se raccorder avec sa soeur. * Se *réconcilier* avec sa soeur.

**raccourcir(se)** v.pron. (dial.) : Emprunter telle route pour se raccourcir. * Emprunter telle route pour *prendre un raccourci*.

**racetrack** n.m. (anglic.) : Les chevaux auront de la difficulté. Le racetrack est boueux. * Les chevaux auront de la difficiculté. Le *champ de course* est boueux.

**racheter** v.tr. (modif.) : Devoir racheter de la farine. * Devoir *acheter* de la farine. Le fr. st. accepte : Je vais racheter la maison que j'ai vendue (acheter une chose que l'on a déjà vendue).

**racket** [rakət] n.m. (anglic.) : 1. Les jeux de hasard sont un vrai racket. * Les jeux de hasard sont *une vraie escroquerie*. 2. Le racket des voitures volées. * Le *trafic* des voitures volées. 3. Une racket de tennis. * Une *raquette* de tennis.

**raclée** n.f. (fr. fam.) : Recevoir une raclée. * Recevoir une *volée de coups*, une *correction*, une *rossée*.

**rac'mmoder** v.tr. (dial.) : Rac'mmoder un pantalon. * *Raccommoder* un pantalon.

**racoin** © n.m. (dial.) : Le racoin d'un grenier. * Le *recoin* d'un grenier.

**racotiller(se)** v.pron. (de racoquiller, dial.) : Se racotiller dans un coin * Se *recroqueviller* dans un coin.

**raculer** v.intr. (dial.) : Raculer dans une porte de garage. * *Reculer* dans une porte de garage.

**radoteux(euse)** n. (vx fr.) : * *Radoteur(euse)*.

**rafistoler** © v.tr. (fr. fam.) : Il occupe son temps à rafistoler des meubles. * Il occupe son temps à *réparer* des meubles.

**ragoton** © n.m. (dial.) : Il est maigre et petit, c'est un vrai ragoton. * Il est maigre et petit, c'est un vrai *rogaton*.

**raincoat** n.m. (anglic.) : Mets ton raincoat car il pleut. * Mets ton *imperméable*, ton *ciré* car il pleut.

**raise** [rez] n.f. (anglic.) : Une raise de salaire. * Une *augmentation* de salaire.

**ramancher** v.tr. (vx fr.) : Ramancher une chaise. * *Réparer* une chaise.

**ramancheur** n.m. (modif.) : Aller voir un ramancheur parce qu'on s'est foulé le poignet. = Aller voir un rebouteur (fr. fam.). * Aller voir un *guérisseur*.

**ramasser** v.tr. (dial.) : Ramasser de l'argent pour les pauvres. * *Recueillir* de l'argent pour les pauvres. Le fr. st. accepte : Ramasser les ordures, le foin, les cahiers.

**rapâiller** © v.tr. (can.?) : Il est temps de rapâiller les enfants et de partir. * Il est temps de *rassembler* les enfants et de partir.

**rape** [rep] n.m. (anglic.) : 1. Commettre un rape. * Commettre un *viol*. 2. Semer du rape. * Semer du *colza*.

**raper** [repe] v.tr. (anglic.) : Raper une jeune fille. * *Violer* une jeune fille.

**rapport d'impôts** n.m. (anglic.) : * *Déclaration d'impôts, de revenus*.

**raque** n.m. (anglic.) : 1. Pour transporter le foin, on se sert d'un raque. * Pour transporter le foin, on se sert d'un *râtelier*. 2. Nous avons un raque à bagage sur la voiture. * Nous avons un *porte-bagage* sur la voiture. 3. Un raque pour la vaisselle. * Un *égouttoir* pour la vaisselle.

**raqué** adj. (anglic.) : Être raqué. * Être *épuisé, fatigué, courbaturé*.

**raser** v.intr. (modif.) : Mon ami a rasé de gagner le gros lot. * Mon ami a *presque* gagné le gros lot. Le fr. st. accepte : L'oiseau a rasé le sol.

**rash** n.m. (anglic) : Souffrir d'un rash sur les cuisses. * Souffrir d'*une éruption, de taches rouges* sur les cuisses.

**rassir** v.tr. (dial.) : Il faut souvent rassir cet élève. * Il faut souvent *rasseoir* cet élève.

**ratoureux** © n.m. ou adj. (can.) : Prends garde, c'est un ratoureux. * Prends garde, c'est un *enjôleur*, un *espiègle*, un *rusé*.

**ravauder** v.intr. (dial.) : Aimer ravauder dans les parcs. * Aimer *rôder*, *vagabonder* dans les parcs.

**ravigoter(se)** © v.pron. (fr.pop.) : Prendre un verre pour se ravigoter. * Prendre un verre pour se *revigorer*.

**real estate** n.m. (anglic.) : Le real estate est à la hausse. * *Les propriétés immobilières* sont à la hausse, Le *marché immobilier*, L'*immobilier* est à la hausse.

**receiver** n.m. (anglic.) C'est par le receiver (téléphone) que tu entends la voix de ton interlocuteur. * C'est par le *combiné* que tu entends la voix de ton interlocuteur.

**recevant** adj. (can.) : Une personne recevante. * Une personne *accueillante*.

**recliner** [riːklajnər] n.m. (anglic.) : Avoir un fauteuil recliner. * Avoir un fauteuil *inclinable, à dossier réglable*.

**record** [rəkɔr] n.m. (anglic.) : 1. Je possède encore plusieurs vieux records. * Je possède encore plusieurs vieux *disques* (microsillons ou disques de longue durée). 2. Nous avons son record au bureau. * Nous avons son *dossier* au bureau.

**recorder** [riːkɔrdər] n.m. (anglic.) : Un tape recorder coûteux. * Un *magnétophone* coûteux.

**recouvrir** v.tr. (anglic.) : Recouvrir la santé. * *Recouvrer* la santé. Le fr. st. accepte : Recouvrir un fauteuil à neuf.

**red currant** n.m. (anglic.) : On fait de la gelée avec des red currants. * On fait de la gelée avec des *groseilles rouges*.

**reel** n.m. (anglic.) : 1. Le reel du boyau d'arrosage est cassé. * Le *dévidoir* du boyau d'arrosage est cassé. 2. Le reel de la canne à pêche. * Le *moulinet* de la canne à pêche.

**réenforcer** v.tr. (anglic.) : Il faut réenforcer la boîte. * Il faut *renforcer* la boîte.

**refill** n.m. (anglic.) : 1. Remplacer le refill de son stylo. * Remplacer *la cartouche* de son stylo. 2. Un refill d'essence. * Un *plein d'essence*.

**refouler(se)** v.pron. (modif.) : Se refouler la cheville. * Se *fouler* la cheville, Se *donner une entorse à* la cheville.

**refrédir** v.tr. ou intr. (dial.) : La température refrédit. * La température *refroidit*.

**refund** n.m. (anglic.) : Ce magasin n'accepte pas de refund sur un vêtement. * Ce magasin n'accepte pas de *remboursement* sur un vêtement.

**regardant** adj. (modif.) : Ne t'en fais pas, elle n'est pas regardante. * Ne t'en fais pas, elle n'est pas *difficile*.

**regarder** v. impers. ou intr. (anglic.) : 1. Ça regarde mal pour les récoltes. Il n'y a pas de pluie. * Ça *se présente* mal, Ça *ne paraît pas bien*. 2. Elle regarde mal. * Elle *ne semble pas être bien*. 3. Il regarde comme son père. * Il *ressemble à* son père. 4. Regarder à un problème. * *Étudier*, *Examiner* un problème.

**régisse** n.m. (dial.) : S'inscrire au régisse. * S'inscrire au *registre*.

**rejoindre** v.tr. (par confusion) : Je l'ai rejoint au téléphone. * Je l'ai *joint* au téléphone. Le fr. st. accepte : Rejoindre un parti politique, Rejoindre l'armée, Rejoindre les enfants en vacances.

**relief** n.m. (anglic.) : Être sur le relief. * *Recevoir de l'assistance sociale, Recevoir des prestations sociales*.

**remettre** v.tr. (par confusion) : Remettre l'argent qu'on doit. * *Rendre*, *Rembourser* l'argent qu'on doit. Le fr. st. accepte : Remettre une dette à quelqu'un = Faire grâce d'une dette, Remettre une robe, Prendre un médicament pour se remettre.

**remote control** n.m. (anglic.) : Se servir du remote control pour changer de chaîne de télévision. * Se servir *de la télécommande*.

**remover** [riːmuvər] n.m. (anglic.) : Enlever des taches avec du remover. * Enlever des taches avec du *détachant, dissolvant* (pour vernis), *décapant* (pour peinture).

**rempirer** v.intr. (dial.) : Une situation qui rempire. * Une situation qui *empire*.

**remplumer(se)** © v.pron. (fam.) : Il est trop maigre, il a besoin de se remplumer. * Il est trop maigre, il a besoin de *reprendre du poids*.

**renchausser** v.tr. (dial.) : Renchausser les pommes de terre. * *Rechausser* les pommes de terre.

**renipper(se)** © v.pron. (dial.) : La visite va arriver. Renippe-toi un peu. * La visite va arriver. *Habille-toi convenablement*.

**renouveler** v.tr. (anglic.?) : Veux-tu me renouveler la mémoire. * Veux-tu me *rafraîchir* la mémoire.

**rentourer** v.tr. (dial.) : Rentourer un jardin d'une clôture. * *Entourer* un jardin d'une clôture.

**rentourner** v.intr. (dial.) : C'est le temps de se rentourner chez nous. * C'est le temps de *s'en retourner* chez nous.

**rentrer** v.tr. ou intr. (par confusion) : C'est la première fois qu'il rentre dans cette école. * C'est la première qu'il *entre* dans cette école. Le fr. st. accepte : Rentrer = Entrer de nouveau.

**rénumérer** v.tr. (par confusion) : Il faut le rénumérer pour son travail. * Il faut le *rémunérer* pour ce travail.

**renvoirai** v.tr. ind. prés. (dial.) : Je renvoirai le colis. * Je *renverrai* le colis.

**renvoyer** v.tr. ou intr. (can.) : Renvoyer son déjeuner. * *Vomir*, *Rendre* son déjeuner.

**réparage** n.m. (déform.) : Je fais moi-même les réparages de ma maison. * Je fais moi-même les *réparations* de ma maison.

**repêcher** v.tr. (dial.) : Repêcher sa voiture dans la forêt. * *Retrouver* sa voiture dans la forêt. Le fr. st. accepte : La voiture était dans la rivière, nous l'avons repêchée.

**repellant** [riːpɛlənt] n.m. (anglic.) : Du repellant pour les mouches. * Du *chasse-mouche*.

**répétable** adj. (vx fr.) : Une rumeur qui n'est pas répétable. * Une rumeur qui *ne peut être répétée*.

**répéter** v.tr. (anglic.) : Répéter une classe. * *Redoubler* une classe.

**répond** part. passé (vx fr.) : Il n'a pas répond. * Il n'a pas *répondu*.

**répondre** v.tr. ind. (anglic.) : Répondre à la porte. * *Ouvrir* la porte. Le fr. st. accepte : Répondre au téléphone.

**requiendre** v.tr. (dial.) : Essaie de requiendre les chevaux. * Essaie de *retenir* les chevaux.

**résoud** part. passé (dial.) : Ne pas avoir résoud le problème. * Ne pas avoir *résolu* le problème.

**respir** n.m. (dial.) : Son respir est lent. * *Sa respiration* est *lente*.

**rester** v.intr. (dial.) : Mon frère reste à Lourdes depuis cinq ans. * Mon frère *demeure* à Lourdes, *habite* Lourdes.

**retirer(se)** v.pron. (anglic.) : Se retirer après trente ans de travail. * *Prendre sa retraite* après trente ans de travail. Le fr. st. accepte : Je me retire chez moi, Je me retire de cette activité.

**retourner** v.tr. (anglic.) : Je dois retourner (télécom) son appel. * Je dois *le rappeler*.

**réusable** adj. (anglic.) : Du papier réusable. * Du papier *réutilisable*.

**revange** n.f. (vx fr. et anglic.) : Prendre sa revange. * Prendre sa *revanche*.

**revel** n.m. (anglic.) : Déguster un revel quand il fait chaud. * Déguster un *esquimau*.

**reverse** [riːvərs] n.m. (anglic.) : Mettre l'embrayage sur le reverse. * Mettre l'embrayage *en marche arrière*.

**rev'là** prép. (dial.) : Le rev'là encore ici. * Le *voici* encore.

**revoler** v.intr. (modif.) : Il a fait revoler le bouchon en l'air. * Il a *projeté* le bouchon en l'air.

**rewind** v.tr. (anglic.) : Rewinder l'horloge. * *Remonter* l'horloge.

**ride** [rajd] n.f. (anglic.) : 1. Aller prendre une ride en voiture.

* Aller *faire une promenade*, une *randonnée* en voiture. 2. Donner une ride à sa mère. * *Emmener* sa mère. 3. Avoir une ride en hélicoptère. * *Faire un tour* en hélicoptère. 4. C'est ma première ride en Rolls Royce. * C'est ma première *randonnée* en Rolls Royce. 5. Prendre une ride en train. * *Faire un voyage* en train.

**rim** n.m. (anglic.) : 1. Il ne reste plus que le rim de la roue. * Il ne reste plus que *la jante* de la roue. 2. Le rim des lunettes. * *La monture* des lunettes.

**rink** n.m. ( anglic.) : La partie de hockey a lieu au skating rink. * La partie de hockey a lieu *à la patinoire*.

**rinquier** n.m. (can.) : Avoir mal au rinquier. * Avoir mal *aux reins*.

**ripe** [rĭp] n.f. (dial.) : Pour isoler la maison, nous avons mis de la ripe entre les murs. * Pour isoler la maison, nous avons mis *des copeaux dans* les murs.

**risent** v.intr. (dial.) : Ils risent de nous. * Ils *rient* de nous.

**risquer** v.tr. ind. (par confusion) : Acheter plusieurs billets pour avoir plus de risques de gagner. * Acheter plusieurs billets pour avoir de *meilleures chances* de gagner. Le fr. st. accepte : Il risque de perdre sa propriété. = Il met en danger sa propriété.

**roche** n.f. (dial.) : Lancer une roche. * Lancer *un caillou*, une *pierre*. Une roche est trop lourde pour être lancée.

**rocket** n.m. (anglic.) : Lancer un rocket de détresse. * Lancer *une fusée, une roquette* de détresse.

**rod** [rɔd] n.f. (anglic.) : Une rod pour les rideaux. * Une *tringle à* rideaux. 2. Une fishing rod. * Une *canne à pêche*.

**rognon** n.m. (vx fr. ou région.) : Avoir mal aux rognons. * Avoir mal aux *reins*. Rognon s'emploie pour un animal et non pour un être humain.

190

**roller blade** n.m. ou f. (anglic.) : Les roller blades sont populaires.
* Les *patins en ligne*, *patins à roues alignées* sont populaires.

**roller board** n.m. (anglic.) : C'est la mode pour les jeunes de faire du roller board. * C'est la mode pour les jeunes de faire *de la planche à roulettes*.

**roller coasters** n.m. (anglic.) : C'est très excitant d'aller en roller coasters. * C'est très excitant d'aller en *montagnes russes*.

**roller skates** n.m. (anglic.) : Les jeunes font des pirouettes en roller skates. * Les jeunes font des pirouettes en *patins à roulettes*.

**roller towel** n.m. (anglic.) : Les roller towels sont commodes dans la cuisine. * Les *rouleaux essuie-mains* sont commodes dans la cuisine.

**ronde** n.f. (anglic.) : 1. L'équipe a été vaincue en trois rondes. * L'équipe a été vaincue en trois *parties*. 2. Il a reçu une ronde. * Il a reçu une *réprimande*, une *volée de coups,* une *correction*.

**rookie** n.m. (anglic.) : Il est un rookie au hockey. * Il est *une nouvelle recrue* au hockey.

**roomer** [ruːme] v.intr. (anglic.) : Roomer avec un ami. * *Loger* avec un ami.

**rotary dial** adj. (anglic.) : Un téléphone rotary dial est moins pratique. * Un *téléphone à cadran* est moins pratique.

**roti** [rɔti] n.m. (dial.) : Un rôti [roti] de boeuf.

**rototiller** [rototĩlər] n.m. (anglic.) marque déposée : Utiliser un rototiller pour labourer. * Utiliser un *motoculteur* pour labourer.

**rouâpe** n.f. (can. métis) : On nettoyait l'étable avec une rouâpe. * On nettoyait l'étable avec *un racloir*, une *gratte*, *un grattoir*.

**roue** n.f. (can.) : En voiture, préférer être à la roue. * En voiture, préférer être *au volant*.

**roueillure** ou **revoyure** n.f. (dial.) : À la roueillure. * *Au revoir.*

**rough** adj. (anglic.) : 1. Avoir la peau rough. * Avoir la peau *rugueuse.* 2. Un homme rough. * Un homme *brutal, violent.* 3. Voisinage rough. * *Mauvais* voisinage. 4. Une mer rough. * Une mer *agitée, houleuse.* 5. Un sport rough. * Un sport *brutal.* 6. Des garçons rough. * Des garçons *durs.* 7. Du tissu rough. * Du tissu *rugueux.* 8. Une épreuve rough. * Une épreuve *pénible.* 9. Un terrain rough. * Un terrain *accidenté.*

**roulotte** © n.f. (vx fr.) : Voyager en roulotte pendant les vacances. * Voyager en *caravane de camping* pendant les vacances.

**rouspéter** © v.intr. (fr. fam.) : Toujours rouspéter. * Toujours *grogner, se plaindre.*

**routi** n.m. (vx fr.) : Un routi de veau. * Un *rôti* de veau.

**royalties** n.m. (anglic.) : Un livre pour lequel j'ai cédé mes royalties. * Un livre pour lequel j'ai cédé mes *droits d'auteur.*

**r'ssoude** v.intr. (modif. du dial.) : Nous étions couchés quand il a r'ssoud. * Nous étions couchés quand il *est arrivé.*

**r'tiendre** v.tr. ou pron. (dial.) : Pouvoir se r'tiendre. * Pouvoir se *retenir.*

**rubbers** n.m. (anglic.) : Nous étions si pauvres que nous portions des rubbers en hiver. * Nous étions si pauvres que nous portions des *bottes de caoutchouc* en hiver.

**ruine-babines** n.m. (can.) : * *Harmonica* = can. : *Musique à bouche.*

**rumpus room** n.f. (anglic.) : Nous avons installé une table de billard dans la rumpus room. * Nous avons installé une table de billard dans la *salle de jeux.*

**run** n.f. (anglic.) : 1. Gagner la run. * Gagner la *course.* 2. Un camelot qui fait sa run pour le *Winnipeg Free Press.* * Un camelot qui fait sa *tournée* pour le *Winnipeg Free Press.*

3. Avoir une run dans son bas. * Avoir une *maille qui file*, Avoir une *échelle* dans son bas.

**runner** [rʌne] v.tr. ou intr. (anglic.) : Aimer runner les étudiants. * Aimer *diriger*, *conduire* les étudiants.

**running shoes** n.m. (anglic.) : = *Chaussures de sports*. Le fr. st. emprunte à la langue anglaise des termes tels que baskets ® ou tennis ®.

**runway** n.m. (anglic.) : L'avion ne pourra pas décoller. Le runway est couvert de verglas. * *La piste de roulement* est *couverte* de verglas.

**rush** n.m. (anglic.) : Tout un rush à l'heure de pointe. * Toute *une course*, *une ruée* à l'heure de pointe.

**Russien** n.m. (anglic.) : Les Russiens ont remporté la victoire. * Les *Russes* ont remporté la victoire.

**rustproof** adj. (anglic.) : 1. Cette peinture est rustproof. * Cette peinture est *antirouille*. 2. Ce tuyau de métal est rustproof. * Ce tuyau de métal est *inoxidable*.

**rut** [rʌt] n.f. (anglic.) 1. La route est couverte de ruts. * La route est couverte *d'ornières*. 2. Il vit dans une rut. * Il vit dans une *routine*.

**rye** n.m. (anglic.) : Un champ de rye. * Un champ de *sègle*.

# S

**sacrant** (can.) : 1. adv. : Reviens au plus sacrant. * Reviens au plus *vite*. 2. adj. : C'est sacrant d'avoir eu cet accident. * C'est *fâcheux, choquant* d'avoir eu cet accident.

**sacrer** v.tr. (can.) : 1. Se faire sacrer dehors pour mauvaise conduite. * Se faire *mettre à la porte* pour mauvaise conduite. 2. Sacrer une gifle. * *Donner, Appliquer* une gifle.

**safe** © [saf] adj. (modif. du dial.) : Un homme très safe. * Un homme très *glouton, gourmand*.

**safe** [sef] adj. ou n. (anglic.) : 1. Être safe dans sa résidence. * Être *en sécurité* dans sa résidence. 2. Être safe au premier but. * Être *sauf* au premier but. 3. Déposer son argent dans un safe. * Déposer son argent dans un *coffre-fort*. 4. Une voiture qui est safe. * Une voiture qui est *sécuritaire*.

**sage** [sedʒ] n.m. (anglic.) : Un peu de sage dans la soupe. * Un peu de *sauge* dans la soupe.

**salade** n.f. (par confusion) : Aller chercher de la salade au jardin. * Aller chercher de la *laitue* au jardin. La laitue sert à faire la salade.

**salad dressing** n.f. ou m. (anglic.) : * *Vinaigrette*.

**salaire** n.m. (générique de toute rémunération convenue à l'avance) : 1. Le salaire d'un artiste. * Le *cachet, La rému-nération* d'un artiste. 2. Le salaire d'un avocat, d'un médecin. * *Les honoraires* (rétribution variable) d'un avocat, d'un médecin. 3. Le salaire d'un employé. * *La paye, La paie* d'un employé. 4. Le salaire d'un fonctionnaire. * Le *traitement* d'un fonctionnaire. Le fr. st. accepte salaire au sens large : À travail égal, salaire égal, Salaire d'un travail, Salaire minimum.

**sale** [sal] adj. : Comme plusieurs adjectifs tels que pauvre, sérieux et ancien, sale prend un différent sens selon qu'il est placé avant ou après le nom qu'il qualifie. C'est un sale homme. = C'est un homme *désagréable, mauvais, méchant.* C'est un homme sale = *malpropre, crasseux.*

**sale** [sel] n.f. (anglic.) : 1. Une robe en sale. * Une robe en *solde.* 2. Cette maison est en sale. * Cette maison est en *vente.*

**saligaud** © n.m (fr. fam.) : C'est un saligaud. * un *homme malhonnête, répugnant.*

**salle à dîner** n.f. (anglic.) : * Salle *à manger.*

**sample** [sɛmpl] n.m. (anglic.) : Un sample de laine. * Un *échantillon* de laine.

**sandblasting** n.m. (anglic.) : On fait du sandblasting à la façade de cet édifice. * On fait du *décapage à la sableuse,* du *ravalement* à la façade de cet édifice.

**saprement** adv. (can.) : Être saprement content. * Être *très* content.

**saranwrap** n.m. (anglic.) marque déposée : * *Film alimentaire* (transparent).

**saskatoon** n.f. (anglic.) : Chaque été nous cueillons des saskatoons. = Chaque été nous cueillons des *poirettes* ou petites poires (can.) ©.

**satchel** n.m. (anglic.) : * *Sac de voyage.*

**sauce aux pommes** n.f. (anglic.) : Du porc nappé de sauce aux pommes. * Du porc nappé de *compote* aux pommes.

**savage** [savaʒ] n.m. (can. métis) : * *Sauvage.*

**save** [sav] v.tr. subj. prés. (dial.) : Il faut qu'il le save. * Il faut qu'il le *sache*, que je le *sache*, que tu le *saches*, que nous le *sachions*, que vous le *sachiez*, qu'ils le *sachent*.

**scab** n.m. (anglic. péj.) : Les scabs sont entrés à l'usine. * Les *briseurs de grève* sont entrés à l'usine.

**scallion** [skaljən] n.m. (anglic.) : Une sauce aux scallions * Une sauce aux *échalotes* .

**scallop** n.m. (anglic.) : Une soupe aux scallops. * Une soupe aux *pétoncles.*

**scalloped** adj. (anglic.) : Pommes de terre scalloped. * Pommes de terre *gratinées, au gratin.*

**scampi** n.f. (anglic.) : La chair des scampi est délicieuse. * La chair *des langoustines* est délicieuse.

**scapegoat** n.m. (anglic.): Mon ami n'est que le scapegoat dans ce scandale. * Mon ami n'est que le *bouc émissaire* dans ce scandale.

**scarecrow** n.m. (anglic.) : Nous avons un scarecrow pour effrayer les oiseaux. * Nous avons un *épouvantail* pour effrayer les oiseaux.

**scarf** n.m. (anglic.) : Porter un scarf agencé à son manteau. * Porter un *foulard* agencé à son manteau.

**schedule** [skɛdjul] n.f. ou m. (anglic.) : 1. Quelle est la schedule de la réunion? * Quel est *l'horaire, l'ordre du jour* de la réunion? 2. Je vais consulter mon schedule pour voir si je suis libre. * Je vais consulter mon *calendrier, mon agenda.*

**scientiste** n.m. (anglic.) : Obternir un diplôme de scientiste après quatre ans. * Obtenir un diplôme de *scientifique* après quatre ans. Le fr. st. accepte scientiste pour celui qui prétend résoudre les problèmes philosophiques par la science.

**scorekeeper** n.m. (anglic.) : Le scorekeeper s'est trompé dans le pointage. * Le *marqueur* s'est trompé dans le pointage.

**scorer** v.tr. ou intr. (anglic.) : Scorer un but au hockey. * *Marquer, Compter* un but au hockey.

**scotch tape** n.m. (anglic.) : * *Ruban adhésif, Adhésif.*

**scrap** n.m. (anglic.) : 1. Nous avons donné le scrap du sous-sol aux pauvres. * Nous avons donné le *rebut* du sous-sol aux pauvres. 2. Ma voiture n'est plus que du scrap. * Ma voiture n'est plus que *de la ferraille.*

**scrapbook** n.m. (anglic.) : * *Album* (de coupures de journaux).

**scrap paper** n.m. (anglic.) : * *Papier brouillon.*

**scraper** [skrepər] n.m. (anglic.) : * *Racloir, Grattoir, Gratte.*

**scraper** [skrepe] v.tr. (anglic.) : 1. Scraper la peinture du bureau. * *Gratter* la peinture du bureau, *Décaper le* bureau. 2. Se scraper le genou. * *S'érafler* le genou.

**scratch** n.m. (anglic.) : 1. Un scratch sur le visage. * *Une égratignure, Une éraflure* sur le visage. 2. Un scratch sur le disque. * *Une rayure* sur le disque.

**scratcher** [skratʃe] v.tr. (anglic.) : Il faut scratcher la carte pour voir si on a gagné. * Il faut *gratter* la carte pour voir si on a gagné.

**screen** n.m. (anglic.) : 1. Placer un screen à la fenêtre. * Placer *une toile moustiquaire* à la fenêtre. 2. Ce cinéma possède un screen immense. * Ce cinéma possède un *écran* immense.

**screw** n.m. (anglic.) : Un screw est tombé de la table * *Une vis* est *tombée* de la table.

**screw driver** n.m. (anglic.) : Parmi les outils, tu vas trouver le screw driver. * Parmi les outils, tu vas trouver le *tourne-vis.*

**scrubber** [skrɔbe] v.tr. ou intr. (anglic.) :
1. Scrubber le plancher chaque samedi.
* *Brosser*, *Nettoyer* le plancher chaque
samedi. 2. Avant de semer, devoir scrubber
la terre. * Avant de semer, devoir
*défricher*, *débroussailler* la terre.

**scuba** n.m. (anglic.) : Je me suis acheté un scuba. * Je me suis
acheté un *scaphandre*.

**scuba diving** n.m. (anglic.) : Apprendre à faire du scuba diving
dans l'eau profonde. * Apprendre à faire *de la plongée sous-
marine* dans l'eau profonde.

**sculpture** [skylptyr] n.f. (prononciation anglaise) : En français,
on ne prononce pas la lettre « p ».

**seafood** n.m. (anglic.) : Se faire servir du seafood. * Se faire
servir *des fruits de mer*.

**seagull** n.m. ou f. (anglic.) : Les seagulls sont une espèce en
voie d'extinction. * Les *mouettes* sont une espèce en voie
d'extinction.

**seal** n.m. (anglic.) : Les seals sont nombreux sur cette banquise.
* Les *phoques* sont nombreux sur cette banquise.

**sealer** [siːlər] n.m. (anglic.) : Conserver des fruits dans des
sealers. * Conserver des fruits dans des *bocaux*.

**sèche** adj. (du dial.) : Le terrain est sèche. * Le terrain est *sec*.

**second** adj. ou n. (modif.) : Nous étions dix dans la course et je
suis arrivé second. * Nous étions dix dans la course et je
suis arrivé *deuxième*. On emploie second lorsqu'il n'y a que
deux objets ou deux possibilités.

**seconde main** n.f. (anglic.) : C'est une voiture de seconde main.
* C'est une voiture *d'occasion*, une voiture *usagée*.

**seconder** v.tr. (anglic.) : Seconder une proposition. * *Appuyer* une propositon. Le fr. st. accepte : Seconder quelqu'un dans sa tâche.

**secouée** n.f. (dial.) : Donner une secouée à un étudiant. * Donner une *réprimande* à un étudiant.

**secoupée** ou **soucoupée** n.f. (can.) : Servir une secoupée de lait au chat. * Servir une *soucoupe* de lait au chat.

**secousse** n.f. (dial.) : Attendre une bonne secousse. * Attendre *longtemps*.

**section** © n.f. (can.) : Une section de terre. = Un morceau de terre d'un mille carré.

**sécure** adj. (anglic.) : Une résidence où les aînés sont sécures. * Une résidence où les aînés sont *en sécurité, sans inquiétude*.

**seineux** n.m. (can. métis) : = Un homme qui aime boire aux dépens des autres.

**semi-finales** n.f. (anglic.) : Jouer dans les semi-finales de baseball. * Jouer dans les *demi-finales* de baseball.

**sénior** n.m. (anglic.) : C'est Raymond sénior qui est médecin. * C'est Raymond *père* qui est médecin.

**séniorité** n.f. (anglic.) : Sa séniorité lui a valu le poste. * Son *ancienneté* lui a valu le poste.

**sensitif(ive)** adj. (anglic.) : Elle est très sensitive. * Elle est très *sensible, On peut la blesser facilement*.

**sensitivité** n.f. (anglic.) : La sensitivité d'un artiste. * La *sensibilité* d'un artiste.

**sentence** n.f. (anglic.) : Ce petit garçon peut écrire de belles sentences. * Ce petit garçon peut écrire de belles *phrases*.

**senteur** n.f. (can.) : Un vaporisateur sans senteur. * Un vaporisateur sans *arôme*, sans *odeur*.

**senteux(euse)** © n. ou adj. (dial.) : Un senteux. * Un *écornifleur, curieux*.

**sentir** v.intr. (dial.) : Se complaire à sentir. * Se complaire à *écornifler*.

**séparateur** n.m. (anglic.) : Le séparateur dépouille le lait de la crème. * *L'écrémeuse* dépouille le lait de la crème.

**séparer** v.tr. (par confusion) : Les enfants vont se séparer l'héritage. * Les enfants vont se *diviser,* se *partager* l'héritage. Le fr. st. accepte : Une mère séparée de ses enfants.

**sèque** adj. (dial.) : La terre est sèque. * La terre est *sèche*.

**séraphin** n.m. (can.) : Un séraphin ©. * Un *avare*, Un *harpagon*, Un *radin*.

**sercler** v.tr. (dial.) : Sercler le jardin pour enlever les mauvaises herbes. * *Sarcler* le jardin pour enlever les mauvaises herbes.

**serré** adj. (can.) : Une personne serrée. * Une personne *avare, économe*.

**serrer** © v.tr. (vx fr.) : Serrer son argent dans un tiroir. * *Ranger* son argent dans un tiroir.

**serviable** adj. (dial.) : Des objets qui ne sont pas serviables. * Des objets *inutilisables*.

**set** [sɛt] n.m. (anglic.) : 1. Acheter un set de vaisselle. * Acheter un *service* de vaisselle. 2. Offrir un set d'ustensiles de cuisine. * Offrir une *batterie* de cuisine. 3. Changer son set de salle à manger. * Changer son *mobilier*, son *ensemble* de salle à manger. 4. Un set de clefs. * Un *trousseau* de clefs.

**setback** n.m. (anglic.) : L'incendie de son magasin est un setback pour lui. * L'incendie de son magasin est un *contretemps,* un *revers* pour lui.

**settler** [sɛtle] v.tr. (anglic.) : 1. Settler l'horloge. * *Régler* l'horloge. 2. Settler ses comptes. * *Régler* ses comptes.

**severance pay** n.m. (angl.) : Quand mon mari a été renvoyé de l'usine, la compagnie lui a donné un severance pay. * Quand mon mari a été renvoyé de l'usine, la compagnie lui a donné *une indemnité de licenciement*.

**shack** n.m. (anglic.) : Il demeure dans un shack au fond de la forêt. * Il demeure dans *une cabane* au fond de la forêt.

**shacker** [ʃake] v.intr. (anglic.) : Je shack avec un ami. * *J'habite,* Je *co-habite* avec un ami.

**shaker** [ʃeke] v.tr. (anglic.) : La maladie l'a shaké. * La maladie l'a *secoué, ébranlé*.

**shampoo** n.m. (anglic.) : Se faire un shampoo. * Se faire un *shampoing*.

**shape** [ʃep] n.f. (anglic.) : 1. Être en bonne shape. * Être en bonne *forme*. 2. Avoir une belle shape. * Avoir une belle *taille*.

**share** [ʃɛr] n.f. (anglic.) : Il a 500 shares dans la compagnie. * Il a 500 *actions* dans la compagnie.

**shareholder** n.m. ou f. (anglic.) : Il est devenu un shareholder de l'entreprise. * Il est devenu un *actionnaire* de l'entreprise.

**shark** n.m. (anglic.) : Il y a des sharks dans cette baie. * Il y a des *requins* dans cette baie.

**sharp** adj. (anglic.) : Un garçon sharp. * Un garçon *intelligent*.

**shebang** n.f. (anglic.) : Toute la shebang est arrivée. * *Tout le groupe* est arrivé, Toute la *bande* est *arrivée*.

**shed** n.f. (anglic.) : Bâtir une shed. * Bâtir *un hangar*, une *remise*.

**shellac** n.m. (anglic.) : Appliquer une couche de shellac sur la table. * Appliquer une couche de *laque* sur la table.

**shelter** n.m. (anglic.) : Le gymnase a servi de shelter pendant l'inondation. * Le gymnase a servi de *refuge* pendant l'inondation.

**shepherd's pie** n.f. ou m. (anglic.) : * *Hachis parmentier*.

**shift** n.m. (anglic.) : 1. Travailler un shift de huit heures. * *Faire un poste* de huit heures. 2. Cette usine fonctionne sur trois shifts par vingt-quatre heures. * Cette usine *compte trois équipes qui se relaient sur* vingt-quatre-heures, *Dans* cette usine *on fait les trois-huit.* 3. Je suis sur le shift de nuit. * Je *travaille dans l'équipe* de nuit, *Je travaille au poste* de nuit.

**shiner** [ʃajne] v.tr. (anglic.) : Shiner ses souliers. * *Polir, Cirer* ses souliers.

**shingles** n.m. (anglic.) : 1. Avoir les shingles. * Avoir *le zona.* 2. Recouvrir le toit de shingles. * Recouvrir le toit de *bardeaux.*

**shippement** n.m. (anglic.) : Un shippement de blé. * Un *fret* de blé, *Une livraison* de blé.

**shipper** [ʃiːper] v.tr. (anglic.) : 1. Shipper un colis. * *Expédier, Envoyer* un colis. 2. Je l'ai shippé chez lui. * Je l'ai *renvoyé* chez lui.

**shock** n.m. (anglic.) : Les shocks d'une voiture. * Les *amortisseurs* d'une voiture.

**shooter** [ʃute] v.tr. (anglic.) : Il a shooté la rondelle dans le filet. * Il a *lancé* la rondelle dans le filet.

**shooter** [ʃutər] n.m. (anglic.) : Pour célébrer, nous avons pris un shooter. * Pour célébrer, nous avons pris un *verre.*

**shop** n.f. (anglic.) : 1. Diriger une shop de couture. * Diriger *un atelier*, une *usine* de couture. 2. Une shop de souvenirs. * Une *boutique* de souvenirs.

**shoplifting** n.m. (anglic.) : Il est accusé de shoplifting. * Il est accusé de *vol à l'étalage.*

**shopping** n.m. (anglic.) : Faire du shopping. * Faire *des emplettes.*

**shopping bag** n.m. (anglic.) : * *Sac à provisions.*

**shopping cart** n.m. (anglic.) : Pour ses emplettes, se servir d'un shopping cart. * Pour ses emplettes, se servir d'un *chariot.*

**shopping center** n.m. (anglic.) : * *Centre commercial.*

**short** n.f. ou m. (anglic.) : Cet homme porte toujours des shorts. * Cet homme porte toujours des *culottes courtes.*

**shortbread** adj. ou n.m. (anglic.) : Nous faisons des biscuits shortbread pour Noël. * Nous faisons des biscuits *sablés* pour Noël.

**Short ribs** n.m. (anglic.) : * *Courtes côtes.*

**short stop** n.m. (anglic.) : Jouer shortstop. * Jouer *arrêt-court.*

**shortening** n.m. (anglic.) : Employer du shortening pour faire un gâteau. * Employer *de la matière grasse végétale* pour faire un gâteau.

**shot** n.m. (anglic.) : Un beau shot (sports). * Un beau *lancer.*

**shotgun** n. et adj. (anglic.) : 1. n.m. J'ai reçu un shotgun à mon anniversaire de naissance. * J'ai reçu un *fusil de chasse* à mon anniversaire de naissance. 2. adj. : Un shotgun wedding. * Un *mariage forcé, obligé.*

**shoulder** n.m. ou f. plur. (anglic.) : Les shoulders de la route sont étroits. * Les *accotements* de la route sont étroits.

**shoulder bag** n.m. (anglic.) : N'avoir comme bagage qu'un shoulder bag. * N'avoir comme bagage qu'un *sac à dos.*

**shoulder pads** n.m. (anglic.) : Des shoulder pads trop larges pour ma robe. * Des *épaulettes* trop larges pour ma robe.

**show** n.m. (anglic.) : 1. Aller au show. * Aller au *cinéma.* 2. Voir le même show deux fois. * Voir le même *film* deux fois. 3. Ils se sont battus, c'était un vrai show. * Ils se sont battus, c'était un vrai *spectacle.*

**show business** n.m. (anglic.) : * *Industrie du spectacle, Monde du spectacle.*

**shower** n.m. (anglic.) : 1. Prévoir des showers au cours de la journée. * Prévoir des *averses* au cours de la journée. 2. Prendre son shower le matin. * Prendre *sa douche* le matin. 3. Organiser un shower pour la future mariée. * Organiser *une soirée* pour la future mariée.

**shredded wheat** n.m. (anglic.) : * *Blé soufflé.*

**shrimp** n.m. ou f. (anglic.) : * *Crevette.*

**siding** n.m. (anglic.) : L'ouvrier a posé un siding en vinyle sur notre maison. * L'ouvrier a posé un *recouvrement* en vinyle sur notre maison.

**sifter** [sifte] v.tr. (anglic.) : Sifter la farine. * *Tamiser* la farine.

**signaler** v.tr. (anglic.) : Signalez (téléphone) le numéro suivant. * *Composez* le numéro suivant.

**signer** v.tr. : Voulez-vous signer votre nom (redondance) au bas de la page? * Voulez-vous signer au bas de la page?

**sincèrement** (adv.) = Formule de politesse en terminant une lettre (anglic.) : * *Je vous prie d'agréer, Monsieur/Madame, l'expression de mes sentiments les meilleurs.* Le fr. st. accepte : Il parle sincèrement.

**sinicroûte** n.f. (can. métis : de l'angl. Seneca root) : * *Racine de sénéca* (vendue pour fabriquer des produits pharmaceutiques).

**sink** n.m. (anglic.) : Laver la vaisselle dans le sink. * Laver la vaisselle dans *l'évier.*

**sirloin** n.m. (anglic.) : * *Surlonge.*

**size** n.m. (anglic.) : 1. Quel est le size de la table? * *Quelles sont les dimensions* de la table? 2. Si tu veux que je t'achète un pantalon, je dois  connaître ton size. * Si tu veux que je t'achète un pantalon, je dois connaître *ta taille.* 3. Quel est le size de ta chemise? * Quelle est *l'encolure* de ta chemise, *la longueur* de tes manches? 4. Quel  est le size de tes souliers? * Quelle est *la pointure* de tes souliers. 5. Quel sera le size du livre? * Quel sera le *format* du livre? 6. Ce sera un pocket size. * Ce sera un *format de poche.* 7. Le vendeur a pris le size de ma tête, de ma poitrine et de mes hanches. * Le vendeur a pris *mon tour* de tête, de poitrine et de hanches.

**skating rink** n.m. (anglic.) : On a beaucoup de plaisir au skating rink. * On a beaucoup de plaisir *à la patinoire.*

**sketch** ® n.m. (fr. st.) : * *Saynète, Courte pièce comique, Petite comédie.*

**skidoo** n.m. (anglic.) : On va à une course folle en skidoo. * On va à une course folle en *motoneige,* en *motoski.*

**skills** n.m (anglic.) : Avoir les skills nécessaires pour tel travail. * Avoir *l'adresse* nécessaire, les *habiletés,* les *talents* pour tel travail.

**skipper** [skĭpər] n.m. (anglic.) : * *Capitaine* (au curling).

**skipper** [skipe] v.tr. (anglic.) : Skipper une classe de chimie. * *Sauter* une classe de chimie, *Sécher* une classe de chimie (fr. fam.).

**skit** n.m. (anglic.) : * *Saynète.*

**slack** adj. (anglic.) : 1. Les affaires sont slack. * Les affaires sont *au ralenti, en baisse.* 2. Un écrou qui est slack. * Un écrou qui est *desserré,* qui *a du jeu.* 3. La corde est slack. * La corde est *lâche.*

**slacks** n.f. ou m. (anglic.) : Ne porter que des slacks. * Ne porter que *le pantalon.*

**slam** n.m. (anglic.) : * *Chelem* ou *Schelem* (au bridge).

**slaquer** [slake] v.tr. et intr. (anglic.) : 1. Slaquer la corde. * *Détendre, Donner du jeu* à la corde.

**sleeping bag** n.m. (anglic.) : * *Sac de couchage.*

**sleigh** n.m. (anglic.) : * *Traîneau.*

**slide** [slajd] n.f. (anglic.) : 1. Ériger une slide le long de la rivière. * Ériger une *glissoire* le long de la rivière. 2. Montrer les slides de son voyage. * Montrer les *diapositives* (diapos) de son voyage.

**slider** [slajde] v.intr. (anglic.) : La voiture a slidé dans le fossé. * La voiture a *glissé* dans le fossé.

**slim** adj. (anglic.) : Un homme slim. * Un homme *svelte*.

**sling** n.f. (anglic.) : 1. Se servir d'une sling pour lancer des pierres. * Se servir d'une *fronde*, d'*un lance-pierre*. 2. Avoir le bras en sling. * Avoir le bras en *écharpe*.

**slipper** [slĭpər] n.m. (anglic.) : Porter des slippers. * Porter des *pantoufles*.

**slogan** ® n.m. (fr. st.) : * *Formule publicitaire, Phrase à effet, Devise*.

**slow** adj. (anglic.) : C'est un homme bien slow. * C'est un homme bien *lent*.

**slum** n.m. (anglic.) : Démolir les slums d'une ville. * Démolir les *taudis* d'une ville, les *bidonvilles*.

**slush** n.f. (anglic.) : Un trottoir couvert de slush. * Un trottoir couvert de *neige fondante*.

**smasher** [smaʃe] v.tr. (anglic.) : Smasher une vitre. * *Fracasser, Casser* une vitre.

**smat** adj. (anglic.) : Une personne smat. * Une personne *fine, gentille, intelligente*.

**smock** n.m. (anglic.) : Elle porte un smock. * Elle porte un *couvre-tout* (à la buanderie, au restaurant), un *saraud* (au laboratoire).

**smuggling** n.m. (anglic.) : Faire du smuggling. * Faire *de la contrebande*.

**snack** n.m. (anglic.) : S'arrêter pour un snack. * S'arrêter pour un *casse-croûte, une bouchée*.

**snack-bar** n.m. (anglic.) : * *Café-restaurant, Restauration rapide*.

**snail** n.f. ou m. (anglic.) : * *Escargot*.

**sneaker** [snike] v.intr. (anglic.) : Sneaker partout dans la maison. * *Fureter* partout dans la maison.

**sneak preview** n.m. (anglic.) : On nous a présenté un sneak preview du film. * On nous a présenté *une avant-première* du film.

**snoreau** © n.m. (can.) : Méfie-toi, c'est un vieux snoreau. * Méfie-toi, c'est un vieux *finaud, une vieille canaille*.

**snow blower** ou **snow plough** n.m. ou f. (anglic.) : Les employés de la ville ont passé la snow plough pour déblayer la rue. * Les employés de la ville ont passé *le chasse-neige* pour déblayer la rue.

**snuff** n.m. (anglic.) : * *Tabac à priser*.

**soaker** [soke] v.tr. (anglic.) : 1. Se faire soaker par un marchand. * Se faire *tricher* par un marchand. 2. Soaker la lessive. * *Faire tremper* la lessive.

**soap opera** n.m. (anglic.) : * *Feuilleton télévisé populaire, Téléroman*.

**socket** n.m. (anglic.) : Visser l'ampoule dans le socket. * Visser l'ampoule dans *la douille*.

**soda** n.m. (anglic.) : Pas trop de soda dans le gâteau. * Pas trop de *soude* (bicarbonate de soude) dans le gâteau.

**software** n.m. (anglic.) : Le software (informatique) comprend les programmes et les procédures nécessaires au fonctionnement d'un système informatique. * Le *logiciel* comprend les programmes et les procédures nécessaires au fonctionnement d'un système informatique.

**soincer** © v.tr. (can.?) : Se faire soincer. * Se faire *punir, réprimander, rosser*.

**soir** n.m. (dial.) : 1. À soir. * *Ce* soir. 2. Hier au soir. * *Hier soir*.

**solage** n.m. (vx fr.) : Le solage de la maison. * *Les fondations* de la maison.

**soleil** n.m. (modif.) : Un champ de soleils. * Un champ de *tourne-sols*. Le fr. st. accepte : Soleil = Fleur du tournesol.

**solutionner** v.tr. : Solutionner (mot critiqué) un problème. * *Résoudre* un problème.

**sorteux** adj. (can.) : Un homme pas sorteux. = Un homme qui n'aime pas sortir, Un pantouflard (fr. fam.).

**souateur** voir sweater

**soubassement** n.m. (du fr.) : Avoir une chambre au sous-bassement. * Avoir une chambre au *sous-sol*.

**souffe** n.m. (dial.) : Manquer de souffe. * Manquer de *souffle*.

**souhaiter** v.tr. (par confusion) : Je souhaite réussir mon examen. * *J'espère* réussir mon examen, *Je compte bien* réussir. Le fr. st. accepte : Je souhaite gagner le gros lot. Ce n'est là qu'un souhait. Aucune raison de croire que je vais gagner, sinon par hasard.

**sound effects** n.m. (anglic.) : Les sound effects du film étaient excellents. * *Le bruitage* du film *était excellent*.

**soupane** © n.f. (can. métis) = 1. La soupane est chaude. * Le *ragoût* (fait avec des restes de viande) est chaud. 2. Manger une soupane. * Manger une *bouillie de gruau d'avoine, de pain*.

**sour** prép. (dial.) : Sour la table. * *Sous* la table.

**sour** [sur] n.m. (anglic. : sewer) : Les sours sont bouchés. * Les *égouts* sont bouchés.

**soutiendre** v.tr. (dial.) : Mettre une poutre pour soutiendre le plafond. * Mettre une poutre pour *soutenir* le plafond.

**souviendre(se)** v.pron. (dial.) : Se souviendre de ceux qui ont donné leur vie pour nous. * Se *souvenir* de ceux qui ont donné leur vie pour nous.

**souyer** n.m. (dial.) : * *Soulier.*

**spare** n.m. (anglic.) : 1. Avoir une crevaison et ne pas avoir de spare. * Avoir une crevaison et ne pas avoir de *pneu de rechange.* 2. Les enseignants apprécient un spare de temps à autre. * Les enseignants apprécient un *temps libre* de temps à autre 3. Avez-vous des tasses de spare? * Avez-vous des tasses *supplémentaires, dont vous ne vous servez pas?*

**spareribs** n.f. (anglic.) : Ce restaurant sert les meilleures spareribs à Winnipeg. * Ce retaurant sert les meilleures *côtes levées, petites côtes.*

**spark plugs** n.f. ou m. (anglic.) : Les spark plugs mettent le feu au moteur à explosion. * Les *bougies* mettent le feu au moteur à explosion.

**speakers** n.m. (anglic.) : L'appareil est accompagné de deux speakers. * L'appareil est accompagné de deux *haut-parleurs.*

**spécial du jour** n.m. (anglic.) : À cet hôtel, il y a toujours un spécial du jour. * À cet hôtel, il y a toujours un *plat* du jour, *une table d'hôte.*

**speech** n.m. (anglic.) : 1. Faire un speech. * Faire un *discours.* 2. Mal se conduire et recevoir un speech. * Mal se conduire et recevoir *une semonce.*

**speed** n.m. (anglic.) : Se griser de speed. * Se griser de *vitesse.*

**speed bump** n.m. (anglic.) : Attention aux speed bumps placés là pour que l'on ralentisse. * Attention aux *ralentisseurs.*

**speeding** n.m. (anglic.) : Il a dû payer une amende parce qu'il faisait du speeding. * Il a dû payer une amende pour *excès de vitesse.*

**spinner** [spine] v.intr. (anglic.) : Une voiture qui spinne dans la neige. * Une voiture qui *patine, glisse* dans la neige.

**splash** n.m. (anglic.) : Faire un splash en plongeant. * Faire un *éclaboussement* (un jaillissement) en plongeant.

**splasher** v.tr. (anglic.) : Une voiture qui splash les piétons en les dépassant. * Une voiture qui *éclabousse* les piétons en les dépassant.

**split-level** n.m. (anglic.) : Habiter une maison split-level. * Habiter une maison *à palier*.

**sponsor** n.m. ou v.tr. (anglic.) : 1. Avoir un sponsor pour la course à bicyclette. * Avoir un *commanditaire, parrain, parraineur, promoteur* pour la course à bicyclette. 2. L'entreprise sponsor notre équipe. * L'entreprise *parraine, commandite* notre équipe.

**spot** n.m. (anglic.) : Le spot éclaire l'acteur. * Le (petit) *projecteur* éclaire l'acteur.

**spotter** [spʌte] v.tr. (anglic.) : Spotter un voleur dans une boutique. * *Apercevoir, Repérer* un voleur dans une boutique.

**spray** n.m. (anglic.) : 1. Un spray de gouttelettes. * Un *nuage* de gouttelettes. 2. Un spray pour les cheveux. * Un *aérosol* pour les cheveux. 3. Un spray à parfum. * Un *atomiseur* à parfum.

**sprayer** [spree] v.tr. (anglic.) : 1. Se sprayer les cheveux en utilisant une bombe, un aérosol. * Se *vaporiser* les cheveux en utilisant une bombe, un aérosol. 2. Sprayer du désherbant sur la pelouse. * *Pulvériser les mauvaises herbes*.

**spring** n.m. (anglic.) : Le spring d'une montre. * Le *ressort* d'une montre.

**square** ® [skwar] n.m. (fr. st.) : = *Place, Jardin, Parc, Carré*.

**squash** n.m. ou f. (anglic.) : * *Courge*.

**squatter** ® [skwɑːte] v.intr. (fr. st.) : Une bande de jeunes squattent dans cette maison. * Une bande de jeunes *occupent* (illégalement) cette maison, *squattérisent* cette maison.

**squintlène** n.f. (anglic. : scantling) : Les squintlènes de la maison sont déjà montées. * Les *solives* de la maison sont déjà montées.

**staff** n.m. (anglic.) : *Personnel.*

**stage** [stedz] n.m. (anglic.) : Les acteurs sur le stage. * Les acteurs sur *la scène.*

**stained glass** n.m. (anglic.) : Il est passé maître dans la fabrication d'un stained glass. * Il est passé maître dans la fabrication d'un *vitrail.*

**stainless steel** n.m. (anglic.) : * *Acier inoxydable.*

**stall** n.m. ou f. (anglic.) : Stall à journaux. * *Kiosque* à journaux. Le fr. st. accepte : Stalles (compartiments) pour les animaux dans l'étable, Stalles (sièges) dans le choeur d'une église.

**stâller** v.intr. (anglic.) : Voiture stâllée dans la neige. * Voiture *calée* dans la neige.

**stand** n.m. (anglic.) : Stand à journaux. * *Kiosque* à journaux.

**stand-by** n.m. (anglic.) : Un billet en stand-by. * Un billet en *attente.*

**stapler** [steplər] n.m. (anglic.) : * *Agrafeuse.*

**star** n.f. (anglic.) : * Une star de cinéma. * Une *vedette*, Une *étoile* de cinéma.

**starch** n.m. (anglic.) : Mettre du starch pour empeser le col d'une chemise. * Mettre *de l'amidon* pour empeser le col d'une chemise.

**starter** [startər] n.m. (anglic.) : Le starter de la voiture ne fonctionne pas. * Le *démarreur* de la voiture ne fonctionne pas.

**station** n.f. (anglic.) : 1. Je te verrai à la station du chemin de fer. * Je te verrai à la *gare.* 2. Station de police. * *Poste* de police. 3. Station de gaz. * *Station-service*, Poste d'essence.

**stationnement** © n.m. (can.) : * *Parking* ®.

**steady** (anglic.) : 1. adj. C'est un client steady. * C'est un client *régulier*. 2. adv. Ils sortent ensemble steady. * Ils sortent ensemble *régulièrement*.

**steak** n.m. (anglic.) : Nous avons mangé un bon steak. * Nous avons mangé un bon *bifteck* (de l'angl.).

**steam bath** n.m. (anglic.) : J'avais une congestion nasale alors j'ai pris un steam bath. * J'avais une congestion nasale alors j'ai pris un *bain à la vapeur*.

**steamer** [sti:me] v.tr. (anglic.) : Faire steamer les légumes. * Faire *cuire* les légumes *à la vapeur*.

**steer** n.m. (anglic.) : * *Bouvillon, Boeuf de boucherie*.

**steering lock** n.m. (anglic.) : Installer un steering lock au volant de la voiture. * Installer un *antivol* au volant de la voiture.

**steering wheel** n.m. (anglic.) : Le steering wheel de la voiture est trop haut. * Le *volant* de la voiture est trop haut.

**stem** n.m. (anglic.) : Des stems de champignons. * Des *tiges* de champignons.

**stew** n.m. (anglic.) : Un stew de boeuf. * Un *ragoût* de boeuf.

**sticker** n.m. (anglic.) : 1. Apposer un sticker sur la plaque d'immatriculation. * Apposer *une vignette* sur la plaque d'immatriculation. 2. Appliquer un sticker sur sa voiture. * Appliquer un *autocollant* sur sa voiture.

**stiff** adj. (anglic.) : Se sentir stiff. * Se sentir *raide*.

**stime** [stĭm] n.f. (anglic.) : Un engin à stime. * Un engin à *vapeur*.

**stock** n.m. (anglic.) : 1. Avoir un stock d'huile. * Avoir *une réserve, une provision*. 2. Un magasin qui a un bon stock. * Un magasin *bien approvisionné*. Le fr. st. accepte inutilement le mot stock ®.

**stook** n.m. (anglic.) : Un stook de blé. * *Une botte*, Un *groupe* de *gerbes* de blé.

**stooker** [stuke] v.tr. ou intr. (anglic.) : Stooker le blé. * *Mettre* le blé *en bottes*.

**stool** n.m. (anglic.) : Se servir du stool pour monter. * Se servir du *tabouret* pour monter.

**stop-watch** n.m. (anglic.) : Vitesse mesurée au stop-watch (sports). * Vitesse mesurée au *chronomètre*.

**storage** n.m. (anglic.) : Le storage des meubles. * *L'entreposage* des meubles.

**storer** v.tr. (anglic.) : Un endroit où storer des meubles. * Un endroit où *entreposer* les meubles.

**stouquer** v.tr. ou intr. (anglic.) : Stouquer dans les champs. * *Grouper les gerbes en moyettes, Moyetter* dans les champs.

**strap** n.f. (anglic.) : 1. Une strap à rasoir. * *Un cuir* à rasoir. 2. Donner la strap à un élève. * *Administrer une correction avec une lanière de cuir* ou *une courroie*. 3. Une strap autour d'un livre. * *Un bandeau* autour d'un livre. 4. La strap d'une montre. * *Le bracelet* d'une montre. 5. Briser la strap de son appareil photo. * Briser la *bandoulière* de son appareil photo. 6. La strap de l'attelage. * La *courroie* de l'attelage.

**stretchy** adj. (anglic.) : Un pantalon stretchy. * Un pantalon *élastique*.

**strike** n.f. (anglic.) : 1. La deuxième strike (au jeu de balle) : * La deuxième *prise*. 2. Les ouvriers sont en strike. * Les ouvriers sont en *grève*. 3. Rotating strike. * *Grève tournante*.

**strip** n.f. (anglic.) : Il faudrait ajouter une strip de dentelle à cette nappe. * Il faudrait ajouter une *bande, bandelette* de dentelle à cette nappe.

**striper** [stripe] v.tr. (anglic.) : Il faut striper le cable avant de l'introduire dans la fiche. * Il faut *dénuder* le cable avant de l'introduire dans la fiche.

**stroke** n.m. (anglic.) : 1. Ramer 38 strokes à la minute. * Ramer

38 *coups d'aviron* minute. 2. Avoir un stroke. * Avoir *une attaque d'apoplexie.*

**stroller** n.m. (anglic.) : Elle a les jambes faibles, alors elle se sert d'un stroller. * Elle a les jambes faibles, alors elle se sert d'*une poussette-canne.*

**stucker** [stʌke] v.intr. (anglic.) Être stucké dans la neige. * Être *pris, Rester engagé* dans la neige.

**stuff** n.m. (anglic.) : 1. S'acheter du bon stuff pour une robe. * S'acheter *de la bonne étoffe* pour une robe. 2. Une personne qui est du bon stuff. * Une *bonne* personne. 3. Dans la maison, il y a du stuff qui t'appartient. * Dans la maison, il y a *des choses* qui *t'appartiennent.*

**su** 1. prép. (vx fr.) : Aller su la ferme. * (sur = anglic.) Aller *à* la ferme. 2. n.m. (dial.) : Il demeure au su du village. * Il demeure au *sud* du village. 3. Je vais su Léon. * Je vais *chez* Léon.

**subpoena** (anglic.) : 1. n.m. : Recevoir un subpoena. * Revevoir *une assignation* (pour témoigner). 2. v.tr. : Subpoena quelqu'un. * *Citer, Assigner* quelqu'un *à comparaître.*

**substitut** n.m. (anglic.) : Faire du substitut dans une classe. * Faire *de la suppléance* dans une classe.

**subway** n.m. (anglic.) : * *Passage souterrain.*

**suce** © n.f. (modif.) : Au biberon, on ajuste une suce pour le nourrisson. * Au biberon, on ajuste une *tétine* pour le nourrisson.

**sucker** n.m. (anglic.) : Il me prend pour un sucker. * Il me prend pour *une poire* (fr. fam.), Il *tente de me rouler.*

**sucre à la crème** © n.m. (can.) = Friandise faite de cassonade et de crème fraîche, Sucrerie.

**sucre brun** n.m. (anglic.) : * *Cassonade.*

**sui** v.tr. part. passé (dial.) : Il nous a sui en ville. * Il nous a *suivis* en ville.

**suire** v.tr. (vx fr.) : Se contenter de suire les autres. * Se contenter de *suivre* les autres.

**suit** [suːt] n.m. (anglic.) : * *Costume, Complet* (vêtement d'homme composé d'un veston ou d'une veste, d'un pantalon et parfois d'un gilet).

**suitcase** n.m. (anglic.) : * *Valise.*

**suite** n.f. (anglic.) : * *Appartement.*

**sumages** n.m. (vx fr.) : À la fin d'avril, c'est le temps des sumages. * À la fin d'avril, c'est le temps des *semences.*

**sundae** n.m. (anglic.) : Il fait bon de déguster un sundae lorsqu'il fait chaud. * *une coupe glacée chantilly.*

**sundeck** n.m. (anglic.) : Nous avons fait construire un sundeck au sud de la maison. * Nous avons fait construire un *solarium* au sud de la maison.

**sun dogs** n.m. (anglic.) : voir oeils de boucs

**sunscreen** n.m. (anglic.) : * *Écran solaire.*

**supervisor** n.m. ( anglic.) : Le supervisor de l'établissement. * Le *superviseur* de l'établissement.

**support** n.m. 1. (vx fr.) : Être un support pour un ami. * Être un *soutien* pour un ami. 2. (par ext. de sens) : Mettre son manteau sur un support. * Mettre son manteau sur un *cintre.* Le fr. st. accepte : Les piliers seront de bons supports (appuis) dans la construction de cet édifice.

**supporter** v.tr. (anglic.) : Supporter tel parti politique. * *Appuyer, Soutenir* tel parti politique. Le fr. st. accepte : Supporter une épreuve. = Endurer.

**supposé** part. passé (anglic.) : Être supposé faire tel travail. * Être *censé* faire tel travail.

**sur** prép. 1. (anglic.) : Un beau programme sur la télé. * Un beau programme *à* la télé. 2. (anglic.) : Il est sur le téléphone. * Il est *au* téléphone. 3. (dial.) Sur semaine, je travaille au magasin. * *En* semaine, je travaille au magasin. 4. (anglic.) : Il y a un homme sur la rue. * Il y a un homme *dans* la rue. 5. (anglic.) : Il est sur le comité. * Il *fait partie* du comité, Il est *membre* du comité. 6. Il travaille sur la ferme. * Il travaille *dans* la ferme.

**surintendant** ou **superintendant** n.m. (anglic.) : Le surintendant d'une division scolaire. * Le *directeur général* d'une division scolaire.

**swamp** n.f. (anglic.) : Il y a des années, toute cette terre n'était qu'une swamp. * Il y a des années, toute cette terre n'était qu'*un marécage, un marais*.

**swath** n.m. (anglic.) : Couper le blé en swaths avant de le moissonner. * Couper le blé en *andains* avant de le moissonner.

**sweater** [swɛtər] n.m. (anglic.) : * *Tricot, Chandail*. Le fr.st. accepte les emprunts inutiles suivants : Pull-over, Pull.

**swell** adj. (anglic.) : Être swell. * Être *bien mis, chic*.

**swing** v.tr. ou intr. ou n. (anglic.) : 1. C'est une musique qui swing. * C'est une musique *au rythme entraînant*. 2. On a swingé à droite avec la voiture. * On a *viré* à droite avec la voiture. 3. Il a swingé sa canne à pêche. * Il a *lancé* sa canne à pêche. Le fr. st. accepte : Son swing est parfait au golf. 4. Au temps des fêtes, on travaille full swing au magasin. * Au temps des fêtes, on travaille *sans arrêt* au magasin. 5. Nous avons acheté une swing pour les enfants. * Nous avons acheté une *balançoire* pour les enfants.

**switch** n.f. (anglic.) : Pour faire de la lumière, appuyez sur la switch de droite. * Pour faire de la lumière, appuyez sur *le bouton* de droite, *l'interrupteur*.

**switcher** [switʃe] v.tr. ind. (anglic.) : Switcher de parti politique.
* *Changer* de parti politique.

**swivel** adj. (anglic.) : Un fauteuil swivel. * Un fauteuil *pivotant*.

**système** n.m. (dial.) : Avoir le système délabré. * Avoir *la constitution délabrée*.

# T

**t'** pron. pers. (vx fr.) : T'as raison. * *Tu as* raison.

**tab** n.f. (dial.) : La tab de la cuisine. * La *table* de la cuisine.

**tablette** n.f. (anglic.) : Prendre une tablette d'aspirine. * Prendre *un comprimé* d'aspirine.

**tache de naissance** n.f. (can.?) : Il a une tache de naissance à la figure. * Il a une tache de *vin* à la figure.

**tack** ou **taque** n.f. ou m. (anglic.) : Se servir de tacks pour suspendre des guirlandes. * Se servir de *punaises,* de *broquettes* pour suspendre des guirlandes.

**tacker** [take] v.tr. (anglic.) : Tacker un tapis au plancher. * *Clouer, Fixer* un tapis au plancher.

**tag** n.m. (anglic.) : 1. Laisser le tag sur sa robe. * Laisser *l'étiquette* sur sa robe. 2. (jeu) : Les jeunes aiment jouer à la tag. * Les jeunes aiment *le jeu de poursuite.*

**t'ai** v. être 2$^e$ pers. sing. (vx fr.?) T'ai malade? * *Tu es* malade?

**talle** © n.f. (dial.) : 1. À l'entrée du jardin, j'ai trouvé une talle de fraises. * j'ai trouvé une *touffe* de fraises. 2. (fig.) : Une talle de belles filles. * *Un endroit où l'on trouve* de belles filles.

**tamer** [teme] v.tr. (anglic.) : Tamer un cheval. * *Dompter*, *Dresser* un cheval.

**tan** [tan] n.m. (anglic.) : Obtenir un tan au soleil. * Obtenir un *bronzage* au soleil.

**tank** n.f. (anglic.) : 1. (armement de guerre) Les tanks avancèrent vers la ville. * Les *chars d'assaut* avancèrent vers la ville. 2. Vider la tank d'eau. * Vider *le réservoir* d'eau.

**tanner** © [tane] v.tr. (can. fam.) : Tu nous tannes avec tes histoires. * Tu nous *agaces*, *fatigues* avec tes histoires.

**tap** n.m. (anglic.) : Fermer le tap d'eau chaude. * Fermer le *robinet* d'eau chaude.

**tape** [tep] n.m. (anglic.) : 1. Measuring tape ou tape measure : * *Ruban à mesurer*, *Mètre à ruban*, *Galon* (de couturière, de tailleur) 2. Scotch tape : * *Ruban adhésif*. 3. Masking tape : * *Ruban adhésif*. 4. Recording tape : * *Bande* ou *Ruban magnétique*. 5. Un tape pour enregistrer * Un *ruban* pour enregistrer.

**tape deck** n.m. (anglic.) : voir tape recorder

**tape measure** n.m. (anglic.) : * *Mètre à ruban*.

**taper** [tepe] v.tr. (anglic.) : Taper une chanson. * *Enregistrer* une chanson.

**tape recorder** n.m. (anglic.) : * *Lecteur de cassettes*.

**tapette à mouche** n.f. (modif.) : * *Palette* à mouche.

**tapis mur à mur** n.m. (anglic. : wall to wall carpet) : * *Moquette* (qui couvre généralement toute la surface d'une pièce).

**tapocher** © v.tr. (dial.) : Se faire tapocher. * Se faire *battre à coups de poings*.

**tapon** © n.m. (dial.) : Un tapon de beurre. * Un *morceau* de beurre.

**taponner** © v.tr. (dial.) : Taponner la pâte. * *Tapoter* la pâte.

**tar** n.m. (anglic.) : Le tar se liquéfiait sous l'effet de la chaleur. * Le *goudron*, *L'asphalte* se liquéfiait sous l'effet de la chaleur.

**taraud** © n.m. (modif.) : Le taraud est en train de se dévisser. * *L'écrou* est en train de se dévisser. L'écrou est une pièce de métal percée d'un trou fileté pour le logement d'une vis. Le fr. st. accepte : Sers-toi du taraud pour faire des pas de vis.

**tarauder** © v.tr. (dial.) : Se faire tarauder par son professeur. * Se faire *sévèrement réprimander* par son professeur.

**target** n.m. (anglic.) : S'exercer avec le cercle concentrique d'un target. * S'exercer avec le cercle concentrique d'*une cible*.

**tarragon** n.m. (anglic.) : Mets un peu de tarragon dans ta sauce. * Mets un peu d'*estragon* dans ta sauce.

**tasser** v.tr. (dial.) : Tasser les chaises le long du mur. * *Ranger* les chaises le long du mur.

**tata** n.m. (can.) : C'est une espèce de tata. * C'est une espèce de *niais*.

**tattoo** n.m. (anglic.) : Ses bras sont couverts de tattoos. * Ses bras sont couverts de *tatouage*.

**taxpayer** n.m. (anglic.) : Les taxpayers devraient avoir un mot à dire. * Les *contribuables* devraient avoir un mot à dire.

**t'chu** n.m. (can. métis) : Le t'chu de l'animal. * Le *cul* de l'animal.

**teddy-bear** n.m. (anglic.) : Elle n'a qu'un teddy bear comme compagnie. * Elle n'a qu'un *ours en peluche* comme compagnie.

**tee** n.m. (anglic.) : Placer une balle de golf sur un tee afin de la frapper. * Placer une balle de golf sur un (petit) *socle*, *support*.

**teenager** n.m. ou f. (anglic.) : * *Adolescent*.

**teepee** n.m. (anglic.) : Les Métis vivaient souvent sous des teepees lorsqu'ils allaient à la chasse. * Les Métis vivaient souvent sous des *tipis* lorsqu'ils allaient à la chasse.

**teigne** © adj. ou n.f. (modif. et dial.) : Il est teigne. * Il est *agaçant, fatigant, importun, ennuyeux*. Le fr. st. acepte : Teigne = Personne méchante.

**téléphone** n.m. (anglic.) : Il faut que je fasse un téléphone à mon ami. * Il faut que je *donne un coup de fil*, Il faut que je fasse un *appel téléphonique*, Il faut que je *téléphone* à mon ami.

**téléphoner** v.tr. ind. (anglic.) : Pierre? Je l'ai téléphoné hier. * Je *lui* ai téléphoné hier, Je *lui ai donné un coup de fil*. Le fr. st. accepte : Téléphoner une nouvelle à quelqu'un.

**télévision** n.f. (par confusion) : S'acheter une télévision. * S'acheter *un téléviseur*. Le fr. st. accepte : Regarder la télévision.

**température** n.f. (anglic.) : Avoir une mauvaise température. * Avoir *un mauvais temps*. Le fr. st. accepte : Une température douce.

**tenir** v.tr. (anglic.) : Tenez la ligne (téléphone). * *Ne quittez pas*.

**terrain planche** © n.m. (dial.) : * Terrain *plat*.

**test** n.m. (anglic.) : 1. Avoir un test d'urine. * Avoir *une analyse* d'urine. 2. Test de l'ouïe. * *Examen* de l'ouïe. 3. Passer son driver's test. * *Réussir son permis de conduire*. 4. La maladie est un test pour l'homme. * La maladie est *une épreuve* pour l'homme. 5. Un test de ses bonnes intentions. * Un *critérium* de ses bonnes intentions. 6. Un test en mathématiques. * *Une évaluation* en mathématiques.

**tester** [tɛste] v.tr. (anglic.) : 1. Tester une nouvelle voiture. * *Mettre à l'essai, Essayer* une nouvelle voiture. 2. Tester un nouveau médicament. * *Expérimenter* un nouveau médicament. 3. Vouloir tester une personne. * Vouloir *mettre* une personne *à l'épreuve*.

**tête** n.f. (dial.) : Une tête d'oreiller. * Une *taie* d'oreiller.

**thé aux herbes** n.m. (anglic.) * *Tisane*.

**théquière** n.f. (can.) : On se sert d'une théquière pour faire du thé. * On se sert d'une *théière* pour faire du thé.

**tèteux(se)** adj. ou n. (can.) : Il profite des autres, c'est un vrai tèteux. * Il profite des autres, c'est un vrai *lécheur de bottes,* un *flatteur.*

**thrill** n.m. (anglic.) : 1. Le thrill d'aller en avion pour la première fois. * *L'excitation, L'ivresse* d'aller en avion pour la première fois. 2. Ça été un vrai thrill lorsque j'ai gagné à la loto. * *J'étais aux anges* lorsque j'ai gagné à la loto.

**thriller** n.m. (anglic.) : 1. J'ai bien aimé ce thriller. * J'ai bien aimé *ce roman à suspense.* 2. Au théâtre on a présenté un thriller. * Au théâtre on a présenté *une pièce à suspense.*

**thyme** n.m. (anglic.) : * *Thym.*

**ti** (dial.) : 1. adj. Un ti garçon. * Un *petit* garçon. 2. (exclam.) : J'en ai ti du malheur! * *Si* j'en ai du malheur!

**ticket** ® n.m. (anglic.) : 1. Avoir un ticket pour excès de vitesse. * Avoir *une contravention* pour excès de vitesse. 2. Acheter un ticket de théâtre. * Acheter un *billet* de théâtre. 3. Acheter un ticket de lotterie. * Acheter un *billet* de loterie. 4. Un ticket d'autobus. * Un *billet* d'autobus.

**tidbit** n.m. (anglic.) : Des tidbits d'ananas. * Des *brisures* d'ananas.

**tie** [taj] (anglic.) : 1. adj. : La partie est presque tie. * La partie est presque *égale.* 2. n.f. Les ties de chemin de fer soutiennent les rails. * Les *traverses* de chemin de fer soutiennent les rails.

**tiendre** v.tr. (dial.) : Si tu veux tiendre la corde. * Si tu veux *tenir* la corde.

**tight** adj. (anglic.) : 1. C'est un homme tight. * C'est un homme *peu généreux, avare.* 2. C'est une partie qui est tight. * C'est une partie qui est *serrée.*

**tighter** [tajte] v.tr. (anglic.) : Se tighter la ceinture. * Se *serrer* la ceinture.

**tights** n.m. (anglic.) : Porter des tights. * Porter des *collants.*

**tiles** [tajlz] n.f. (anglic.) : Poser des tiles de marbre sur le plancher. * Poser des *carreaux* de marbre sur le plancher.

**tilt** n.m. (anglic.) : Le tilt du billard électrique s'est allumé. * Le *déclic* du billard électrique s'est allumé.

**time** [tsim] n.m. (anglic.) : 1. Un time de chevaux. * Un *attelage, Une paire* de chevaux. 2. Un time de hockey. * Une *équipe* de hockey.

**timer** [tajme] v.tr. (anglic.) : Timer quelqu'un pour connaître sa vitesse. * *Chronométrer* quelqu'un pour connaître sa vitesse.

**timer** [tajmər] n.m. (anglic.) : Se servir du timer pour enregistrer le film. * Se servir *de la minuterie* pour enregistrer le film.

**time sharing** n.m. (anglic.) : * *Temps partagé.*

**time zone** n.m. (anglic.) : Une carte des time zones. * Une carte des *fuseaux horaires.*

**tip** n.m. (anglic.) : 1. Il faut laisser un tip au coiffeur. * Il faut laisser un *pourboire* au coiffeur. 2. Des tips d'asperges n.m. (anglic.) : * Des *pointes* d'asperges.

**tire** [tajər] n.m. (anglic.) : Les tires de la voiture. * Les *pneus* de la voiture.

**tire** © n.f. (can.) : À la Sainte-Catherine on fait de la tire. * À la Sainte-Catherine, on fait *du sirop de sucre* ®.

**tirer** v.tr. (vx fr.) : Tirer les vaches. * *Traire* les vaches.

**toast** ® n.f. (fr. st.) = *Rôtie* ©, * *Pain grillé.*

**toaster** [tostər] n.m. (anglic.) : * *Grille-pain.*

**tobagan** n.f. ou m. (anglic.) : Les enfants aiment glisser en tobagan sur la neige. * Les enfants aiment glisser en *traîneau* sur la neige.

**tocson** n.m. (dial.) : * *Homme entêté.*

**toé** pron. pers. (vx fr.) : * *Toi.*

**toffee** n.m. (anglic.) : Nous avons du toffee délicieux. * Nous avons du *caramel* (au beurre) délicieux.

**togne** n.f. (anglic.) : La togne de la voiture. * *Le timon* de la voiture.

**toilet bowl** n.m. (anglic.) : * *Cuvette de toilettes.*

**toilette** n.f. (vx fr.) : 1. Aller à la toilette. * Aller *aux toilettes* ©, water-closet ®, vécés ®, water ®. Le fr. st. accepte : Faire sa toilette (action de se préparer, de s'apprêter pour paraître en public. Elle est en grande toilette (bien habillée).

**token** n.f. (anglic. modif.) : Je n'ai pas une token. * Je n'ai pas *un sou.*

**toll-free** adv. (anglic.) : Pouvoir communiquer avec une entreprise toll-free. * Pouvoir communiquer avec une entreprise *gratuitement.*

**tomboy** n.m. (anglic.) : Une fille qui est un vrai tomboy. * Une fille qui est un *garçon manqué,* Une fille *d'allure masculine, garçonnière.*

**toothpick** n.m. (anglic.) : * *Cure-dents.*

**toqué** adj. (dial.) : 1. Quand il veut quelque chose, il est vraiment toqué. * Quand il veut quelque chose, il est vraiment *têtu, entêté.* 2. Il est toqué sur elle. * Il est *attiré vers* elle, Il *ne voit qu*'elle.

**torche** n.f. (can.) : Je l'aurais bien mise à la porte, cette grosse torche-là. * Je l'aurais bien mise à la porte cette *femme désagréable, paresseuse.*

224

**tordeur** n.m. (modif.) : Avant l'invention du séchoir, nous avions le tordeur. * Avant l'invention du séchoir, nous avions *l'essoreuse.*

**toto-chapouille** n.f. (can. métis) : * *Graisse de lait de beurre.*

**touchdown** n.m. (anglic.) : L'équipe en est à son premier touchdown. * L'équipe en est à son premier *essai.*

**touch-tone** adj. (anglic.) : C'est plus rapide de se servir d'un téléphone touch-tone. * C'est plus rapide de se servir d'un téléphone *à touche.*

**touchy** adj. (anglic.) : 1. Un sujet très touchy. * Un sujet très *délicat.* 2. Une personne touchy. * Une personne *très sensible dans son amour-propre, qui se vexe facilement.*

**tough** adj. (anglic.) : 1. Quelqu'un qui aime faire le tough. * Quelqu'un qui aime faire le *dur.* 2. Des jours toughs. * Des jours *difficiles.* 3. Une étoffe qui est tough. * Une étoffe *solide, résistante.* 4. Un homme tough. * Un homme *robuste.* 5. Un criminel qui est tough. * Un criminel qui est *endurci.*

**tougher** [tʌfe] v.intr. (anglic.) : Devoir tougher les épreuves. * Devoir *tenir bon, endurer* les épreuves.

**toune** voir tune

**toupet** n.m. 1. (fr. fam.) : Il a du toupet. * Il *est effronté.* Il a du *culot* (fr. fam.). 2. (anglic.) : Il est chauve alors il porte un toupet. * Il est chauve alors il porte *une postiche.*

**tournavis** n.m. (modif.) : J'ai besoin d'un tournavis pour assembler cette étagère. * J'ai besoin d'un *tournevis* pour assembler cette étagère.

**tourner** v.tr. ou intr. (anglic.) : Tourner à une autre chaîne. * *Choisir, Sélectionner* une autre chaîne.

**tourner on** v.tr. (anglic.) : Tourner la télévision on. * *Ouvrir, Allumer* la télévision.

**tourtière** © n.f. (dial.) : À Noël, on fait toujours de la tourtière. = À Noël, on fait toujours de la tourte à la viande de lard.

**tout drète** adv. (dial.) : Drète devant vous. * *Droit* devant vous.

**toutoune** n.f. ou adj. (can.) : C'est une femme qui est devenue toutoune. * C'est une femme qui est *grassette,* qui *a pris de l'embonpoint.*

**tout suite** adv. (dial.) : J'y vais tout suite. * J'y vais tout *de* suite.

**tow-truck** n.m. (anglic.) : * *Camion de touage, Camion de remorque.*

**tower** [towe] v.tr. (anglic.) : Faire tower sa voiture. * Faire *remorquer, touer* sa voiture.

**track** n.f. (anglic.) : 1. La track passait à travers le village. * La *voie ferrée* passait à travers le village. 2. La voiture a laissé les tracks de ses pneus. * La voiture a laissé les *traces* de ses pneus. 3. Il a fait des erreurs mais il est maintenant dans la bonne track. * Il a fait des erreurs mais il est maintenant dans la bonne *voie.*

**trafic** n.m. (anglic.) : Après les heures de travail, il y a beaucoup de trafic dans les grandes avenues. * Après les heures de travail, il y a beaucoup de *circulation* dans les grandes avenues.

**trafic lights** n.m. (anglic.) : * *Feux de circulation.*

**trafiquage** n.m. (can.) : Le trafiquage de stupéfiants. * Le *trafic* de stupéfiants.

**trailer** n.m. (anglic.) : Se promener en trailer. * Se promener en *remorque,* en *caravane.*

**traîner** v.tr. (anglic.) : Traîner son cheval à la course. * *Entraîner* son cheval à la course.

**train-train** n.m. (vx fr.) : À mon âge, je vais

mon petit train-train. * À mon âge, je vais *sans me presser.*

**trâlée** n.f. (vx fr.) : Il est arrivé une trâlée d'enfants. * Il est arrivé une *bande, troupe, ribambelle* d'enfants.

**transfert** n.m. (anglic.) : Demander un transfert d'autobus. * Demander *une correspondance* d'autobus. Le fr. st. accepte : Le transfert des cendres, Le transfert des capitaux.

**transformeur** n.m. (anglic.) : Le transformeur électrique a brûlé. * Le *transformateur* électrique a brûlé.

**transportation** n.f. (anglic.) : * *Transport.*

**trapper** v.tr. ou intr. (du fr. et anglic.) : Aimer trapper les animaux sauvages. * Aimer *prendre au piège* les animaux sauvages.

**travailleur(euse)** social(e) n. (anglic.) : * *Assistant(e) social(e).*

**travestie** n.f. (modif.) : Le procès de Simpson a été une travestie de la justice. * Le procès de Simpson a été *un simulacre,* une *parodie* de la justice.

**tray** n.m. (anglic.) : Déposer les verres sur le tray. * Déposer les verres sur le *plateau.*

**treadmill** n.m. (anglic.) : * *Tapis roulant* (pour exercices).

**trempe** adj. (dial.) : Être trempe jusqu'aux os. * Être *trempé* jusqu'aux os. Le fr. st. accepte : Un garçon de sa trempe ne connaît pas la peur.

**trépasser** v.intr. (anglic.) : Ne pas trépasser sur le gazon. * Ne pas *passer, marcher* sur le gazon.

**trick** n.m. (anglic.) : 1. Le magicien connaît de bons tricks. * Le magicien connaît de bons trucs (fr. fam.). 2. Jouer un mauvais trick. * Jouer un mauvais *tour.*

**trifle** [trafl] n.m. (anglic.) : Servir un trifle comme dessert. * Servir un *diplomate* comme dessert.

**trimer** [trime] v.tr. (anglic.) : 1. Le coiffeur lui a trimé les cheveux.

* Le coiffeur lui a *taillé, coupé* les cheveux. 2. Si tu veux venir avec moi, trime-toi. * Si tu veux venir avec moi, *fais ta toilette*. 3. Il est temps de trimer les arbustes. * Il est temps de *tailler*, *d'émonder* les arbustes. 4. Il va se faire trimer par son père. * Il va se faire *semoncer, réprimander* par son père.

**trimming** n.m. (anglic.) : On va servir de la dinde avec tout le trimming. * On va servir de la dinde avec *toute la garniture*.

**trimpe** n.m. (anglic.) : * *Vagabond*.

**trimper** v.intr. (anglic.) : Aimer trimper dans les rues le soir. * Aimer *vagabonder, errer* dans les rues le soir.

**tripper** [tripe] v.tr. (anglic.) : Tripper son adversaire au jeu. * *Faire trébucher, Faire tomber* son adversaire au jeu.

**trompe** n.f. (dial.) : Faire une trompe. * Faire une *erreur*.

**trophée** [trofe] n.m. (anglic. dans la prononciation) : * Trophée [trɔfe].

**trouble maker** n.f. ou m. (anglic.) : * *Fauteur de troubles, Perturbateur(trice)*.

**truck** n.m. (anglic.) : * *Camion*.

**trunk** n.f. (anglic.) : Déposer les valises dans la trunk de la voiture. * Déposer les valises dans *le coffre* de la voiture.

**truster** [trʌste] v.tr. (anglic.) : Truster son propriétaire. * *Avoir confiance en* son propriétaire.

**tub** n.f. (anglic.) : Laver le linge dans une tub. * Laver le linge dans une *cuve, un baquet*.

**tug-of-war** n.m. (anglic.) : Au festival, nous aurons un tug-of-war (jeu). * Au festival, nous aurons un *tir à la corde*.

**tuiles** n.f. (anglic.) : Faire revêtir de tuiles les murs de la salle de bains. * Faire revêtir de *carreaux* les murs de la salle de bains. Le fr. st. accepte : Un toit recouvert de tuiles.

**tuna** n.m. (anglic.) : * *Thon.*

**tune** n.f. (anglic.) : Écouter une belle tune. * Écouter *un bel air*, une belle *mélodie*, une belle *chanson.*

**tuner** v.tr. (anglic.) : Tuner une guitare. * *Accorder* une guitare.

**tune-up** n.m. (anglic.) : Conduire sa voiture au garage pour un tune-up. * Conduire sa voiture au garage pour *une mise au point.*

**tuque** © n.f. (du dial.) : = Bonnet en laine.

**turnip** n.m. (anglic.) : Un champ de turnips. * Un champ de *navets.*

**tusent** v.tr. 3e pers. plur. ind. prés. (dial.?) : Ils tusent les chats errants. * Ils *tuent* les chats errants.

**TV** n.f. (abrév. fam. anglic.) : = *Télé* (abrév. fam.).

**twé** pron. pers. (vx fr.) : * *Toi.*

**tweed** n.m. (anglic.) : Elle s'est acheté un costume en tweed. * Elle s'est acheté un costume *de laine.*

**twister** [twiste] v.tr. ou pron. (anglic.) : Se twister la cheville. * Se *tordre*, Se *fouler* la cheville.

**twony** [tuːni] n.m. (anglic.) : Avoir trouvé un twony. * Avoir trouvé un *deux dollars.*

**typewriter** n.m. (anglic.) : * *Machine à écrire.*

229

# U

**UFO** [jufo] n.m. angl. (unidentified flying objects) : * *OVNI* (objet volant non identifié).

**ultra sound scanner** n.m. (anglic.) : Le médecin a utilisé un ultra sound scanner. * Le médecin a utilisé un *échographe*.

**umpire** n.m. (anglic.) : L'umpire (sports) est juste. * *L'arbitre* est juste.

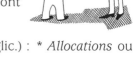

**un** adj. num. (par confusion) : Nous partons le un juin. * Nous partons le *premier* juin.

**underwear** n.m. (anglic.) : Ses underwears sont troués. * Ses *sous-vêtements* sont troués.

**unemployment benefits** adj et n. (anglic.) : * *Allocations* ou *Prestations de chômage*.

**union** n.f. (anglic.) : Il est membre de l'union. * Il est membre *du syndicat*.

**unleaded gas** n.m. (anglic.) : * *Essence sans plomb*.

**upholstery** n.m. (anglic.) : L'upholstery du fauteuil. * *Le rembourrage, Le capitonnage* du fauteuil.

**u pick** adj. (anglic.) : C'est un champ de framboises réservé au u-pick. = (can.) : C'est un champ de framboises réservé à *l'auto-cueillette* ©.

**Urope** n.f. (vx fr.) : * *Europe.*

**user** v.tr. (anglic.) : User le téléphone pendant cinq minutes. * *Se servir du* téléphone pendant cinq minutes. Le fr. st. accepte : User de son influence pour qu'un projet réussisse.

**utilité** n.f. (anglic.) : Les utilités telles que l'eau et le gaz coûtent cher. * Les *services publics* tels que l'eau et le gaz coûtent cher.

# V

**vacuum cleaner** n.m. (anglic.) : * *Aspirateur*.

**vacuumer** [vakjume] v.tr. ou intr. (anglic.) : * *Passer l'aspirateur*.

**van** [van] n.f. ou m. (anglic.) : * *Camionnette, Fourgonnette*.

**varveau** n.m. (can. métis modif.) : Le poisson pris au varveau est bien meilleur avec sa fine saveur de braconnier. * Le poisson pris au *verveux* est bien meilleur avec sa fine saveur de braconnier.

**veal cutlet** n.m. (anglic.) : On a servi des veal cutlets au dîner. * On a servi des *escalopes de veau* au dîner.

**veiller** © v.intr. (dial.) : Aller veiller chez le voisin ce soir. * Aller *passer la soirée, rendre visite au* voisin, Aller *se divertir* chez le voisin ce soir.

**velours** n.m. (can.) : Tes compliments lui ont fait un velours. * Tes compliments lui ont fait *plaisir*.

**vente** n.f. (anglic.) : Vêtements en vente. * Vêtements en *solde*.

**verlope** n.f. (vx fr.) : * *Varlope*.

**verser** v.tr. (par confusion) : Verser du lait sur le plancher. * *Renverser* du lait sur le plancher. Le fr. st. accepte : Verser du vin, du lait dans un verre.

**vest** n.f. (par confusion) : Porter une veste. * Porter *un gilet* (vêtement d'homme, court, sans manche, qui se porte pardessus la chemise et sous le veston).

**vice** [vajs] n.m. (anglic.) : * *Étau* (outil).

**vidange** n.f. (par confusion) : Jeter les vidanges à la poubelle. * Jeter les *ordures ménagères,* les *déchets* à la poubelle. Le fr. st. accepte : Procéder à la vidange d'un fossé = vider.

**video cassette recorder** (VCR) n.m. : * *Magnétoscope, Vidéo.*

**video tape** n.m. (anglic.) : * *Cassette-vidéo, Vidéo-cassette.*

**viendre** v.intr. (dial.) : * *Venir.*

**vilain(e)** adj. (vx fr.) : Il a commis de vilaines actions. * Il a commis des actions *méprisables, déshonorantes.* Le fr. st. accepte : Vilain dans le vocabulaire affectif surtout en parlant aux enfants. Ex. : C'est vilain de tirer la langue.

**virebrequin** n.m. (dial.) : Se servir d'un virebrequin pour percer un trou. * Se servir d'un *vilebrequin* pour percer un trou.

**vire-capot** © (anglic.) : Un homme qui est un vire-capot. * Un homme qui *change de parti* (politique), *d'idées.*

**virer** v.intr. (vx fr.) : Mal virer puis aller dans le fossé. * Mal *tourner* puis aller dans le fossé.

**virtuel** adj. (anglic.) : Il a le monopole virtuel de la compagnie. * Il a le *quasi*-monopole de la compagnie. Le fr. st. accepte : Le marché virtuel d'un produit (possible).

**visite** © n.f. (fr. fam.) : Attendre de la visite. * Attendre une visite, *des visites.*

**vitement** adv. (dial.) : Revenir vitement. * Revenir *vite*.

**vitre** n.f. (par confusion) : Avoir un tesson de vitre dans la main. * Avoir un tesson dans la main. Un tesson est un fragment de verre. Le fr. st. réserve le mot vitre à une pièce de verre qui se met à la fenêtre.

**vlimeux** adj. ou n. (can.) : * *Malin, Rusé, Coquin*.

**voésin** n.m. (dial.) : * *Voisin*.

**voice mail** n.m. (anglic.) : * Messagerie vocale.

**void** adj. (anglic.) : La partie fut void. * La partie fut *nulle*.

**voirai ou voirais** v.tr. ou intr., fut. simple ou cond. prés. (vx fr.) : 1. Je voirai si je peux y aller. * Je *verrai* si je peux y aller. 2. Je voirais la construction d'un nouvel édifice. * Je *verrais* la construction d'un nouvel édifice.

**voisinages** © n.m. (can. métis) : Les voisinages se ramassaient. * Les *voisins* se *rassemblaient*.

**voiture usagée** n.f. (anglic.) : * Voiture *d'occasion*.

**voucher** n.m. (anglic.) : On m'a donné un voucher pour aller coucher à cet hôtel. * On m'a donné un *coupon* pour aller coucher à cet hôtel.

**voye** [vwaj] v.tr. ou pron. ind. prés. ou subj. prés. (dial.) : Mes parents ne se voyent pas depuis deux ans. * Mes parents ne se *voient* pas depuis deux ans. (Que je voie, que tu voies, qu'il voie.)

# W

**waffle** n.m. ou f. (anglic.) : Nous avons mangé des waffles au déjeuner. * Nous avons mangé des *gaufres* au déjeuner.

**waguine** n.f. (anglic.) : Charger le grain par waguine. * Charger le grain par *chariot*.

**waiter** [wetər] n.m. (anglic.) : Le waiter du restaurant * Le *garçon*, Le *serveur* du restaurant.

**waitress** n.f. (anglic.) : * *Serveuse*. Nous dirons : Mademoiselle, s'il vous plaît.

**walkman** n.m. (anglic.) : Se promener avec son walkman en écoutant de la musique. * Se promener avec son *baladeur* en écoutant de la musique.

**wallet** n.m. (anglic.) : * *Portefeuille*.

**wall outlet** n.m. (anglic.) : * *Prise de courant*.

**wall socket** n.m. (anglic.) : * *Prise électrique*.

**walnuts** n.f. (anglic.) : * *Noix*.

**warehouse** n.m. (anglic.) : * *Entrepôt*.

**warning** n.m. (anglic.) : Recevoir un warning de conduire plus lentement. * Recevoir un *avertissement* de conduire plus lentement.

**warrant** n.m. (anglic.) : 1. L'agent de police a un warrant d'arrêt. * L'agent de police a un *mandat d'arrestation.* 2. L'agent n'avait pas de search warrant. * L'agent n'avait pas de *mandat de perquisition.*

**warranty** n.m. (anglic.) : On m'a offert un warranty d'un an pour le téléviseur. * On m'a offert *une garantie* d'un an pour le téléviseur.

**washer** [wɑʃər] n.m. (anglic.) : * *Rondelle.*

**washroom** n.m. ou f. (anglic.) : Il n'y a pas de washroom dans ce magasin. * Il n'y a pas de *toilettes* dans ce magasin.

**watcher** [watʃe] v.tr. ou intr. (anglic.) : Il faut les watcher toute la journée. * Il faut les *surveiller* toute la journée.

**waterproof** adj. (anglic.) : 1. Cette montre est waterproof. * Cette montre est *étanche, à l'épreuve de l'eau.* 2. Cette étoffe est waterproof. * Cette étoffe est *imperméable.*

**waterbed** n.m. (anglic.) : * *Lit d'eau.*

**water tank** n.f. (anglic.) : * *Chauffe-eau.*

**wavelength** n.m. (anglic.) : Nous ne sommes pas sur la même wavelength. * Nous ne sommes pas sur la même *longueur d'ondes.*

**web** ® n.m. (anglic.) : Le web (télécom.) nous permet de communiquer avec tout l'univers. * (can.) *L'ypertoile* nous permet de communiquer avec tout l'univers.

**week-end** n.m. (anglic. dans le contexte suivant) : On pourrait bombarder l'Iraq dès ce week-end. * On pourrait bombarder l'Iraq dès *cette fin de semaine.* Week-end en fr. st. signifie congé de fin de semaine. Or, dans la phrase ci-dessus, il ne s'agit pas de congé mais tout simplement de temps de la semaine. Le fr. st. accepte : Nous irons passer le week-end chez des amis = le congé de fin de semaine.

**welfare** n.m. (anglic.) : Une famille qui reçoit l'aide du welfare. * Une famille qui reçoit l'aide du *bien-être social.*

**wère** v.t. ou intr. (dial.) : Aller wère s'il est arrivé. * Aller *voir* s'il est arrivé.

**wésin(e)** n.m. ou f. (dial.) : * *Voisin(e)*.

**weye** [wɛj] adv. (vx fr.) : Weye, j'y vais. * *Oui,* j'y vais

**whiplash** n.m. (anglic.) : Dans l'accident j'ai eu un whiplash. * Dans l'accident j'ai eu un *coup du lapin* (syndrome cervical traumatique). Le fr. st. accepte : J'ai donné au cheval un coup de fouet pour qu'il trotte plus vite.

**whirpool** n.m. (anglic.): * *Bain tourbillon.*

**whisk** n.m. et v.tr. (anglic.) : * *Fouet, Fouetter.*

**wholesale** adv. (anglic.) : Acheter ses vêtements wholesale. * Acheter ses vêtements *en gros.*

**wiener** n.f. ou m. (anglic.) : * *Saucisse de Francfort, Saucisson.*

**wild** adj. (anglic.) : Ce cheval est wild. * Ce cheval est *sauvage.*

**wild life** n.m. (anglic.) : S'intéresser au wild life. * S'intéresser *à la vie des animaux sauvages.*

**windbreaker** n.m. (anglic.) : Porter un windbreaker noir. * Porter un *blouson*, un *coupe-vent* noir.

**windchill factor** n.m. (anglic.) : Il fait froid car le windchill factor est très élevé. * Il fait froid car le *facteur éolien de refroidissement* est très élevé.

**window-shopping** n.m. (anglic.) : J'ai fait du window-shopping tout l'après-midi. * J'ai fait du *lèche-vitrine* tout l'après-midi.

**windshield** n.m. (anglic.) : Le windshield de la voiture est sale. * Le *pare-brise* de la voiture est sale.

**winterizer** [wĭntərajze] v.tr. (anglic.) : Faire winterizer sa voiture. * Faire *préparer* sa voiture *pour l'hiver.*

**wipers** n.m. pl. (anglic.) : Il pleut, fais fonctionner les wipers. * Il pleut, fais fonctionner les *essuie-glace.*

**wishbone** n.m. (anglic.) : Avoir le wishbone du poulet. * Avoir *la fourchette* du poulet.

**workaholic** n.m. (anglic.) : Un homme qui travaille sans cesse est un workaholic. * Un bomme qui travaille sans cesse est un *bourreau de travail*.

**wrench** n.m. (anglic.) : Se servir d'un wrench pour serrer un boulon. * Se servir d'*une clé anglaise* pour serrer le boulon.

**write-off** n.m. (anglic.) : La compagnie d'assurance a décidé que la voiture était un write-off. * La compagnie d'assurance a décidé que la voiture était *irréparable*.

**xerox** (angl. marque déposée) : * *Photocopieuse.*

**X ray** n.m. (anglic.) : Le X ray est indispensable pour dépister le cancer. * Le *rayon X* est indispensable pour dépister le cancer.

# Y

**yâbe** n.m. (dial.) : Le yâble nous en veut. * Le *diable* nous en veut.

**yearbook** n.m. (anglic.) : Les élèves sont fiers du yearbook. * Les élèves sont fiers de l'*annuaire scolaire*.

**yeast** n.m. (anglic.) : * *Levure*.

**Yeu** n.m. (vx fr.) : Le bon Yeu. * Le bon *Dieu*.

# Z

**zest** n.m. (anglic.) C'est une fille qui a beaucoup de zest. * C'est une fille qui a beaucoup *d'entrain*.

**zipper** n.m. (anglic.) : * *Fermeture éclair*.

**zoo** [ʒu] n.m. (anglic.) : * Zoo [ʒ(o)o].

**zoologie** [zuɔlɔʒi] n.f. (anglic.) : Zoologie [ʒɔɔlɔgi].

**zucchini** n.m. (anglic.) : Le zucchini est bon dans la salade. * *La courgette* est *bonne* dans la salade.

# Les locutions

# LES LOCUTIONS

Telles que définies par Bruno Lafleur dans son *Dictionnaire des locutions idiomatiques françaises*, les locutions ne sont pas simplement des expressions qui relèvent de la stylistique. Selon ce linguiste, *décliner une invitation*, *entamer une discussion* ou *courir un risque* ne sont pas des locutions mais des expressions où l'on emploie le mot juste, le terme propre. Pour être qualifiées d'idiomatiques, les locutions doivent être identifiables comme telles, pour ainsi dire coulées dans un moule comme *se graisser la patte* et *c'est de valeur*. Il ne s'agit pas non plus de mots tels que *arc-en-ciel* ou *oiseau-mouche* qui sont des noms composés au sens propre, mais plutôt d'expressions considérées comme des locutions nominales. surtout lorsqu'elles comportent une métaphore, comme par exemple : *blanc-bec, souffre-douleur* et *pot-de-vin*. Ces dernières expressions deviennent locutions en passant du sens propre au sens figuré. Les locutions populaires qui suivent sont des expressions entendues au Manitoba français ; elles sont accompagnées de phrases illustrant une autre manière de s'exprimer. En dépit du fait qu'elles remontent loin dans le temps, certaines locutions gardent toujours une façon de parler imagée qui donne du caractère à notre langue.

# A

**en faire accrère** (vx fr.) Cet enfant en fait accroire à ses parents.

**prendre pour acquis** (anglic.) Il ne faut pas tenir pour acquis que nous allons gagner.

**par affaires** (dial.) Mon père est allé en ville pour affaires.

**se faire couper les ailes** © (modif. de rogner) Sa belle-mère lui a enlevé toute liberté d'agir, de décision.

**tomber en amour** (anglic.) Je suis tombé amoureux de Thérèse.

**à l'année longue** Cet homme fait du bénévolat à longueur d'année.

**à son apport** (dial.) Il est plus intéressant de travailler à son compte.

**en arracher** (dial.) Les premiers colons ont éprouvé des difficultés à leur arrivée au Manitoba.

**en arrière** (dial.) La fourche est derrière la maison. Ma montre est en retard.

**en grand attelage** © (can.) Nos cousins américains sont arrivés au mariage en grand apparat.

**mal attelé** © (can.) Je plains Lucie. Elle est mal prise avec un mari ivrogne.

**attendre après** (région.) Je l'attends depuis deux heures.

**s'attendre que** (par confusion) Je m'attends à ce qu'il arrive bientôt.

**payer attention** (anglic.) Je vous demande d'écouter attentivement, d'être tout oreilles.

**au jour d'aujourd'hui** (dial.) Aujourd'hui, À présent, je suis convaincue de son innocence.

**autant comme** (vx fr.) Il voudrait avoir de la chance autant qu'un autre.

**autant comme autant** (vx fr.) Essayer à maintes reprises, mais ne pas réussir.

Je lui ai dit et redit, mais il ne veut rien comprendre.

**en autant que** (modif.) En tant que je sache, il se porte bien.

**nous autres, vous autres, eux autres,** (dial.)

Mon père est avec nous, il partage nos idées.

Vous, prenez soins des enfants.

Si vous habitez avec eux, vous devrez vous intégrer à leur famille.

**à l'avance** (can.?) J'aurais aimé le savoir d'avance.

**prendre de l'avant** (vx fr.) Prendre de l'avance dans son travail afin de terminer sa journée plus tôt.

# B

**faire manger de l'avoine** © (modif.) Il est tellement beau qu'il supplante ses rivaux auprès des filles.

**manquer un bardeau** © (can.) Il a le cerveau dérangé depuis qu'il a reçu un coup à la tête.

**en bas de** (can.?) Il fait dix au-dessous de zéro. Une somme inférieure à dix dollars.

**bavard comme une pie** (fr. fam.) Cet immigrant européen est très causant, loquace.

**être en bébite** (can. fam.) Il était très mécontent de la décision du président.

**bec à l'eau** © (modif.) Après la grève, les ouvriers se sont retrouvés sans avoir bénéficié de la situation.

**bec fin** © (modif.) Mange ce que tu as dans ton assiette sans faire le difficile. Français standard : Bec fin = gourmet, fine bouche, bon bec.

**avoir le bec sucré** © (can.?) Ordinairement, les enfants aiment le sucre.

**curieux comme une belette** © (can.) La voisine est très curieuse, indiscrète.

**avoir en belle** (dial.) Il était bien libre de visiter la ville. Il n'avait qu'à nous accompagner.

**belle comme un coeur** (modif.) La mariée était jolie comme un coeur, ravissante.

**avoir l'air bête** (modif.) J'avais l'air stupide parce que je ne savais que répondre.

**rester bête** (dial.) Le professeur est resté interloqué, estomaqué.

**bête comme ses pieds** (fr. fam.) Le propriétaire de cet immeuble est un homme stupide, de mauvais caractère.

**chanter une poignée de bêtises** (can. fam.) Le mécanicien du garage m'a lancé des injures, m'a insulté.

**prendre le beu (boeuf)** (can. fam.) J'avais fait des plans pour la fin de semaine mais j'ai attrapé la grippe et tous mes plans ont été abandonnés.

J'avais oublié d'attacher le meuble sur le chariot et, en route, il est tombé et s'est fracassé.

Quand l'agent de police est arrivé, le voleur s'est sauvé, a décampé, a déguerpi.

**bisc-en-coin** © (dial.) On ne compte plus les murs de biais, de travers dans cette vieille maison.

**blanc comme un drap** (modif.) Lorsqu'il vit la victime couverte de sang, il devint pâle de peur, il fut saisi de frayeur.

**blanc de mémoire** (anglic.) J'ai un trou de mémoire. Je ne me rappelle plus son nom.

**passer au bleu** © (modif.) Il va se faire réprimander, punir. Français standard : Passer au bleu = Éviter ou oublier de faire.

**avoir les bleus** (anglic.) Depuis la mort de son mari, elle ne cesse de faire de la déprime, de broyer du noir, d'avoir des idées noires.

**Tomber dans les bleus** (can. métis) Le bébé de ma soeur est presque possédé du démon.

**passer au bob** (vx fr.) Il s'est fait réprimander par le directeur de l'école.

**avoir du boeuf** (can. fam.) À n'en pas douter, il y a de l'étoffe dans ce jeune journaliste.

**n'être pas sorti du bois** (anglic.) Malgré nos efforts continus, nous n'avons pas encore résolu nos problèmes.

**fermer sa boîte** (can. fam.) Je lui ai demandé de se taire, de garder silence.

**bon comme la terre** © (can.) Cette religieuse est une très bonne personne.

**prendre le bord** (can. fam.) Quand il a vu le policier à ses trousses, il s'est sauvé, il a déguerpi.

**bossu comme un chameau** (can. fam.) Dans ce conte, le méchant est très bossu.

**tirer une botte** (vx fr.) Il aime faire l'amour.

**faire boucherie** © (dial. suisse) Quand vient le froid, il est temps d'abattre et de dépecer les bestiaux.

**faire du boudin** © (dial.) Si quelqu'un la blesse, cette petite fille orgueilleuse peut bouder pendant des heures.

**c'est le bouquet** (fr. fam.) Il est parti avec la femme de son voisin? Il ne manquait plus que cela!

**tenir son bout** (can. fig.) Dans une discussion, il sait tenir à ses idées.

**un bon boute** (dial.) Le magasin est à une bonne distance d'ici.

**être rendu au boute** (dial.) Ma mère est épuisée, rendue à bout, exténuée.

**ne pas avoir inventé les boutons à quatre trous** © (can.) Le nouveau pensionnaire n'est pas très dégourdi, débrouillard.

**brâiller comme un perdu** © (can.) Le gamin a pleuré, crié très fort après avoir perdu son argent.

**bras de fer** © (modif.) Il élève ses enfants de façon très sévère. C'est un homme très fort, très dur.

**brasse-corps** (vx fr.) Saisir quelqu'un à bras-le-corps.

**attendre avec une brique et un fanal** (can. fam.) S'il retarde de quelques minutes, sa femme l'attend de pied ferme.

**broche à foin** © (can.) Qui peut tolérer un travail non soigné, fait à la diable?

**prendre une brosse** (vx. fr.) Il s'enivre, Il lève le coude chaque fin de semaine.

**péter de la broue** (can. fam.) Le nouvel arrivé se vante, se targue de ses succès.

**courir le buffalo** © (can. métis) Les Métis étaient passés maître dans l'art de poursuivre le bison à cheval, faire la chasse au bison.

**ça fait que** (can.?) Il a eu un accident : alors, donc, il n'ira pas à l'école.

**cailler de sommeil** (dial.) Le sermon m'ennuie; je ne peux pas résister au sommeil, au besoin de dormir.

**avoir le caquet bas** (modif.) Il ne parle pas beaucoup; Il est taciturne ce matin.

**en tout cas que** (vx fr.) Au cas où il viendrait, tu lui diras que je suis absent.

**être cassé comme un clou** (anglic.) J'ai un frère qui est toujours sans argent, sans le sou.

**en avoir plein son casque** (modif.) Le professeur de culture physique ne peut pas en endurer davantage.

**avoir du casque tout le tour de la tête** (modif.) Il est effronté de vouloir m'emprunter de l'argent.

Il a eu le front de revenir après avoir été chassé.

**être plus catholique que le pape** © (can.?) Ce prêtre professe une morale, une religion plus sévère que celle du pape.

Mon frère exagère dans ses règlements.

**catholique à gros grains** © (can.) Mon grand-père a toujours été un catholique peu pratiquant.

**à cause que** (dial.) Je ne suis pas venu parce que j'avais un autre engagement.

**faire certain** (anglic.) Il faut s'assurer de partir à la pointe du jour.

**chanceux comme un quêteux** (can. fam.) Le concierge a gagné le gros lot. Il est extrêmement chanceux, a eu de la veine.

**en voir trente-six chandelles** © (can.?) Je me suis frappé la tête contre la porte. J'en ai été étourdi. J'en ai eu le vertige.

**attriqué comme la chienne à Jacques** (can.) Depuis que je le connais qu'il est mal habillé, mal fagoté.

**le diable le charrie** (can. fam.) Lorsqu'il conduit la voiture, il mène à toute vitesse. Français standard : Charrier du foin, La rivière charrie les glaçons, Il commence à charrier = à exagérer.

**mettre la charrue devant les boeufs** © (vx fr.) Il a la mauvaise habitude de faire d'abord ce qu'il devrait faire en deuxième lieu.

**le chat est sorti du sac** (anglic.) Nous nous demandions qui était responsable du scandale. Enfin, nous connaissons la vérité, on a vendu la mèche.

**ne pas valoir cher** © (can.) C'est un spectacle médiocre, qui ne vaut pas grand'chose.

**à cheval donné on ne regarde pas la bride** © (can.) Nous devons nous satisfaire de ce qui nous est donné.

**une mémoire de chien** © (can.) Il a une bonne mémoire, une mémoire d'éléphant.

**être en chien** (can. fam.) Mon parrain était mécontent, insatisfait de mon bulletin de notes.

**son chien est mort** © (can.?) Il désirait devenir président, mais avec le scandale qu'il a provoqué, c'est fini, il n'y a plus d'espoir pour lui.

**avoir l'air d'un chien battu** © (can.) Lorsqu'il a perdu les élections, il avait l'air écrasé, déconfit.

**chien de poche** (modif.) Mon neveu me talonne, me suit partout.

**gros chien** (can.?) Les hommes importants du monde de la finance.

**attriqué comme la chienne à Jacques** (can. fam.) Ma tante nous arrivait toujours très négligée, vêtue de façon loufoque.

**avoir la chienne** (vx fr.) Sa décision ne me surprend guère. C'est un paresseux, un homme sans énergie.

**chier sur le bacul** (can.) Il avait promis de parler au patron mais à la dernière minute, il a refusé par manque de courage.

**ne pas valoir une chique** (can. fam.) Un cadeau qui ne vaut absolument rien, qui est de la camelote.

**choisir au hasard (par confusion)** J'ai tiré un billet au hasard.

**être assis sur la clôture** © (can.) C'est un avocat qui hésite toujours entre deux partis, deux options.

**regarder par-dessus la clôture** © (can.) Il n'a que seize ans et déjà il commence à s'intéresser aux filles.

**payer un compliment** (anglic.) Elle est sincère quand elle fait un compliment. Sinon, elle ne dirait rien.

**couper la chique** (dial.) Une nouvelle qui coupe la parole, qui surprend, qui choque.

**manger une cinglée** © (vx fr.) Recevoir une volée de coups de son beau-père.

**à coeur de jour** (dial. ou fr. : à coeur de journée) Travailler du matin au soir, à longueur de journée.

**faire gros au coeur** © (can.) La perte d'un enfant attriste beaucoup une mère.

**cogner des clous** (vx fr.) Ma tante a la tête qui tombe de sommeil.

**bouillir de colère** © (dial.) Le joueur de hockey était furieux, furibond à la suite de sa défaite.

**collant comme une mouche à merde** (can. fam.) Le vieux bonhomme est importun, gêneur.

**collant à mouche** © (can.) C'est un insupportable, un casse-pied (fr. fam.), quelqu'un dont on ne peut se débarrasser.

**ça bat la comète** © (can.) Une femme de son âge qui se marie. C'est incroyable!, inconcevable!

**comme de fait** (vx fr.) Je l'attendais à midi. Naturellement, il est arrivé en retard.

**comme il faut** (can.?) Se faire punir sévèrement, vigou-reusement.

**comme qu'on** (dial.) On fait comme on peut.

**à la fin du compte** (can.?) Il passait son temps à jouer au hockey. Au bout du compte, il n'a pas réussi ses examens.

**sans compter que** (dial.) Je ne pourrai aller avec toi parce que je dois travailler. De plus, D'ailleurs, je n'ai pas un sou.

**au meilleur de ma connaissance** (modif.) En autant que je sache, À ma connaissance, il ne demeure plus ici.

**costume d'Adam** (fr. fam.) Le comédien est apparu sur la scène dans sa nudité.

**être rendu au coton** (can. fam.) La pauvre veuve est épuisée, à bout de force.

**avoir la couenne dure** (can. fam.) C'est un homme qui est résistant, robuste, capable d'endurance.

**se faire chauffer la couenne** (can. fam.) Il s'est fait malmener par son patron à cause de son retard.

**cou'don** (can.) Écoute donc quand je te parle.

Mais enfin!, Voyons! Si tu penses que nous allons accepter un tel prix.

**à tout coup** (dial.) Chaque fois qu'il gagne il ne peut s'empêcher de s'enivrer.

**un bon coup** (dial.) Un jour, il aura un accident de voiture et ce sera sa faute.

**encore un coup** (vx fr.) Il a réussi encore une fois à épater tous les spectateurs.

**un coup que** (can.) Une fois qu'il a eu terminé son discours, il a quitté la salle.

**coup de cochon** (can. fam.) Cet agent d'assurances m'a joué un sale tour.

**coup de couette** © (can. métis) Mon meilleur ami m'a joué un mauvais tour.

**au plus coupant** (can. fam.) Hâte-toi de terminer la construction de ton patio au plus vite, immédiatement.

**cousin de la fesse gauche** (can.) Cette cousine éloignée, à la mode de Bretagne, vient me visiter chaque année.

**coûter les yeux de la tête** © (fr. fam.) Cette robe me coûte très cher, me coûte un prix fou.

**ne pas prendre coutinette** (can. métis) Je ne prendrai pas beaucoup de temps à installer les doubles-fenêtres.

**passer au crible** (modif.) Les premières outardes apparaissent ce soir. Français standard : Passer au crible = trier des objets de grosseur inégale ou examiner attentivement une idée, une opinion.

**crier comme un déchaîné** © (can.) À l'hôpital, il y avait un enfant qui criait à pleine force, comme un diable déchaîné.

**pousser des cris de mort** © (can.) S'il n'a pas de médicaments, il crie de douleur, il gémit de toutes ses forces.

**piquer une crise** © (fr. fam.) Elle s'est mise en colère lorsque je lui ai dit que je la quittais.

**avoir une crotte sur le coeur** (can.) Depuis que je lui ai refusé de l'argent, il m'en veut, ne me pardonne pas.

**crotte de chien** (can.) Ces changements dans les soins de la santé sont sans valeur, sans efficacité.

**prendre une cuite** © (fr. fam.) Depuis son jeune âge qu'il aime s'enivrer, lever le coude avec des copains.

**se faire prendre les culottes à terre** © (can.) Nous avons découvert ses mensonges. Il s'est fait mal surprendre, est resté interloqué, décontenancé.

# D

**à date** (anglic.) Jusqu'à présent, À ce jour, nous avons reçu mille dollars.

**prendre une débarque** (modif.) Les Conservateurs sont en train de subir, d'essuyer une défaite.

**aller en découverte** © (can. métis) Les Métis allaient dans la prairie pour repérer les troupeaux de bisons.

**défoncer une porte ouverte** (can. fam.) Il demande notre assentiment mais, en réalité, il demande une chose déjà acquise.

**de même** (dial.) Il parle toujours ainsi, de cette façon.
Par des chemins semblables, on ne devrait pas sortir.

**être en démon** (can. fam.) Mon père était furieux parce que je ne pouvais pas l'aider.

**se retrouver le derrière sur la paille** (modif.) Il a tout dépensé son argent. Il se retrouve maintenant dans la misère, l'indigence.

**prendre le dessus** (dial.) Il a été très maldae, mais il est en train de s'en remettre, de retomber sur ses pieds.

**se mettre dans les dettes** (dial.) Mon neveu ne finit plus de s'endetter depuis qu'il a quitté la maison paternelle.

**dévousse que** (dial.) Où vas-tu? Où est-ce que tu vas habillé de cette façon?

**aller chez le diable** (can. fam.) S'il pense que je vais encore lui prêter ma voiture, il peut aller se promener, il se trompe.

**ça parle au diable** (interj. fam.) Je n'en reviens pas! C'est étonnant de constater de tels progrès!

**ce n'est pas le diable** (modif.) Ma femme a fait son premier gâteau mais il ne valait pas grand'chose.

**donner le diable** (can. fam.) Mon père m'a réprimandé parce que je suis entré à deux heures du matin.

**être en diable** (can. fam.) J'étais mécontent, en rogne. Cet imbécile a ruiné ma motocyclette.

**mener le diable** (can. fam.) Les gamins font du bruit dans la cuisine.
Mon père m'a réprimandé, grondé.

**le diable aux vaches** (can. fam.) Lorsque je suis entré chez lui, on se disputait fortement.

**le diable et son train** © (can.) Dans la salle de classe, les élèves étaient grimpés aux fenêtres; d'autres se tenaient sur le piano; d'autres enfin criaient à tue-tête. C'était un vacarme, un désordre épouvantable.

**le diable le charrie** (can. fam.) Au volant d'une voiture, il va excessivement vite.

**que le diable l'emporte** (vx ou plaisanterie) S'il n'est pas content, tant pis pour lui, qu'il aille se faire voir ailleurs, se faire pendre ailleurs!

**au diable vert** © (fr. : diable vauvert) Les trappeurs ne seront pas au festival. Ils habitent très loin d'ici.

**se mettre en dimanche** (dial.) L'inspecteur doit venir. Il faut porter nos habits du dimanche.

**avoir pour son dire** (can.) Je dis que, Je prétends que les professeurs ne sont pas toujours disponibles.

**s'en aller dire** (modif. du dial.) Je te dis, Je vais te dire que je suis très satisfait de tes progrès en musique.

**n'être pas disable** (can.) Il est sot. C'est incroyable, inimaginable.

**disons que** (can.) Combien de frères as-tu? J'en ai trois.

Disons est un automatisme utilisé pour prendre le temps de réfléchir.

**cogner sur les doigts** (can.) Cette institutrice ne manque jamais l'occasion de nous réprimander, de nous faire des remontrances.

**revirer le dos** (du vx fr.) C'est une femme grossière. Elle fait semblant de ne pas te voir. Elle tourne le dos à ceux qu'elle n'aime pas.

**à drète** (vx fr.) En arrivant au feu rouge, tournez à la droite.

**d'où ce que** (can.) D'où viens-tu? Personne ne t'a vu depuis une semaine.

**faire dur** (can.) Il me semble qu'il ne va pas très bien.

C'est une fille qui n'est pas jolie, qui est mal habillée.

**être dans l'eau bouillante** (can.?) Le président de la Serbie est très mal pris, dans de beaux draps.

**en par cas** (vx fr.) Si par hasard il vient, tu lui diras que je suis dans la salle d'études.

**en quelque part** (dial.) Cette pauvre femme oublie toujours ses lunettes quelque part.

**en temps** (dial.) Essaie d'arriver à temps à la réunion.

**marcher sur les épines** (modif.) Depuis ses mauvais investissements, il se trouve dans une situation difficile, il vit dans la crainte, l'incertitude.

**à l'épouvante**  (can.) Je les ai vus sortir de la maison à toute vitesse.

**esprit d'école** (anglic.) Les élèves sont tous allés à la partie de balle pour montrer leur esprit de corps, leur sentiment d'appartenance.

**été des sauvages** © (can.) Au mois d'octobre nous avons une période de beau temps que nous appelons l'été de la Saint-Martin.

**être à** (vx fr.) J'étudie ce projet depuis bientôt deux semaines.

# F

**face de carême** (modif.) Il est venu au banquet mais il était pâle, avait l'air d'un cadavre.

**avoir la fale à l'air** (can. fam.) Ma tante est souvent très décolletée.

**avoir la fale basse** (can. fam.) Il est huit heures et nous commençons à avoir faim.

**être en famille** © (can.) Elle est enceinte pour la première fois.

**fatigué au coton** (can.?) À la fin de l'année scolaire, tous les professeurs sont épuisés.

**se fendre en quatre** © (can.) Elle a beau se dévouer sans compter, personne n'apprécie son abnégation.

**se fendre l'âme** (modif.) Elle se sacrifie entièrement au service des malades atteints du SIDA.

**coucher les fesses à l'air** (can. fam.) Les scouts ont été obligés de coucher au froid, sans couverture.

**passer au feu** © (can.?) La maison de mon frère a brûlé, a été incendiée de fond en comble.

**avoir le feu aux fesses** (fr. fam.) Mon voisin est bizarre. Il est toujours à la hâte, s'empresse sans cesse.

**en avoir pour les fins et les fous** (can. fam.) Ne vous inquiétez pas. Il y a des victuailles pour tout le monde, en abondance.

**avoir l'air fin** (can. fam.) Ce musicien a l'air ridicule avec ses longs cheveux.

**à finir** (anglic.) C'est un combat à mener jusqu'au bout, jusqu'à la mort entre les deux adversaires politiques.

**flambamt neuf** (can.?) Enfin, il s'est acheté une voiture toute neuve.

**se flamber la cervelle** (modif.) Le fermier était découragé ; il s'est brûlé la cervelle, s'est tué d'un coup de feu.

**organiser ses flûtes** (can. fam.) S'il veut aller en voyage, il doit faire ses préparatifs.

**des fois que** (dial.) Si toutefois tu pouvais venir, je serais très heureux.

**au forçail** (dial.) S'il le faut, À la rigueur, accepte au moins trente dollars.

**au plus fort la poche** (dial.) Dans cette lutte sans merci entre les commerçants, c'est le plus puissant qui l'emporte.

**fou braque** (modif.) Quand il était adolescent, il était très étourdi, imprévisible, fou comme un petit chien de chasse.

**faire un fou de soi** (anglic.) S'il ne change pas d'idée, il va se rendre ridicule.

**être fou comme un foin** (can.) Le professeur de violon était tout excité, tout énervé à la fin du concert.

**être fou raide** (can. fam.) Ce commis de magasin parle à tort et à travers. Il souffre de démence.

**fou à attacher** © (can.) Il ne changera jamais. Au collège, on le trouvait complètement fou.

**fou comme un balai** © (can.) Quand il voit une fille en maillot de bain, il perd la tête.

**fourrage de chien** (modif.) Ces réunions s'avèrent une perte de temps.

**faire le frais** (can.) J'ai un cousin qui a toujours été fat, prétentieux.

**frapper un noeud** (anglic.) Dans le passé il a toujours réussi, mais cette fois-ci il a échoué, rencontré un obstacle, manqué son coup.

**froid de chien** © (can.) Il fait un froid de canard, un froid de loup, un grand froid.

**avoir du front tout le tour de la tête** (can.?) Ce Québécois est différent des autres. Il est effronté, très audacieux.

**full swing** (anglic.) Au temps des fêtes, nous travaillons sans arrêt.

**avoir un fun bleu** (can.) À la soirée de Noël, nous nous sommes beaucoup amusés.

**être en fusil** (can. fam.) Mon frère était en colère après avoir lu cette nouvelle dans le journal.

# G

**courir la galipote** (dial.) Depuis qu'il est revenu de la guerre, il aime bien courir les jupons, vagabonder.

**geler comme une crotte** (can. fam.) S'il reste dehors, il va avoir très froid, souffrir du froid.

**se rincer le gorgoton** (can. fam.) Il ne manque jamais l'occasion de prendre un verre d'alcool.

**en avoir plein jusqu'au goulot** (dial.) Il a trop bu, il en a jusqu'au gosier. Français standard : Goulot d'une bouteille.

**mettre son grain de sel** (fr. fam.) À chaque réunion, il s'immisce mal à propos.

**gras comme un voleur** © (can.) Depuis qu'il est à la retraite, il est très gras, prend de l'embonpoint.

**manger une gratte** (vx fr.) Ses parents sont trop sévères. Il reçoit de vertes semonces, est maltraité, se fait battre pour des riens.

**grimper les murs** (anglic.) En l'écoutant chanter, je devenais fou.

**de grippe et de grappe** © (can.?) Jean-Paul n'a pas beaucoup de talent, mais il réussit ses études d'une façon ou d'une autre, à coups d'efforts.

**grippe de fer** (dial.) Mon père a une poigne solide, exerce une forte discipline auprès de ses enfants.

**ben gros** (vx fr.) Je t'aime beaucoup, énormément, et tu le sais fort bien.

**gros gens** © (can.?) N'agis pas ainsi. Cela dénote que tu es mal élevé, mal éduqué.

**chiquer la guenille** (can. fam.) C'est sa façon de s'illustrer. Il aime critiquer, se disputer, grogner inutilement.

**avoir de la gueule** (modif.) C'est un homme qui parle beaucoup, qui ne se gêne pas pour dire ce qu'il pense.

**gueule carrée** (can. fam.) Il a trop célébré hier soir. Aujourd'hui, il est sans façon, de mauvaise humeur.

**en haut de** (can.?) Il fait deux degrés au-dessus de zéro.

**à c't' heure** (dial.) Maintenant, À présent, on est bien content d'avoir pris cette décision.

**plus de bonne heure** (can.) Dorénavant, essayez d'arriver plus tôt.

**i où c'que** (dial.) Où vas-tu? Où est-ce que tu vas si tôt ce matin?

**i va tu** (dial.) Est-ce qu'il va finir? Va-t-il finir de pleurer?

**faire son idée** (anglic.) Décide-toi, Prends une décision, tu n'en finis plus de tergiverser.

**indépendant comme un cochon sur la glace** (can. fam.) Il est si indépendant qu'il n'écoute les conseils de personne.

**ça m'intéresse que le diable** (can. fam.) J'ai su que le film était médiocre. Donc, il ne m'intéresse pas beaucoup.

**tirer à la jambette** © (can.) Pour s'amuser, les jeunes tirent à la jambette. = Jeu où deux lutteurs couchés sur le dos s'accrochent par une jambe et essaient de se renverser.

**aimer faire son jars** (modif.) Il était très jeune et déjà il se pavanait devant les visiteurs.

**être en beau joual vert** (can. fam.) Le locataire du rez-de-chaussée était furieux, en colère.

**jusqu'à tant que** (vx fr.) Je t'attendrai jusqu'à ce que tu reviennes.

**jusqu'où ce que** (vx fr.?) J'aimerais bien savoir jusqu'où tu vas?

**laid comme un péché mortel** (modif.) Ma tante est laide comme les sept péchés capitaux, comme un singe, comme un pou.

**pure laine** © (can.) Le nouvel arrivant est un Québécois de vieille souche.

**laisser savoir** (anglic.) Essayez de lui faire savoir que je partirai demain.

**laisser pisser le mouton.** (can. métis) Ne décide pas trop vite. Prends ton temps, Sois patient.

**le chat lui a mangé la langue** (anglic.) Il ne parle pas, Il est muet, lui qui est ordinairement si loquace.

**ne pas avoir la langue dans sa poche** (dial.) C'est un garçon qui n'a pas peur de parler, de s'exprimer, de donner son opinion.

**grande langue** (can. fam.) Tout le monde sait que cette femme est bavarde, médit facilement, calomnie son prochain.

**en criant lapin** © (can.) Il nous a épatés en faisant tout son travail en un clin d'oeil.

**grosse légume** (fr. fam.) Le maire est un personnage important de la ville.

**m'a** (can.) Je vais lui dire que tu regrettes ton étourderie.

**mai que** (vx.fr.) Lorsque, Quand, Dès que tu auras reçu ton diplôme.

# M

**à la main** (modif.) Le vendeur a toujours le téléphone à portée de la main.

**le coeur sur la main** (fr. fam.) L'infirmière est très généreuse.

**mains comme des battoirs** (fr. fam.) La nouvelle secrétaire a les mains larges et fortes.

**avoir les mains pleines de pouces** © (can.) Le jeune fermier est maladroit, gauche au volant de sa moissonneuse-batteuse.

**ça presse comme un mal de ventre** (modif.) Il est pressant, urgent de terminer la rédaction de ce rapport.

**tomber du haut mal** (dial.) La pauvre femme vient d'apprendre que son fils souffre d'épilepsie.

**hier au matin** (vx fr.) Tu devais aller chez le dentiste hier matin.

**rendre malade** (anglic.) Ce paresseux m'exaspère, m'exacerbe.

**mal pris** (vx fr.) J'ai dû céder mon poste; j'avais des difficultés, des problèmes.

**mal-en-train** (dial.) Je ne la reconnais plus. Elle est toujours indisposée, souffrante, de mauvaise humeur.

**malgré que** (vx fr.) Bien qu'il soit malade, il a tenu à aller au travail.

**malin comme un singe** © (can.) Si tu savais comme il est rusé, astucieux.

**manger comme un trou** (modif.) Notre nouvelle servante mange beaucoup, mange comme un ogre.

**manger une volée** (can. fam.) Il s'est fait battre, rosser par un camarade de classe.

**quand la manne passe, il faut la ramasser** (can.?) Il faut savoir profiter des occasions, des avantages, de la chance.

**qui prend mari prend pays** © (can.?) La fille qui se marie doit suivre son mari peu importe où il va.

**en masse** (modif.) Du monde, il y en avait beaucoup à la noce de ma cousine. Français standard : Levée en masse = en foule, en bloc.

**un de ces quatre matins** (dial.) Un de ces jours, j'irai faire un voyage en Europe.

**m'a t'y** (vx fr.) Est-ce que je vais accepter de payer une si forte somme pour mon logement?

**être en maudit** (can. fam.) J'étais offusqué, mécontent, en colère.

**attendre une mèche** © (can.) La pauvre femme a attendu longtemps l'arrivée de son taxi.

**de même** (vx fr.) Pourquoi parles-tu ainsi, de cette façon à tes parents?

**ne pas en mener large** (dial.) Depuis qu'il a subi une intervention chirurgicale, il est très faible, très fragile.

**mé que** (vx fr.) Lorsque tu viendras, apporte-moi un livre.

**mettre à chauffer** (can.?) Il est trop tôt pour faire chauffer l'eau.

**mettre quelqu'un on hold** (anglic.) Si le gérant est occupé, on te mettra en attente.

**mettre la table** (dial.) Il est l'heure de dresser le couvert.

**ne pas avoir une miette de pain** (dial.) Les nouveaux venus n'avaient rien à se mettre sous la dent quand l'agent d'immigration leur a rendu visite.

**prendre du mieux** (modif.) Mon grand-père va mieux, se porte mieux.

**moi pour un** (anglic.) Quant à moi, je suis contre cette proposition ridicule.

**à un certain moment donné** (dial.) À un moment donné, il faudra bien que tu quittes ta maison.

**se tenir comme du monde** (can. fam.) Avec ce directeur, il fallait se tenir comme des enfants bien élevés.

**mouiller à boire debout** © (can.) Je n'avais pas de parapluie et il pleuvait à verse.

**être en moyen** © (can.) Il ne connaîtra jamais la misère; il est riche, vit dans l'aisance.

# N

**à net** (dial.) Ils ont perdu leur terre. Alors il leur a fallu recommencer de rien.

**à neuf** (modif.) Les bureaux des professeurs ont été rénovés au complet.

**frapper un noeud** (anglic.) Je t'assure que nous avons heurté un obstacle, rencontré un obstacle.

**noir comme chez le loup** (modif.) Il fait noir comme dans la gueule d'un loup, Il fait très noir.

**nom à coucher dehors** (fr. fam.) Son dernier enfant a été baptisé d'un nom impossible à prononcer, à retenir.

**ne pas avoir le nombril sec** (can. fam.) Gustave est encore un enfant et s'imagine pouvoir nous en apprendre.

# O

**se rincer l'oeil** (fr. fam.) Il y avait une belle femme à la réunion. Certains l'ont regardée avec plaisir, l'ont reluquée, lorgnée.

**tomber dans l'oeil** (can.?) Elle lui a plu, Il a tout de suite été attiré vers elle.

**se mêler de ses oignons** (can. fam.) Mêle-toi de tes affaires, de ce qui te regarde.

**être aux oiseaux** (dial.) Il était très heureux, était aux anges d'avoir gagné la partie de bridge.

**oreilles comme des portes de grange** (can.?) Ce comédien est demeuré célèbre à cause de ses oreilles extrêmement grandes.

**pousser en orgueil** (dial.) Cet été, mes plants de tomates poussent trop vite, trop haut.

**ôter la table** (vx. fr.) Le repas est terminé depuis longtemps. C'est le temps de desservir, d'ôter le couvert.

**où cé que** (dial.) Où vas-tu si tôt ce matin?

**ambitionner sur le pain béni** © (can.) Il ne faut pas abuser des bonnes choses, prendre plus que sa part.

**être né pour un petit pain** © (can.) Ma grand-mère disait toujours qu'elle était destinée à être pauvre.

**pâle comme une vesse de carême** (can. fam.) S'il mangeait un peu plus, il ne serait pas si pâle, d'une pâleur extrême.

**avoir les yeux plus gros que la panse** (can. fam.) Ton assiette est trop pleine. Tu t'es servi plus que tu es capable de manger.

**en par cas** (vx fr.) Si par hasard il venait, ne manque pas de me réveiller.

**par après** (vx fr.) Ensuite, il s'est retiré dans l'île de Vancouver.

**par exprès** (vx fr.) Le conférencier est venu exprès pour rencontrer les étudiants en médecine.

**du pareil au même** (can.) C'est toujours la même chose avec cet organisme gouvernemental.

**parler à travers son chapeau** (anglic.) Ne t'en fais pas. Il ne sait pas ce qu'il dit.Il parle à tort et à travers.

**par rapport que** (dial.) Je ne suis pas allé à la réunion parce que j'avais déjà un autre engagement.

**se parler dans la barbe** (can. fam.) Nous allons nous parler franchement avant de refaire la même erreur.

**parler l'anglais comme une vache espagnole** (fr. fam.) Il n'est jamais allé à l'école, c'est pourquoi, il parle un mauvais anglais, il le parle en l'estropiant.

**grand parleur, petit faiseur** © (can.) Méfie-toi de lui. C'est une personne qui parle beaucoup, qui promet beaucoup mais qui agit peu.

**en quelque part.** (dial.) Rencontrer le ministre quelque part à l'occasion d'une réception.

**à part de d'çà** (can.) D'ailleurs, De plus, je ne veux pas aller à la danse avec lui.

**partir comme une balle** (can. fam.) Le coureur est parti comme une flèche, très rapidement.

**tout partout** (vx fr.) On disait qu'il y avait des jeunes partout dans le Collège.

**pas rien que** (fr. pop.) Il n'y avait pas que moi à cette rencontre des anciens.

**faire pataque** (can. fam.) Le marchand a fait son possible mais il a manqué son coup, fait faillite.

**jouer une patte de cochon** (can. fam.) Je ne suis pas prêt de l'oublier; il m'a triché, m'a joué un mauvais tour, m'a trahi.

**parler avec une patate chaude dans la bouche** (can. fam.) Il est si timide qu'il parle de façon inarticulée.

**être dans les patates** (can. fam.) Ce syndicaliste ignore le dossier. Il est dans l'erreur, dans l'ignorance.

**ne pas être vif sur ses patins** (can. fam.) Ce maçon va me coûter une fortune. Il est d'une lenteur extrême, peu débrouillard.

**se graisser la patte** (modif.) En faisant ce travail bénévole, il s'est payé en secret. Français standard : Graisser la patte de quelqu'un.

**tirer la patte** (anglic.) Il est en train de me faire marcher, de me taquiner.

**se mettre à quatre pattes** (can. fam.) Il a l'habitude de ramper, se mettre à plat ventre devant le directeur.

**pauvre comme la gale** (can. fam.) Durant la crise économique, tout le monde était pauvre comme Job.

**être sur une peanut** (can. fam.) Mon frère est parti tout excité à la rencontre de son chien retrouvé.

**ne pas valoir une peanut** (can. fam.) Crois-moi, ces remarques ne valent rien, sont inutiles.

**travailler pour des peanuts** (can. fam.) Travailler pour presque rien, un maigre salaire.

**coûter une peanut** (can. fam.) Manger dans ce restaurant ne coûte pas grand'chose.

**pelleteux de nuages** (dial. ou vx fr.) La plupart des poètes sont des rêveurs.

**tout pendant** (dial.) Tout au long, pendant toute la durée du spectacle, il a toussé.

**p'en toute** (dial.) Tu me demandes si j'ai aimé le film? Pas du tout.

**peser sur le gas** (anglic.) Nous sommes en retard. Accélère. Appuie sur le champignon.

**péter plus haut que le trou** (can. fam.) Depuis qu'il est ministre, il vit au-dessus de ses moyens, se donne des airs.

**pour aussi peu que** (can.?) Durant le solde de fermeture, tu peux obtenir un chandail pour la somme modique de cinq dollars.

**ne pas avoir les deux pieds dans la même bottine** (modif.) J'aime cet étudiant. Il n'est pas un empêtré, n'a pas les pieds dans le même sabot.

**pis après** (dial.) Ensuite, nous sommes revenus par le même chemin.

**faire son pis** (can. fam.)**, son idée** (anglic.) Cesse de temporiser, d'hésiter inutilement.

**à la place de** (can.) Au lieu de te plaindre tu devrais te réjouir de ce qui t'arrive.

**se plaindre le ventre plein** (can. fam.) Les gens qui se plaignent sans raison sont ennuyeux.

**planche pourrie** (can. fam.) J'ai essayé de compter sur lui mais on ne peut s'y fier; il est paresseux, ne fait jamais rien.

**sur le plancher des vaches** (fr. fam. modif.) Cet orateur parle simplement, de façon à être compris, terre-à-terre.

**planter le chêne** © (can. métis) Il faisait tellement chaud à l'église qu'il a perdu connaissance.

**platte comme une galette** (can. fam.) Elle a le ventre plat comme une planche à pain (fr. fam.).

**plein comme un oeuf** (dial.) Ma femme n'a pas ri en me voyant complètement ivre.

**plein de monde** (can. fam.) Le parc La Vérendrye était comble, rempli de monde.

**pleurer comme une Madeleine** (fr. fam.) Sa mère l'a accueilli à la gare en pleurant à chaudes larmes.

**pleuvoir à boire debout** © (can.) Le chat n'est pas sorti de la journée; il pleuvait à seaux, à verse, à flots.

**plier du coude** (modif.) Il a l'habitude de lever le coude, de boire un verre.

**prendre la piste à patau** (can. fam.) Lorsqu'il a vu arriver son père, il s'est sauvé, a pris la poudre d'escampette.

**ça s'peut tu** (can. fam.) Est-ce possible qu'il vienne nous voir? Est-ce que ça se peut?

**à-pic** © (vx fr.) Qu'est-ce qui ne va pas? Tu es bien susceptible, irascible, ce matin.

**bavard comme une pie** (fr. fam.) Le concierge de notre école est très bavard; il parle sans arrêt.

**lourd comme du plomb** © (can.?) Son bagage est très lourd; il part pour cinq semaines.

**gros comme un pou** © (can.) À sa naissance, ma soeur était très petite.

**chercher des poux dans la paille** (modif.) Cet homme aux idées fanatiques cherche querelle à tout propos, cherche noise.

**pourquoi c'est faire** (dial.) Pourquoi n'est-il pas revenu? Il avait pourtant promis d'être là.

**promesse d'ivrogne** © (can.) Une fois de plus, ce sera une promesse de Gascon, promesse peu sérieuse.

**puer au nez** (can. fam.) Cela me contrarie d'aller à cette réunion.

**avoir du pull** (anglic.) La nouvelle directice a de l'influence auprès du conseil scolaire.

**une punaise de sacristie** (fr. fam.) C'est une bigote, mais elle ne ferait pas de tort à une mouche.

**quand à** (can. fam.) Tant qu'à s'ennuyer, il est préférable de rester chez soi.

**quand cé que** (dial.) Quand viens-tu au Québec cet été?

**quand que** (vx fr.) Lorsqu'il reviendra, demandez-lui de faire ce travail.

**que cé que** (dial.) Que fais-tu? Qu'est-ce que tu fais? Que voulez-vous?

**quelque chose comme** (anglic.) Je lui dois environ dix dollars.

**en quelque part** (dial.) Aller quelque part aux États-Unis.

**qué que** adj. (dial.) Qu'est-ce que tu as dit?

**queue de chien** (can. fam.) Ce n'est pas nouveau; elle est toujours très mal habillée.

**queue de guenon** (can. fam.) As-tu vu sa femme? Elle est très laide, laide à faire peur.

**queue de veau** (dial.) Quand j'étais jeune, ma mère disait que je ne tenais pas en place, que je m'occupais à mille choses.

**qu'est-ça donne** (dial.) Qu'est-ce que ça donne d'aller là, il n'y a jamais personne.

**qu'est-ce que c'est que** (dial.) Que fais-tu depuis que tu es à la retraite?

**qu'osque c'é que** (vx fr.?) Qu'est-ce que
c'est que cette histoire-là? Tout le
monde en parle dans la paroisse.

**quossé que** (vx fr.?) Quand il s'est présenté
à ton bureau, qu'est-ce que tu lui as
dit? Que lui as-tu dit?

# R

**attraper une ramasse** (vx fr.) Parce qu'il avait désobéi, il a reçu
une volée de coups.

**au ras, à ras** (dial.) J'ai planté des fleurs près de la maison.

**de reculon** (dial.) Quand on n'aime pas son travail, on y va à
reculon, à contre coeur.

**en regagner** (can. fam.) Il a eu un grave accident mais il s'en
remet très bien.

**ne pas être regardant** (can. fam.) Une personne généreuse qui
n'est pas difficile, qui se contente de peu.

**renverser les frais** (anglic.) Je veux téléphoner en PCV (abrév.
de percevoir).

**rêver en couleur** © (can.?) Il se fait des illusions s'il pense gagner
le gros lot.

**attraper une rince** (modif.) Mon ami a reçu une fessée, une
rouée de coups.

**en pas pour rire** (can. fam.) Sur la piste de course, il y en a qui
courent de façon extraordinaire.

**rire jaune** © (can.) Elle n'aura pas envie de rire, Elle aura un faux rire quand elle apprendra la nouvelle.

**être dans le rouge** (anglic.) La compagnie est endettée, en déficit depuis bientôt un an.

# S

**en avoir plein son sac** (modif. de dial.) En avoir assez, Être excédé, Être dégoûté de la hausse des impôts.

**être en sacre** (can. fam.) Les travailleurs de la Canada Packers étaient furieux, mécontents.

**sacrer le camp** (can. fam.) On va s'en aller s'il n'y a pas de chaleur dans deux minutes.

**manger une salée** (dial.) Les enfants vont recevoir une correction parce qu'ils ont volé des pommes.

**sans dessein** (modif.) Je n'ai jamais rencontré un être avec si peu d'initiative.

**paquetés comme des sardines** (fr. fam.) Dans la salle, nous étions entassés, serrés les uns contre les autres.

**partir comme un sauvage** © (can.) Remarque-le bien. Dans quelques instants, il va filer à l'anglaise, partir sans prendre congé.

**les sauvages ont passé** © (can.) Ma soeur a accouché la nuit dernière. Nous avons une nouvelle petite nièce.

La cigogne est passée la nuit dernière.

**passer un savon** (fr. fam.) Le géôlier a réprimandé le prisonnier qui n'a pas voulu venir voir le film.

**à savouère** (vx fr.) Savoir qu'il viendrait, je ne m'inquièterais pas en l'attendant.

**semaine des quatre jeudis** (fr. fam.) Ma cousine est tellement snob; elle ne reviendra jamais dans son village natal.

**faire du sens** (anglic.) Une solution qui a du bon sens.

**à lui tout seul** (can.) Il a un air qui lui est particulier. Cela fait son charme.

**un grand slack** (anglic.) C'est un ouvrier mou, sans caractère, sans colonne vertébrale.

**prends soin** (anglic.) Tu sembles très affaibli. Prends (bien) soin de toi, Fais bien attention à toi.

**piquer un somme** (vx fr.) Chaque jour, ma mère fait une sieste après dîner.

**se faire sonner** (dial.) La nouvelle recrue au hockey va se faire réprimander par l'entraîneur.

**soue à cochon** (can. fam.) Le logis de mon voisin ressemblait à une porcherie, était très sale.

**soûl comme une botte** (can. modif. du fr. fam.) Ce fêtard venu de la ville était complètement ivre, ivre-mort.

**manger de la soupe sur la tête de sa mère** (can. fam.) Bientôt il sera plus grand que sa mère.

**ne pas répéter la messe pour les sourds** © (can.) À quoi bon redire quelque chose à celui qui ne veut pas écouter.

**faire sûr** (anglic.) Avant de vous coucher, assurez-vous de fermer la porte à clef.

# T

**connaître le tabac** (can. fam.) C'est un garçon qui sait ce dont il parle, qui a de l'expérience.

**t'à l'heure** (dial.) Si tu ne le fais pas tout de suite, tout à l'heure il sera trop tard.

**tant qu'à ouère** (dial.) Il quitte le Manitoba? Puisqu'il en est ainsi, Alors je vais aller lui rendre visite.

**ta qu'à ouère** (dial.) Les politiciens promettent bien des choses. Attends pour voir après les élections.

**en tant que tel** (dial.) Comme tel, ce tissu te ferait une très jolie robe.

**tant pire** (dial.) Tant pis pour les lambins, ils n'avaient qu'à s'y mettre plus tôt.

**tant point manque** (can. métis) Je me doutais bien qu'il irait en prison. Cela n'a pas manqué.

**tant qu'à faire** (can.) À bien y penser, il a tout à fait raison.
Pendant que tu y es, tu es aussi bien d'acheter toute la machinerie.

**tant qu'à** (vx fr.) Quant à moi, je préfère le Manitoba à la Colombie britannique.

**un bout de temps** (dial.) Reste quelque temps à la plage pour te faire bronzer au soleil.

**de ce temps-ci** (can.) Ces temps-ci, je m'occupe à la rédaction d'un livre.

**dans le temps comme dans le temps** © (can.) Détends-toi un peu. Tu penseras à ce problème en temps et lieu, quand le temps sera venu.

**jusqu'à temps que** (dial.) Je vais te remplacer jusqu'à ce que ta gardienne arrive.

**être en temps** (anglic.) Tu sais que j'aime bien que tu sois à temps.

**dans l'ancien temps** © (can.) Jadis, Autrefois, on n'avait pas de voiture dans les prairies.

**avoir du bon temps** (anglic.) Nos parents ont su avoir du plaisir, s'amuser dans la vie.

**au temps de la prairie** © (can. métis) Autrefois, les Canadiens métis vivaient surtout de chasse et de pêche.

**tet ben** (fr. pop.) Viendras-tu demain? Peut-être bien.

**tête à tas de foin** (can. fam.) Il a les cheveux en broussailles, en désordre.

**tête carrée** (anglic.) Ton cousin a un esprit étroit, est têtu comme un Anglais.

**tête de pioche** (fr. fam.) Elle ne changera jamais. C'est une tête dure, une personne entêtée.

**tête en fromage** (can.) Chaque fois que mon père faisait boucherie, ma mère faisait du fromage de tête.

**tirer sur sa fin** (modif.) On s'aperçoit qu'il commence à approcher de la mort.

**tomber sans connaît rien** (can. métis) Durant le spectacle, la dame est tombée sans connaissance, elle s'est évanouie.

**grosse torche** (can. fam.) Cette femme derrière le comptoir ne voit pas les clients. C'est une fainéante.

**lent comme une tortue** (modif.) Mon dentiste est très lent, d'une lenteur remarquable.

**ça s'appelle touche-z-y pas** (dial.) Tu vois cette plante exotique? N'y touche pas.

**être sur son trente-six ou trente et un** © (vx fr.) Le petit ami de ma soeur est toujours tiré à quatre épingles.

**être sur la trotte** © (can.) Il n'a pas le temps d'étudier; il est toujours à se promener.

**avoir du toupet** © (du fr.) Il faut être effronté. Il faut avoir de l'audace pour revenir solliciter un emploi.

**bâti comme une tour** © (modif.) Le joueur de football est énorme, colossal, titanesque.

**faire le tour de mon jardin** © (can.) Quand tu auras mon expérience, tu connaîtras mieux les hommes.

**à tous** (can.) Il va à la poste tous les jours, tous les matins.

**tout un chacun** (vx fr.) Tous voulaient participer à l'expédition de fin de semaine.

**faire des traces** (anglic.) Il se fait tard. C'est le temps de partir.

**faire le train** © (can.) Le fermier doit soigner ses animaux soir et matin.

**faire du train** © (dial.) Il faut empêcher les gamins de faire un tel tapage, tintamarre.

**petit train va loin** © (can.) Deétrompe-toi. Qui va lentement peut gagner la course.

**payer la traite** (anglic.) C'est moi qui paie, qui vous offre un cocktail.

**se fermer la trappe** © (can.) Je te répète la nouvelle mais tiens-toi la bouche fermée, ne le dis à personne.

**aller se trotter** © (can.) Si tu crois que je vais accepter ce marché, tu te trompes, tu te bernes.

**être dans le trou** (modif.) Le gouvernement accuse un déficit depuis de nombreuses années.

**être dans le trouble** (anglic.) S'il continue à boire, il va avoir des problèmes, des ennuis. Le fr.st. accepte : Vue trouble, Eau trouble, Troubles politiques, Il n'a pu dissimuler son trouble.

**tue-monde** © (can.) L'entretien de son immense parterre est épuisant, très fatigant.

**changer de tune** (anglic.) Quand il a vu arriver le directeur, il a changé de comportement, d'attitude.

# V

**la va-vite** © (dial.) Tout au long de notre voyage en France, mon fils a eu la diarrhée.

**de valeur** (vx. fr.) C'est malheureux, C'est dommage que sa résidence ait passé au feu.

**varlopeux de nuages** © (can. du fr. varlope) J'aime bien cet artiste peintre mais il ne réussira jamais dans la vie. Il vit dans un autre monde, c'est un rêveur.

**vent à équeuter les cochons** © (can.) Un vent très fort souffle sur la plaine depuis dimanche.

**venter à écorner les boeufs** © (fr. fam. : décorner) Mon parapluie s'est envolé. Il ventait très fort, violemment.

**la franche vérité** (modif.) Au procès, les assistants ont enfin entendu l'entière, la pure vérité.

**être en verrat** © (can.) Je n'ai jamais pu accepter que l'on me mente. Cela m'exaspère, m'horripile.

**vieux comme Adam** © (can.?) Dans les centres hospitaliers, il y a des gens très âgés, vieux comme Hérode.

**vif comme un poisson** © (can.) Il est un excellent joueur de baseball parce qu'il est très vif, vif comme un écureuil.

**accorder ses violons** © (can.?) Pour réussir un projet d'une telle envergure, il va falloir se mettre d'accord, sur la même longueur d'ondes.

**virage en u** (anglic.) Au boulevard Balmoral, il est interdit de faire demi-tour.

**virer boute pour boute** (modif.) Quand un chauffard a heurté sa voiture, elle a fait demi-tour.

**visage à deux faces** © (modif.) Il est difficile de faire confiance à une personne hypocrite.

**visage comme une lame de couteau.** (can.) Si tu voyais ma soeur. Son visage est si maigre que tu la reconnaîtrais à peine.

**avoir son voyage** (can.) Je peux affirmer que cela fait trois ans qu'il abuse de moi. J'en ai assez.

**aussi vrai que tu es là** (dial.) J'ai vu le meurtrier aussi vrai que si je te disais : « Tu es là ».

# Z

**avoir les yeux ronds comme des cinquante cents** © (modif.)
En voyant la nouvelle voiture de son mari, ses yeux se sont
arrondis de surprise.

**ne pas avoir froid aux yeux** © (can.?) Gilles Villeneuve était
audacieux, entreprenant, téméraire.

# BIBLIOGRAPHIE

BÉGUIN, Louis-Paul, *Problèmes de la langue au Québec et ailleurs* (1978), Éditions de l'Aurore.

COLPRON, Gilles, *Dictionnaire des anglicismes* (1983), Éditions Beauchemin.

CORBEIL, Jean-Claude, *Dictionnaire visuel* (1986), Éditions Québec/Amérique Inc.

*DESRUISSEAUX*, Pierre, *Dictionnaire des expressions québécoises* (1990), Éditions Bibliothèque québécoise.

DE VILLERS, Marie-Éva, *Multi dictionnaire de la langue française* (1997), Édition Québec/Amérique.

*Dictionnaire des particularités de l'usage* (1988), Presses de l'Université du Québec.

*Dictionnaitre Harrap's standard French and English* (1973), Éditions Clark Erwin.

*Dictionnaire nord-américain de la langue française* (1977), Éditions Beauchemin Ltée.

*Dictionnaire Nouveau petit Robert* (1996), Éditions Dictionnaire Le Robert.

*Dictionnaire Robert et Collins Senior* (1998), Éditions Harper Collins.

GENEVIÈVE, Gilliot, *Ce que parler veut dire* (1974), Éditions Lenéac.

LAFLEUR, Bruno, *Dictionnaire des locutions idiomatiques françaises* (1991), Éditions du renouveau pédagogique.

REY, Alain et CHARTREAU, Sophie, *Dictionnaire des expressions et locutions,* (1993), Éditions Le Robert.

ROBINSON, Sinclair et SMITH, Donald, *Manuel pratique du français québécois et acadien,* (1984), Éditions Anansi.

SOCIÉTÉ DU PARLER FRANÇAIS AU CANADA (LA), *Glossaire du parler français au Canada* (1968), Les Presses de l'Université Laval.